बरसों तक, जब मैं स्कूल में पढ़ रही थी, तो समझ नहीं पाती थी कि मेरी सहपाठी और अध्यापिकाएं ऐसा क्यों कहती हैं कि आप उन के आदर्श हैं। किसी रेस्त्राँ में खाना खाते हुए अपरिचित लोगों का आपके ऑटोग्राफ़ लेने के लिए आना, भले ही मुझे पता न रहा हो कि वे ऐसा क्यों करते हैं, हमारे जीवन का हिस्सा रहा। इतने विनम्र हैं आप। आप की कभी भी ऐसी अपेक्षा नहीं रही कि लोग आप से किसी जानीमानी हस्ती जैसा व्यवहार करें और हमें भी ऐसा महसूस नहीं होने दिया कि हम किसी हस्ती के बच्चे हैं। सच तो यह है कि मेरी जो थोड़ी सी उपलब्धि है, उसके बावजूद आज भी आप मुझसे वैसा ही बर्ताव करते हैं जैसा सदा ही करते रहे हैं - अपनी छोटी-सी बेटी की तरह।

अपने पिता प्रकाश पादुकोण के बारे में दीपिका पादुकोण

'सुधा की क़िताब एक बार पढ़ना शुरू करें तो इसे पूरी पढ़े बिना नहीं रहा जा सकता। यह उन जाने-माने लोगों के पत्रों का संग्रह है जिनके लिए हम सभी के मन में सम्मान और प्रंशसा का भाव है। इस किताब को पढ़ना उन रहस्यों को समझने और जानने का एक अवसर है जो अपने-अपने क्षेत्रों के इन अगुवाओं ने अपने माता-पिता से सीखे। यह ऐसी क़िताब है जो हम सभी को पढ़नी चाहिए और दूसरों को भी पढ़ने के लिए प्रेरित करना चाहिए।'

नैना लाल किदवई, कंट्री हेड (एचएसबीसी इंडिया) एवं अध्यक्ष (फ़िक्की)

'सुधा की किताब पत्रों का विलक्षण संग्रह है। शायद इसमें वह सब है जो कोई भी अभिभावक अपनी बेटियों को बताना चाहेगा।'

आनन्द जी. महिन्द्रा, चेयरमैन ऐन्ड मैनेजिंग डायरेक्टर, महिन्द्रा ऐन्ड महिन्द्रा

'बेटियों और मां/पिता को जोड़े रखने वाली मज़बूत और भावनात्मक 'गर्भनाल' की सच्ची कहानियों की सुन्दर किताब।'

कल्पना मोरपारिया, चीफ़ एक्ज़िक्यूटिव ऑफ़िसर, जे. पी. मॉर्गन, इंडि

'विरासत जीवन को जीने लायक बनाने वाले विचारों का हृदयग्राही संग्रह है। इधर-उ से ली गई सामग्री और अपठनीय टेक्स्ट मेसेजों के इस दौर में, ख़ूबसूरती से लिखे ख़तों को पढ़ना सचमुच सुखद रहा।'

अनु आगा, थर्मेक्स लिमिटेड की पूर्व चेयरपर्सन एवं स

'पढ़ने देने, प्रेरित करने, याद दिलाने और सशक्त मानस, हृदय और सफल होने के लिए चरित्र बनाने के लिए महान पुस्तक! ऐसी किताब पहले कभी नहीं लिखी गई है और मैं बस इस बात की आशा और अपेक्षा ही रख सकती थी कि सुश्री मेनन जैसी अन्तर्दृष्टिसम्पन्न, सुहृद और पैनी निगाह वाली व्यक्ति ऐसी किताब लिखे और संकलित करे।'

देविता आर. सराफ़ सीईओ, वू टेक्नोलॉजीज़

'*विरासत* खासतौर पर उन मूल्यों पर ज़ोर देती है जो तेज़ी से ग़ायब हो रहे हैं - आत्म-सम्मान के साथ जीना, गरिमा, एक उच्चतर शक्ति में आस्था, और सही तथा ग़लत में फ़र्क करना।'

अमृता पटेल, चेयरपर्सन, नैशनल डेयरी डेवलपमेन्ट बोर्ड और फ़ाउन्डेशन फ़ॉर ईकोलॉजिकल सिक्योरिटी

'सुधा की उपलब्धि यह रही है कि यह किताब अभिभावक के साथ ही बेटी की यात्रा भी प्रस्तुत करती है और इस तरह समय के पार जाती है। मैंने ज़िया में एक व्यस्त लेकिन फ़िक्र करने वाली मां, पादुकोण में एक मज़बूत पिता और नारायण मूर्ति में संवेदनशील अभिभावक देखा।'

मीरन चड्ढा बोरवंकर, अतिरिक्त पुलिस महानिदेशक (कारागार)

'इस किताब की अवधारणा मुझे बहुत पसन्द आई - यह मुझे उन चिट्ठियों की याद दिलाती है जो मेरे पापा कॉलेज के दिनों में मुझे हर हफ़्ते लिखा करते थे।'

प्रिया पॉल, चेयरपर्सन, द पार्क होटेल्स

'एक साहसिक और मोहक अवधारणा।'

जेरी राव, संस्थापक और भूतपूर्व सीईओ, एम्फ़ेसिस

विरासत

जानी-मानी हस्तियों द्वारा अपनी बेटियों को लिखे पत्र

सुधा मेनन

अनुवाद : **मधु बी. जोशी**

पेंगुइन बुक्स
पेंगुइन रैंडम हाउस इम्प्रिंट

पेंगुइन बुक्स

यूएसए। कनाडा। यूके। आयरलैंड। ऑस्ट्रेलिया। सिंगापुर
न्यू ज़ीलैंड। भारत। दक्षिण अफ्रीका। चीन

जिसका पता global.penguinrandomhouse.com पर मिलेगा

पेंगुइन रैंडम हाउस इंडिया प्रा. लि.,
चौथी मंजिल, कैपिटल टावर -1, एम जी रोड,
गुड़गांव 122 002, हरियाणा, भारत

पेंगुइन
रैंडम हाउस
इंडिया

प्रथम हिन्दी संस्करण रैंडम हाउस इण्डिया द्वारा 2014 में प्रकाशित
यह हिन्दी संस्करण हिन्द पॉकेट बुक्स में पेंगुइन रैंडम हाउस द्वारा 2021 में प्रकाशित

अनुवाद : मधु बी. जोशी

10 9 8 7 6 5 4 3 2

ISBN 9788184005646

मुद्रकः रेप्रो इंडिया लिमिटेड

www.penguin.co.in

FSC www.fsc.org MIX Paper from responsible sources FSC® C047271

This is a legitimate digitally printed version of the book and therefore might not have certain extra finishing on the cover.

मेरे अन्तःकरण के संरक्षक,
मेरे माता-पिता को समर्पित,
जिनके बिना मेरी दुनिया वह न होती
जो आज है।
मैं आपसे सदा ही प्रेम करती रहूँगी।

अनुक्रम

भूमिका

सुधा की किताब, प्रेरणास्पद व्यक्तियों द्वारा अपनी बेटियों को लिखी चिट्ठियों का संग्रह है। यह मेरे इस विश्वास को पुष्ट करती है कि हमारे माता-पिता हमारे सबसे अच्छे गुरू हैं - कम से कम मेरे माता-पिता तो मेरे और मेरे दो भाइयों के सबसे अच्छे गुरू हैं। हमारे जीवनों को आकार देने वाले मूल्य हम अपने माता-पिता से ही पाते हैं।

अपनी बेटी अक्षता को लिखा एन.आर. नारायण मूर्ति का पत्र पढ़ना आनन्ददायी है - वे उस स्नेही पिता के रूप में सामने आते हैं जो शिद्दत से चाहते हैं कि उनकी बेटी उन के समृद्ध अनुभवों का लाभ पाए। मुझे उनकी अपनी बेटी को अपनी बेटियों से उनके पुरखों और उनकी उपलब्धियों के बारे में बात करने की सलाह बहुत अच्छी लगी। कामकाजी महिलाओं के संघर्ष के बारे में उन के विचार और उन महिलाओं से मिली प्रेरणा के बारे में पढ़ना आश्वस्त करता है।

नारायण मूर्ति जैसा सच्चा वैश्विक गुरू ही अपनी बेटी को हर मायने में वैश्विक नागरिक बनने को कहते हुए उससे, वह संसार में जहां भी रहे, वहां भारतीय होने पर गर्व करने का आग्रह कर सकता है।

इतने बरसों बाद पीछे मुड़ कर अपने जीवन को देखती हूं, तो निस्संकोच कह पाती हूं कि मैं खुशकिस्मत हूं कि अपने माता-पिता के यहां जन्मी। वे दो अद्‌भुत मनुष्य हैं जिन्होंने मेरे जीवन को गढ़ा, मुझे वह बनाया जो मैं आज हूं। मेरी सभी उपलब्धियां उन्हीं के कारण सम्भव हो सकी हैं।

मेरे पिता अब जीवित नहीं हैं लेकिन अब भी वे मेरी प्रेरणा के प्रबल स्त्रोत हैं। मुझे आशा है कि मैं, अपने माता-पिता को लिखे अपने पत्र द्वारा यह बता पाऊंगी कि वे मेरे लिए क्या हैं।

प्रिय डैडी और मम्मी,

दशकों पहले जब आपने मुझसे कहा कि मैं ब्रूइंग (शराब बनाने की कला और तकनीक) को अपना पेशा बनाने के बारे में सोचूं, तब लड़कियों का बाहर जाना और अपने लिए नौकरी ढूंढना विरला काम था। उनसे बस यही उम्मीद की जाती थी कि अपनी पढ़ाई खत्म करें और किसी ढंग के लड़के के मिलने का इन्तज़ार करें जिससे विवाह करके वे व्यवस्थित जीवन जी सकें।

डैडी, आप पिटी-पिटाई लीक पर चलने वाले नहीं थे, न ही आपने अपने बच्चों को यह करने दिया। आप ने सुनिश्चित किया कि आपकी इकलौती बेटी, आपके दोनों बेटों से किसी भी तरह से कम न रहे। जीव विज्ञान में स्नातक की पढ़ाई कर लेने के बाद मैं सोच में पड़ी थी कि अब आगे क्या करूं। तभी आपने एक दिन मुझे यह कह कर सकते में डाल दिया कि मैं ब्रूइंग को अपना पेशा बनाने के बारे में सोचूं। शराब के व्यवसाय से जुड़े होने के चलते आप जानते थे कि भारत में इस का भविष्य उज्ज्वल है और मैं कॉलेज की पढ़ाई को अपने पेशे में इस्तेमाल कर सकती हूं।

आप की बेटी होने के नाते मैं जल्दी ही ऑस्ट्रेलिया में ब्रूमास्टर (शराब बनाने का विशेषज्ञ) बनने के लिए पढ़ने लगी। ब्रूमास्टर ऐसा पेशा है जिस में ऑस्ट्रेलिया जैसे विकसित देश में भी पुरूषों का ही वर्चस्व है। ऐसे पुरूषों से भरे कमरे में अकेली लड़की होना चुनौती भरा लेकिन मज़ेदार था जो शायद यही सोचते थे कि मैं सिरफिरी हूं कि उस कक्षा में पढ़ रही हूं! कई मायनों में यह मेरी ज़िन्दगी का निर्णायक मोड़ रहा। भारत वापस आने पर मैं नौकरी के लिए शराब की फैक्ट्रियों की ख़ाक छानती फिरी लेकिन जल्दी ही मुझे समझ में आ गया कि भारत का शराब व्यवसाय इसकी समझ रखने वाली लड़की को अपनाने को तैयार नहीं है। मैंने पहली बार असफलता का सामना किया लेकिन अजीब बात है कि इस अनुभव से सफलता पाने का मेरा संकल्प और मज़बूत हुआ। अगर मैंने दूसरों के पूर्वाग्रहों को अपना जीवनक्रम तय करने देने से इन्कार न किया होता तो शायद

मैं कभी उद्यमी न बनती, बायोकॉन कभी जन्म न लेता।

डैडी, आप का मुझ पर यह विश्वास कि मैं अपनी पढ़ाई से कुछ सार्थक काम लूंगी, मेरे खुद पर विश्वास के लिए नींव का पत्थर बना। आप ही ने मुझे दिखाया कि लड़का या लड़की होना अपने सपने सच करने की राह में किसी के भी लिए बाधा नहीं होता। आप अक्सर मुझ से कहते भी थे, 'यदि तुम बुद्धिमान हो और कठिन परिश्रम करने को तैयार हो, तो तुम अपनी ज़िन्दगी में जो चाहो पा सकती हो।' बुद्धिमत्ता के इन्हीं बीजों ने मुझे फ़र्मेण्टेशन के अपने ज्ञान का उपयोग भारत में बायोटेक्नोलॉजी पर आधारित एनज़ाइम्स व्यवसाय के विकास के क्षेत्र में करने की राह दिखाई, मैं इस क्षेत्र की अगुआ बनी।

आप यह भी कहते थे कि ज्ञान स्त्री या पुरूष में भेद नहीं करता, दोनों ही उसे प्राप्त कर सकते हैं, उस का उपयोग कर सकते हैं। मैं जानती हूं कि आज यह सच है। दृढ़ इच्छाशक्ति से लिंगभेद की खाई पर पुल बनाना सम्भव है। उद्यमिता की बेहद अकेली यात्रा पर निकली मुझ जैसी युवा लड़की का पाथेय दृढ़ इच्छाशक्ति ही थी। मेरी दृढ़ इच्छाशक्ति अब भी बनी हुई है, मैं एक ऐसे उद्यम की मुखिया हूं जिसका केन्द्रक कल्पना और नवोन्मेष की शक्ति है। इसीलिए मैं अपने एनज़ाइम्स के व्यवसाय को एक पूरी तरह समेकित बायोफ़ार्मास्यूटिकल उद्यम में बदल पाई हूं। ब्रूइंग की पढ़ाई के दौरान पढ़ी फ़र्मेण्टेशन साइन्स आज भी हमारी व्यवसायिक विशेषज्ञता का केन्द्रीय तत्व है।

आप ने और मम्मी ने मेरा साथ दिया और मुझे खुद पर विश्वास करना सिखाया - इसी की मेहरबानी है कि मैं खुद में विश्वास करनेवाली और दृढ़ इच्छाशक्ति वाली हूं। अगर आप ने मुझसे और मेरे भाइयों से समान व्यवहार न किया होता, तो शायद मैं एक औरत होने के चलते संकोची होती और कमतरी के एहसास से भरी रहती। ज़्यादातर भारतीय घरों में आज भी लड़कियां इस एहसास के साथ बड़ी होती हैं कि वे बेहतर नहीं हैं, दुःख की बात है कि उन्हें आप जैसे प्रबुद्ध माता-पिता नहीं मिल पाते।

डैडी, मैंने आप से सबसे बड़ा बुनियादी सच यह सीखा कि आप जो भी चाहते हैं, पहले उसे पाने का अधिकार अर्जित कीजिए। छुटपन में डॉक्टर बनने का सपना देखती थी। डॉक्टरी की पढ़ाई की नौबत आने तक, अपनी योग्यता को लेकर इतनी आश्वस्त थी कि बस एक ही कॉलेज, बैंगलोर के सेण्ट जॉन, का फ़ॉर्म भरा। नतीजा निकला तो मैंने अपना नाम छात्रों की उस सूची में नहीं पाया, जिनका दाखिला कॉलेज में हो गया था। अब आख़िरी रास्ता यही बचा था कि भारी-भरकम फ़ीस चुका कर किसी प्राइवेट कॉलेज में दाखिला ले कर डॉक्टरी की पढ़ाई करूं।

मैं आप से उम्मीद लगाए थी लेकिन मेरा दिल टूट गया, जब आप ने कहा 'नहीं'! मैं रोई, चीखी और आप को दोष दिया कि लड़की होने के कारण ही आप ने मेरे साथ ऐसा अन्याय किया है। आज, मैं आपकी आभारी हूं कि आप इस बात पर अड़े रहे कि मैं कैपिटेशन फ़ीस के रूप में एक रूपया भी ख़र्च नहीं करूंगा। यह आपका उसूल था। आपने मुझसे साफ़-साफ़ कहा: 'अगर तुम कुछ हासिल करना चाहती हो, तो उसके लिए मेहनत करो। सुविधाएं ख़रीदो मत, अगर तुम ऐसा करोगी तो तुम खुद की इज्ज़त कभी नहीं करोगी।' इस बात को बरसों हो गए, मेरे मन में आपके चरित्र की मज़बूती के लिए क़द्र बढ़ती जा रही है - विशेषकर आज इस देश में बढ़ते भ्रष्टाचार को देखते हुए। और मैं उस सब को भी और सराह पाती हूं जो आप मुझे सिखा रहे थे। मैं आज तक इस बात पर गर्व महसूस करती हूं कि मैंने अपने लिए मदद कभी 'ख़रीदी' नहीं और कभी भी जो मैं चाहती थी, उस के लिए रिश्वत नहीं दी। अपना लक्ष्य हासिल करने के लिए मैं बस काम करती रहती हूं। धन्यवाद, डैडी।

मेरा डैडी के साथ एक गहरा सम्बन्ध रहा, पर मम्मी, मुझे आपसे बहुत प्रेरणा मिली है। आप गुजरात के ऐसे परम्परावादी परिवार में पली-बढ़ीं, जिस के लिए अपनी सात बेटियों और इकलौते बेटे को पढ़ाना बहुत ही महत्त्वपूर्ण था। फ़र्क सिर्फ़ इतना है कि उन्होंने कभी यह नहीं सोचा कि उनकी बेटियाँ कभी अपने लिए कोई पेशा चुनें। जब आपकी डैडी के साथ शादी हुई तो आप इस बात को समझती थीं कि

मेरा जीवन एक घरेलू स्त्री के रूप में, बच्चों को पालते-पोसते बीतेगा। लेकिन मम्मी, आपने यह बहुत आनन्दपूर्वक, पूरे समर्पण के साथ किया। अपनी पारम्परिक पृष्ठभूमि के बावजूद आपने हमें बिल्कुल अलग तरीके से पाला। आपने हमें उस काम से परिचित करवाया जो आप हर हफ्ते कैथोलिक मिशन में स्वयंसेविका के रूप में करती थीं। आपने हमें प्रोत्साहित किया कि हम अलग-अलग देशों, धर्मों और पृष्ठभूमियों वाले आपके मित्रों से मिलें। इस से हम में संसार को देखने का एक स्वस्थ नज़रिया पनपा। हमने जाना कि विविधता अच्छी है और हमें अलग-अलग लोगों और उनके नज़रिये का सम्मान करना चाहिए; कि इस पृथ्वी पर सभी लोगों और सभी चीज़ों के लिए स्थान है। वह सबक आज भी हमारे काम आता है।

और मम्मी, सबसे बढ़कर मैंने आपसे सीखे - साहस, और संकल्प। डैडी के न रहने पर एकबारगी आप की दुनिया उजड़ गई थी और आपने उम्मीद खो दी थी। आप ने वह इन्सान खो दिया था जो आपका पथ-प्रदर्शक था। और फिर आपने हमें हैरान कर दिया, अपने दुख और उदासी की गहराइयों से बाहर निकल कर आपने अपने प्रिय चरित्र के नाम पर 'जीव्स' (अंग्रेज़ हास्य लेखक पी.जी. वोडहाउस की कहानियों और उपन्यासों में वर्णित चरित्र) नाम की स्वचालित लॉण्ड्री (कपड़े धोने की) सेवा शुरू की। आप मेरी परिचित महिलाओं में सबसे ज़्यादा बहादुर और साधन सम्पन्न महिलाओं में से एक हैं। और मुझे गर्व है कि मैं आपकी बेटी हूं।

मैं युवा होती भारतीय लड़कियों को देखती हूं जो अपने भविष्य को लेकर साहस और चिन्ता के बीच झूलती रहती हैं कि आगे क्या होगा और याद करती हूं कि कभी मैं भी ऐसे ही दोराहे पर खड़ी थी। मैं उनसे कहना चाहती हूं : हम औरतें भी इस देश में बराबरी की नागरिक हैं। पैसा कमाना ही सब कुछ दिया नहीं है, असली बात है - एक अच्छी शिक्षा और अपने पेशे को आगे बढ़ाना या ऐसा पेशा अपनाना जो समाज के लिए लाभदायक हो। अपने सार्थक कार्यों से समाज में योगदान भी ज़रूरी है।

मैं उनसे यह भी कहना चाहती हूं कि जीवन में कुछ भी हासिल करने के लिए कोई भी छोटा रास्ता नहीं है। डैडी

और मम्मी, यह सच्चाई मैंने आप दोनों से सीखी। जीवन में हार भी है और जीत भी, हानि भी है और लाभ भी। और जैसा कि मैंने इतने बरसों बायोकॉन को खड़ा करते सीखा सन्देह करने वालों, आलोचना करने वालों और आपके बारे में पहले से ही धारणा बना लेने वालों की कभी कमी नहीं रहने वाली। ज़िन्दगी की खूबसूरत चादर इन्हीं सब से मिल कर बनी है। हमारा काम है बस इन सब से सबक ले कर आगे बढ़ते जाना।

हमारे देश की सभी लड़कियों को मेरा सन्देश है कि कभी-कभी आप की कमज़ोरी ही आप की सबसे बड़ी मज़बूती बन जाती है, गोल्फ़ के खेल की ही तरह तुम्हारा हैण्डिकैप (बाधा, कमज़ोरी) होना तुम्हारी सबसे बड़ी खूबी बन सकती है। यदि अनिश्चितता और संकोची होने को आपकी कमज़ोरी की निशानी माना जाता है, तो आप चुपचाप तब तक काम करती रहें जब तक कि आप इन्हें अटल आत्मविश्वास और निश्चितता में न बदल लें। और तब, बाहर निकलो और दुनिया को जीत लो।

बहुत सारे प्यार के साथ,
आपकी बेटी,
किरण

किरण मजूमदार-शॉ
सीएमडी, बायोकॉन लि.
बैंगलोर, 2013

अजय पीरामल

अजय पीरामल की बहुत सी रूचियाँ हैं - पशु-प्रेमी, वन्य-जीवन फ़ोटोग्राफ़र, और मनमौजी लेखक। पीरामल वह व्यवसायी भी हैं जिन्होंने सन् 2010 में लगभग अकेले ही पीरामल हेल्थकेयर का घरेलू व्यवसाय अमेरिका की ऐबट लैब्स को 3.7 बिलियन अमेरिकी डॉलर में बेच कर भारत के व्यापार जगत को चौंका दिया। इस शानदार सौदे ने इन्हें देश के पहले 50 अरबपतियों की श्रेणी में पहुंचा दिया।

उनकी ख्याति और मध्य मुम्बई स्थित पीरामल टॉवर की आखिरी मंज़िल पर उनके कार्यालय की प्रशान्ति से कोई भी अभिभूत हो सकता है जिसमें हर जगह मूल्यवान कलाकृतियाँ और ग्रेनाइट पर उकेरे धर्मग्रंथों से लिए गए छंद दिखते हैं।

वह बेहद विनम्र और यथार्थवादी है। अपनी ज़िन्दगी के बारे में बात करने के लिए उन्हें काफ़ी मनाना पड़ा लेकिन जब उन्होंने बोलना शुरू किया तो बहुत सी बातें बताईं। उनकी बातें बहुत सम्मोहक थीं। सामाजिक छवि के पीछे के असली इन्सान को जानने के लिए मैं उनसे तीन बार मिलने गई।

29 बरस की उम्र में, पीरामल ज़िन्दगी के दोराहे पर खड़े थे। उनके कन्धों पर घाटे में जा रहे कपड़ा व्यवसाय को चलाने की ज़िम्मेदारी थी तो दूसरी ओर अपने और अपने भाई के परिवार की भी ख़ुशहाली सुनिश्चित करनी थी। उनके भाई की कैंसर से मृत्यु हुई थी, वह अपने पीछे एक युवा विधवा और दो छोटे बच्चे छोड़ गए थे।

कपड़ा व्यवसाय के बहुत से लोगों ने भविष्यवाणी की कि अनुभव की कमी के कारण उनका व्यवसाय चल नहीं पाएगा। लेकिन अपेक्षाकृत 'अनुभवहीन' पीरामल ने चुनौती स्वीकार की और पिछले कुछ दशकों में उन का व्यवसाय उत्पादन, फ़ार्मास्युटिकल्स, भवन निर्माण, वाणिज्य और दूरसंचार के क्षेत्रों में काम करने वाली 2 अरब अमेरिकी डॉलर कीमत की कम्पनियों के समूह में बदल चुका है।

यह होशियार व्यापारी भगवद् गीता से प्रेरणा लेकर अपना जीवन जीता और व्यापार चलाता है। वह अक्सर उस में से उदाहरण उद्धृत करते हैं जो कतई हैरानी की बात नहीं है क्योंकि वह और उनकी पत्नी हर सप्ताहान्त में अपने गुरूजी की धर्मग्रन्थों की कक्षा में जाते हैं।

अपनी सुविधाओं को दूसरों के साथ साझा करने में उनका गहरा विश्वास है। उनकी धर्मार्थ संस्था अजय जी. पीरामल फाउण्डेशन, उनके गृह राज्य राजस्थान में ग़रीब ग्रामीणों के लिए बहुउद्देशीय कार्यक्रम चलाती है। वह भारत में शिक्षा के क्षेत्र में सबसे बड़ी गैर-सरकारी संस्था प्रथम इण्डिया के चेयरमैन भी हैं, जो 'रीड इण्डिया' नाम के अपने अभियान से लगभग साढ़े तीन करोड़ बच्चों तक पहुँच रखती है।

पीरामल, रविन्द्रनाथ टैगोर के शब्दों से गहरी प्रेरणा पाते हैं :

मेरी प्रार्थना ख़तरों से बचे रहने के लिए नहीं,
अभयभाव से उनका सामना करने के लिए हो।

मेरी याचना पीड़ा के शमन के लिए नहीं,
उसे जीतने वाले साहस के लिए हो।

जीवन के युद्धक्षेत्र में मैं साथियों का सम्बल नहीं,
बस अपनी ही शक्ति खोजूं।

भय से उद्विग्न मैं बचा लिए जाने की लालसा न रखूं,
बस अपनी स्वतन्त्रता अर्जित करने के धैर्य की आशा बनी रहे।

मैं कायर न बनूं,
कि केवल सफलता की घड़ी में ही तुम्हारी दया का भान हो।

तुम्हारा वरदहस्त पाऊं
मैं अपनी पराजय में।

उनकी प्रमुख कम्पनी, पीरामल हेल्थकेयर में अधिशाषी निदेशक, और अपनी बेटी नन्दिनी, के नाम पीरामल का पत्र अविश्वसनीय सफलता और मानसिक शान्ति पाने की उनकी अपनी यात्रा की समझ की झलक दिखाता है।

प्रिय नन्दिनी,

कई बरस पहले, जब मैं 24 साल का नौजवान था, मेरे पिता हमारे परिवार को बेसहारा छोड़कर अचानक ही चल बसे। मैं पिताजी के बहुत करीब था। वे हर तरह से हमारे परिवार के मुखिया थे। मार्गदर्शन और भावनात्मक सहारे के लिए हम उन पर निर्भर थे। उनकी मृत्यु ने हमें दिशाहीन और पारिवारिक व्यापार को नेतृत्वविहीन कर दिया। किसी तरह मेरे भाई अशोक की मदद से हमने सब संभाला। अब जीवन के इस मुश्किल दौर में, भाई हमारे पिता समान थे। उन्होंने पारिवारिक व्यापार संभाला। डैडी की मृत्यु के बाद जल्दी ही परिवार में सम्पत्ति के बंटवारे की नौबत आई। मैंने अशोक के साथ टेक्सटाइल (कपड़ा) व्यवसाय में रहना तय किया जिसका हमारे व्यवसाय में 90 प्रतिशत योगदान था। मेरे दूसरे भाइयों ने अलग राह जाना ठीक समझा।

1 जनवरी, 1982 को, बंटवारे के ठीक एक दिन बाद, हमारे व्यवसाय में ट्रेड यूनियन ने हड़ताल कर दी। यह 18 महीने चली वही कुख्यात दत्ता सामन्त टैक्सटाइल हड़ताल थी जिसने मुम्बई के फलते-फूलते टैक्सटाइल उद्योग के साथ ही हमारे व्यवसाय को भी अधर में लटका दिया। बाज़ार में हमारे मूल्यांकनों में ज़बर्दस्त गिरावट आई। अभी हम घाटे की जकड़ से उबरने में ही लगे थे कि पता चला भाई को कैंसर है। भाई तब कुल 35 बरस के थे। एक साल से ज़्यादा, कैन्सर से पीड़ित रहने के बाद 1984 में भाई चल बसे।

अचानक 29 बरस की उम्र में मैंने अपने आपको एकदम अकेला पाया - मेरे कन्धों पर न सिर्फ़ अव्यवस्थित पारिवारिक व्यवसाय की ज़िम्मेदारी थी, बल्कि मैं अपने और अपने भाई के परिवारों का मुखिया भी था। वे एक युवा पत्नी और तीन बच्चे छोड़ गए थे। सबसे छोटा बच्चा बस 3 बरस का था। जीवन एक भारी बोझ सा दिख रहा था। कई लोगों को लग रहा था कि मेरे जैसा अनुभवहीन आदमी शायद यह सब नहीं संभाल पाएगा। वे सोच रहे थे कि बिना किसी मुखिया के हमारा व्यवसाय जल्दी ही बन्द हो जाएगा।

लेकिन मेरे विश्वास और मेरे पिता की आध्यात्मिक सीख ने मुझे इस कठिन समय में सहारा दिया। पिताजी को ईश्वर पर बहुत विश्वास था और वह मानते थे कि एक शक्ति है जो हर पल हमारा ध्यान रखती है। इसलिए भले ही दुनिया समझती रही हो कि मैं अनुभवी नहीं हूँ, मैं जानता था कि मेरे पिता और मेरे भाई, दोनों को ही मुझ पर पूरा विश्वास था और इस बात ने मुझमें आत्मविश्वास भर दिया।

तुम्हारी मां, स्वाति, भी कुछ अलग नहीं थी। उसने मुझे हमेशा ही कठिनाइयों का सामना करने के लिए सहारा और शक्ति दी, सबसे ज़्यादा कठिन समय में भी चीज़ों के अच्छे पहलू देखने का नज़रिया दिया।

ऐसा न होता तो भाई की मृत्यु से कुल दो महीने पहले हम गुजरात ग्लास (नाम की प्रमुख कांच उत्पादक कम्पनी) न ख़रीद लेते। यह हमारे लिए एकदम नया क्षेत्र था। भाई तब बहुत ज़्यादा बीमार थे लेकिन फिर भी उन्होंने और स्वाति ने मुझे यह कम्पनी हासिल करने के लिए प्रोत्साहित किया क्योंकि दोनों मानते थे कि हमें अपने व्यवसाय को अलग-अलग क्षेत्रों में ले जाना चाहिए ताकि हम उन मुद्दों के कारण परेशान न हों जिन पर हमारा नियंत्रण नहीं है। और इसलिए, उस समय कर्ज़ में डूबे होने के बावजूद हमने अपने जोख़िम कम करने के लिए गुजरात ग्लास को हासिल किया। 20 साल बाद, हमारा टेक्सटाइल व्यापार हमारे कुल व्यापार का 5 प्रतिशत से भी कम रह गया। हमने अपने समूह का कलेवर बदल डाला था।

जून में हमने यह कम्पनी हासिल की और अगस्त में मेरा भाई नहीं रहा; मुझे जीवन का एक महत्त्वपूर्ण सबक मिला : कितना भी बड़ा नुकसान हुआ हो या जीवन के अनपेक्षित आश्चर्य जैसे भी गहरे दुःख लाएं, जीवन चलते रहना चाहिए।

अब पीछे मुड़कर देखता हूँ तो जान पाता हूँ कि मैं कितना सौभाग्यशाली था कि मेरी ज़िन्दगी में ऐसे लोग थे जिन्हें मुझ पर इतना भरोसा था कि उन्होंने मुझे ग़लतियाँ करके सीखने और बढ़ने दिया। हम कुछ ग़लतियाँ किए बग़ैर नहीं सीख सकते।

मैंने यह भी सीखा कि जिसे हम निराशा से भरा, एकदम बुरा, समय मानते हैं वह अस्थायी होता है - थोड़े ही समय के लिए आता है और बीत जाता है, जीवन फिर से ढर्रे पर आ जाता है। साहस मैंने अपने भाई से सीखा जो बिना हिम्मत हारे कैन्सर से लड़े। उन्होंने कभी ज़िन्दगी के बारे में शिकायत नहीं की; कभी नहीं कहा कि ऐसा मेरे ही साथ क्यों हुआ? मैंने उनसे हमेशा आशावादी बने रहना सीखा है। उन्होंने मुझे यह भी सिखाया कि ज़िन्दगी के मुश्किल दौर बीत ही जाते हैं और जिस स्थिति के बारे में हम सोचते हैं कि अब हम इससे उबर नहीं पाएंगे, बाद में पीछे मुड़ कर देखने पर इतनी बुरी भी नहीं लगती। मनुष्य होने के नाते हम में इतनी शक्ति होती है कि हम अपनी परेशानियों से उबर सकें, हमें बस साहस के साथ कठोर निर्णय लेकर उस पर डटे रहने की ज़रूरत है।

जीवन के उस दौर ने मुझे और भी महत्त्वपूर्ण पाठ पढ़ाए। मैं आज भी उनका पालन करने का प्रयास करता हूं। मैंने चीज़ों की प्राथमिकता तय करने का महत्त्व सीखा। मैंने निर्णय लिया कि मेरा परिवार सबसे ज़्यादा महत्त्वपूर्ण है, फिर हमारी सेहत और तीसरे नम्बर पर, काम। मैंने निःस्वार्थ भाव से, बिना किसी शर्त के, कुछ भी वापस पाने की इच्छा रखे बिना, प्रेम करना सीखा। मेरे लिए प्रेम का शुद्धतम रूप है माँ का अपने बच्चों से प्यार। दुःख की बात है कि ज़्यादातर, माता पिता होने के नाते, हम अपने बच्चों से उम्मीद रखते हैं कि हमने उनके बचपन में जो कुछ भी किया है उसे वे किसी न किसी रूप में लौटाएं। कुछ पाने की चाह में किया गया प्यार एक सौदा है। नन्दिनी, अब तुम एक छोटी बच्ची की माँ हो, उसे पालते-पोसते हुए यह बात हमेशा याद रखना।

नन्दिनी, यह उपदेश जैसा भले ही लगे, लेकिन अपने प्रियजनों के लिए लिए त्याग करने से गहरी आन्तरिक शान्ति और आनन्द प्राप्त होते हैं। मुझे खुशी है कि तुम्हारे और तुम्हारे पति के अपने-अपने करियर और आकांक्षाएं हैं। लेकिन मैं तुम्हें चेता दूं कि विवाह को सफल बनाने के लिए तुम्हें अपने पति से ज़्यादा त्याग करना होगा। और अब, जब तुम एक बच्चे की मां बन गई हो, तुम्हारी ज़िम्मेदारी और ज़्यादा

है और तुम्हें अपने पति से ज़रा ज़्यादा त्याग करना होगा। और मेरा यक़ीन करो, देना लेने से अनन्त गुना सन्तोषदायी है।

प्रिय नन्दिनी, मैं तुम्हें उन बरसों की याद दिलाना चाहता हूं। जब तुम बड़ी हो रही थी और उस समर्थन की जो अपने सपनों को पूरा करने में तुम्हें अपने परिवार से मिला, जब तुमने अण्डरग्रैजुएट अध्ययन के लिए विदेश जाने की इच्छा जताई तो हमने ख़ुशी-ख़ुशी तुम्हें भेज दिया क्योंकि हमें तुम पर विश्वास था। हालांकि यह हमारे लिए आसान नहीं था। पन्द्रह बरस पहले एक पारम्परिक मारवाड़ी लड़की के लिए पढ़ने के लिए देश से बाहर जाना बड़ी बात थी, लेकिन हमने यह करने की तुम्हारी ज़रूरत का सम्मान किया। और जब तुम स्टैनफ़ोर्ड ग्रैजुएट स्कूल ऑफ़ बिज़नेस से अपने कौशल निखार कर लौटीं तो तुम्हें अपनी योग्यता के बूते परिवार के व्यवसाय में जगह मिली।

तुम व्यवसाय के एक महत्त्वपूर्ण हिस्से को संचालित करने लगीं। और मैं कहूंगा कि तुम शानदार ढंग से यह काम कर रही हो। मैं तुम्हें अपनी ख़ुद की ग़लतियों से सीखने देने में विश्वास करता हूं, वैसे ही जैसे मेरे पिता ने मुझे मेरी ग़लतियों से सीखने दिया था, और आशा करता हूं कि तुम भी अपनी बच्ची को उस के संसार का अन्वेषण ख़ुद करने दोगी।

लेकिन मैं तुम्हें बताना चाहता हूं कि हालांकि काम तुम्हारे जीवन का एक महत्त्वपूर्ण पक्ष होगा लेकिन साथ ही अपने काम से अपने आस-पास के लोगों के में बेहतरी लाने का प्रयास करना भी उतना ही महत्त्वपूर्ण है। तुम्हें आज जो तुम हो वह बनाने वाले समाज को कुछ लौटाने की नैतिकता के महत्त्व पर जितना भी जोर दिया जाए, कम ही होगा।

नन्दिनी, जीवन में उतार-चढ़ाव तो आते ही रहते हैं। कष्ट जीवन का हिस्सा हैं, लेकिन तुम जिस तरीके से उन कष्टों का सामना करोगी, वही तुम्हें दूसरों से अलग बनाएगा। स्थिर बुद्धि होकर, समभाव से अपने सामने आने वाली चुनौतियों और बाधाओं से निपटने का प्रयास करना। यही गुण तुम्हारे व्यक्तित्व को आकार देगा, तुम्हारे जीवन की राह नियत करेगा।

भगवान पर भरोसा रखो क्योंकि यही तुम्हें सीधी राह पर रखेगा। जीवन में तुम्हारी जो भी स्थिति हो, आख़िरकार तुम्हें उसी सर्वोच्च शक्ति पर भरोसा करना पड़ता है जो कठिन समय में मुश्किलों से निकलने में हमारी मदद करती है। मेरे जीवन के सबसे बुरे दौर में, मुझे अपने इस दृढ़ विश्वास से मदद मिली कि जो भी हो रहा है, उसके होने का कुछ न कुछ कारण है। मैं सचमुच इस पर विश्वास करता हूँ और संकट के समय खुद को भगवान के हाथों छोड़ देता हूं। मैं वाकई मानता हूँ कि यह किसी भी मनुष्य को मज़बूत और निडर बनाता है।

मैं जानता हूँ कि तुम इनमें से ज़्यादातर बातों को जानने के लिए अभी बहुत छोटी हो, लेकिन मुझे यकीन है कि समय बीतने के साथ-साथ, जब तुम उतना जीवन देख लोगी जितना मैंने देखा है, तुम्हारे अन्दर विश्वास और धार्मिक आस्था जाग जाएगी। विश्वास आने में समय लगता है लेकिन मुझे यकीन है कि जैसे-जैसे तुम बड़ी होती जाओगी, तुम्हारा विश्वास भी बढ़ता जाएगा।

भले ही तुम्हें अभी ज़्यादा आस्था प्राप्त नहीं है लेकिन मैं यह देख कर खुश हूँ कि तुम्हारे आदर्श और सच्चाई कितने ऊँचे स्तर के हैं, कुछ मामलों में तो मेरे आदर्शों से भी ऊँचे। तुम ज़िन्दगी के काले और सफ़ेद रंग ही देखती हो जबकि मैं काले और सफ़ेद रंगों के बीच की वह तमाम रंग छटाएं देख पाता हूं जिन्हें जीवन की अनगनित परिस्थितियाँ हमारे सामने लाती रहती हैं।

मुझे खुशी है कि तुम अन्तर्निहित रूप से अच्छी मनुष्य हो, इरादा बनाकर किसी को कष्ट नहीं देती और कोई भी काम तब तक नहीं करती जब तक तुम्हें पूरा विश्वास न हो कि यह करना ठीक है।

जीवन की राह पर चलते हुए खुद में करूणा के गुण को पोषित करने का महत्त्व मैं जितना भी बताऊँ कम ही होगा। अपने आस-पास के लोगों के प्रति सहानुभूति रखो और बस उनका ऊपरी व्यवहार देखकर ही उनके बारे में निर्णय मत लो - लोग जैसा व्यवहार करते हैं, या जैसे वे बन जाते हैं,

उसके पीछे बहुत से कारण होते हैं। उनके बारे में निर्णय देने वाले हम कौन होते हैं?

मैं यह भी मानता हूं कि हम सभी में अपने जीवन के हर पड़ाव पर जो हमें ठीक लगता है, वह करने का साहस होना चाहिए।

मुझे हमेशा से ही आभारी होने की ताक़त पर भी विश्वास रहा है। प्रिय नन्दिनी, मैं चाहता हूँ कि तुम्हें भगवान ने जो कुछ भी दिया है, उसके लिए तुम आभारी बनो। आभार मानने वाले लोग सुखी लोग होते हैं। मैं उस सबके लिए आभारी हूँ जो भगवान, मेरे बच्चों और मेरे दोस्तों ने मेरे लिए किया है। मैंने उस शान्ति का अनुभव किया है जो आभारी होने से आती है। आभारी होना हमें विनम्र बनाता है। नन्दिनी, तुम्हारे पास बहुत कुछ है - बहुत सी सम्पत्ति, बहुत शिक्षा - इसलिए तुम्हारे पास विनम्र न होने के पर्याप्त कारण हैं। ऐसे में आभारी होना, विनम्र होना याद रखना ज़रूरी है। और यह भी याद रखना कि तुम इसी परिवार में जन्मी इसका भी कोई न कोई कारण है। तुम इस शहर में रहने वाले बाकी सैकड़ों-हज़ारों लोगों में से कोई और भी तो हो सकती थी। तुम्हें जो माता-पिता, पति, बच्चा, परिवार और मित्र मिले हैं, उन के लिए तुम्हें आभारी होना चाहिए। आभार और विनयभाव जैसे गुणों की बात हमारे धार्मिक ग्रन्थों में भी कही गई है। कहा जाता है कि सच्चा भक्त बनने के लिए आपको विनम्र होना चाहिए।

मैं जानता हूँ कि इनमें से ज़्यादातर चीज़ें तुम्हें ज़्यादा ही आदर्शवादी लगेंगी - अख़बार और किताबें अक्सर इनके बारे में उपदेश देते रहते हैं - लेकिन यही वह सच्चाइयां हैं जो एक युवा पत्नी-माँ के तौर पर, तुम्हारे पेशे में और एक वृहद् समाज की सदस्य बनने में तुम्हारी मदद करेंगी।

अक्सर मुझसे सम्पत्ति के बारे में मेरे दृष्टिकोण के बारे में, और मैंने अपने बच्चों को इसके बारे में क्या सिखाया है जैसे प्रश्न पूछे जाते हैं? मैंने तुम्हें सिखाया है कि सम्पत्ति कोई ऐसी चीज़ नहीं है जिसके लिए तुम्हें शर्मिन्दा होना पड़े या जिस से दूरी बनानी पड़े। तुम अपने माता पिता और भगवान से मिली धन-सम्पत्ति की ट्रस्टी हो। अपनी सम्पत्ति का संचय

मत करो। खुद को मिली सम्पत्ति से तुम अपनी ज़िन्दगी वैसे जियो जैसे जीना चाहती हो। लेकिन इस का उपयोग वृहद् समाज की भलाई के लिए भी करो। अपनी समृद्धि औरों के साथ बाँटो। मैंने बड़ा होते हुए यही सीखा और मुझे विश्वास है कि तुम भी यही करोगी। मैं सबसे ज़्यादा खुश यह देख कर होता हूँ कि राजस्थान में हमने शिक्षा, पीने का साफ़ पानी, स्वास्थ्य और औरतों के रोज़गार के लिए जो कार्यक्रम शुरू किए, उन सभी में तुम कितनी व्यस्त हो।

नन्दिनी, मैं जानता हूँ कि तुम्हें अपना काम करने में कितनी खुशी मिलती है, लेकिन अपने पेशे की राह चलते हुए खुद को अपने परिवार को और अधिक देना भी याद रखना। जीवनसाथी का कार्य, सम्बन्ध में सन्तुलन लाना है। इसका मतलब यह भी है कि तुम्हें अपने साथी की इज्ज़त भी करनी चाहिए। तुम्हारी माँ ने जो कुछ भी किया मैं उसका सम्मान करता हूँ और मुझ में उनकी उपलब्धियों पर गर्व अनुभव करने का आत्मविश्वास है। शादी का आधार स्वयं को अपने साथी से बेहतर साबित करना बिल्कुल नहीं है। यदि तुम्हारे पति का काम उन्हें दूसरे देश ले जाए तो मैं तुमसे उम्मीद करता हूँ कि तुम भी उनके साथ जाओ। तुम्हारा बच्चा और तुम्हारे पति, तुम्हारी ज़िन्दगी के इस पडाव में तुम्हारी प्राथमिकता होने चाहिए।

अब, जब तुम एक माँ हो, मैं तुम्हें अपने बच्चों के लिए त्याग करने की ताक़त के बारे में बताना चाहता हूँ। बच्चों के लिए तुम्हारे समय का समर्पण करने का और कोई विकल्प नहीं है। यदि तुम उन्हें अच्छे मनुष्यों के तौर पर पालना चाहती हो तो, उनके लिए उस ज़िन्दगी का उदाहरण बनो। और सबसे बड़ी बात यह है कि उनसे बिना शर्त प्रेम करो। मैंने अपना जीवन, इसी एक उसूल को ध्यान में रख कर जिया है : केवल वही काम करो जिनसे मेरे बच्चे मुझ पर गर्व कर सकें और उन सब कामों से दूर रहो जिनसे उनके सिर शर्म से झुक जाएं। गैंगस्टरों और अपराध की दुनिया के डॉनों के पास बहुत शक्ति और ढेर सारा पैसा होता है लेकिन मैं इस बात की गारण्टी देता हूँ कि उनके बच्चे उन पर गर्व नहीं कर सकते।

जब मैं जवान था, मैंने अपने परिवार को समय दिया और मैं आज तक लगातार ऐसा करता आ रहा हूँ। तुम जानती हो कि मुझे दावतों में जाने का बहुत ज़्यादा शौक नहीं रहा और मेरे अविस्मरणीय पल वही हैं जो मैंने अपने प्रियजनों के साथ बिताए हैं। नन्दिनी, इस पृथ्वी पर हमारा समय सीमित है। अपने दिनों को इस तरह वरीयता देना और व्यवस्थित करना सीखो कि यह सीमित समय ही असीमित हो जाए। 24 घण्टे काफ़ी समय होता है और यदि तुमने सब कुछ ठीक तरह व्यवस्थित किया है, तो इतने समय में तुम बहुत कुछ प्राप्त कर सकती हो। तकनीक ने इसे और भी आसान बना दिया है। 30 बरस पहले मैं जितना काम कर पाता था आज उतने ही समय में, पहले से बहुत ज़्यादा काम कर पाता हूँ।

नन्दिनी, जैसे-जैसे मैं बूढ़ा हो रहा हूँ, मुझे अपने साथ समय बिताने और आत्म-निरीक्षण में ही आनन्द मिलता है।

मैंने आगे के लिए कभी नहीं सोचा। मुझे यक़ीन है कि यदि आप शान्ति से अपना सही काम करते रहें तो आपके परिश्रम का परिणाम भी आपको जल्दी मिलेगा। आप परिणामों को नियन्त्रित नहीं कर सकते, लेकिन आप जो कर रहे हैं उसे नियन्त्रित कर सकते हैं।

अपनी प्रिय पंक्तियों से पत्र खत्म करता हूं। इसके मुझे व्यक्तिगत रूप से प्रिय होने और हमारे व्यवसाय का सूत्र वाक्य होने का भी कारण है :

तुम वह हो जो तुम्हारी गहरी, प्रेरक मनोकामना है
जैसी तुम्हारी मनोकामना वैसी तुम्हारी इच्छा
जैसी तुम्हारी इच्छा, वैसे तुम्हारे कर्म
जैसे तुम्हारे कर्म, वैसी तुम्हारी नियति
(बृहदारण्यक उपनिषद् से उद्धरित)

बहुत प्यार,
पापा

अमित चन्द्रा

भारत की अग्रणी वैश्विक प्राइवेट वित्तीय फ़र्म बेन कैपिटल एडवाइज़र के कार्यकारी निदेशक अमित चन्द्रा एक ऐसे मध्यवर्गीय परिवार से आए हैं जिसके पास अतिरिक्त आय बिल्कुल नहीं थी। लेकिन आज वह एक ऐसे देश में लोकहित कार्यों में व्यस्त हैं, जहां दान अभी नियमित जीवनशैली का हिस्सा नहीं है।

भारत के व्यवसाय जगत के प्रमुख अधिकारियों में से एक चन्द्रा ने कम उम्र में ही सफलता पा ली थी। आयु के तीसरे दशक में ही वह डीएसपी मैरिल लिंच के प्रमुख थे। फिर भी वह अपनी ज़िन्दगी में खालीपन महसूस करते थे जिसने उन्हें बेचैन और अधूरेपन की भावना से ग्रस्त कर दिया। तब अपने जीवन की कमी को समझने के लिए वह प्राचीन बौद्ध ध्यान पद्धति विपश्यना की ओर मुड़े।

विपस्सना द्वारा अपने अनुयायियों के लिए निर्धारित मौन की अवधि से निकले तो वह जान चुके थे कि वह अपने आस-पास के समाज के लिए और भी ज़्यादा काम करना चाहते हैं, व्यवसाय प्रमुख के पद तक की यात्रा के दौरान जो कुछ भी इकट्ठा किया है उसे वापस लौटाना चाहते हैं। चन्द्रा आज भारत की सबसे ज़्यादा कार्यशील और बहुत ही जानी-पहचानी कई गैर-सरकारी संस्थाओं के बोर्ड के सदस्य और संरक्षक है। यह संस्थाएं ग़रीब लोगों और विशेष आवश्यकताओं वाले बच्चों के लिए शिक्षा के क्षेत्र में प्रशंसनीय कार्य कर रही हैं - मुम्बई और पुणे में द आकांक्षा फ़ाउण्डेशन स्कूल; द रिसर्च सोसाइटी फॉर द केयर, ट्रीटमेण्ट ऐण्ड ट्रेनिंग ऑफ़ चिल्ड्रन इन नीड ऑफ़ स्पेशल केयर; जय वकील स्कूल फ़ॉर द मेण्टली चैलेंज्ड; गिव इण्डिया; वाई.एम.सी.ए बॉयज़ होम ऐण्ड वोकेशनल ट्रेनिंग सेण्टर, अन्धेरी; और कोलकाता में टाटा मेडिकल सेण्टर ऐण्ड कैन्सर पेशेण्ट्स ऐण्ड एसोसिएशन।

चन्द्रा ने बचपन से ही अपनी मां से, जो बहुत मितव्ययता से गृहस्थी चला रही थीं और अपने सीमित साधनों से अपने समाज के ज़रूरतमन्दों की सहायता भी करती थीं, अपनी चीज़ें बाँटने की आदत सीखी। उनके परिवार में कई शिक्षाविद् थे - उन के अंकल नैशनल काउन्सिल फॉर एजुकेशनल रिसर्च ऐण्ड ट्रेनिंग (एनसीईआरटी) के प्रमुख थे और उनके बहनोई नितिन नोहरिया, अभी हार्वर्ड बिज़नेस स्कूल के डीन हैं - और परिवार के लोग

ज्ञान को बांटने में भी विश्वास रखते हैं। चन्द्रा और उनकी बहन बचपन से ही अपने घरेलू नौकरों को पढ़ना सिखाते थे।

चन्द्रा अमेरिकी अरबपति चक फ़ीनी के जीवन-चरित से प्रेरणा पाते हैं जो परोपकार के जेम्स बॉण्ड कहलाते थे और जिन्होंने अपनी अकूत सम्पत्ति कई सामाजिक पहलों के पोषण के लिए दान कर दी थी। अपने आदर्श का अनुसरण करते हुए, दो बरस पहले चन्द्रा और सामाजिक कार्यों में उन की सहभागी उनकी पत्नी अर्चना ने, अपनी बहुत-सी निजी सम्पत्ति अपने प्रिय कार्यों के लिए दे दी।

अपनी बेटी अनिका के नाम लिखे खट्टी-मीठी बातों से भरे पत्र में चन्द्रा ने लिखा है: 'मैं मानता हूं कि सम्पत्ति एक अविश्वसनीय औज़ार और ईश्वरीय वरदान है। इसे उपयोगिता के साथ इस्तेमाल किया जाए तो यह देर तक बनी रहने वाली खुशी और सच्ची प्रसन्नता लाती है; लेकिन जब इसका ग़लत इस्तेमाल होता है, अथवा बिना किसी कारण के बहुत ज़्यादा मात्रा में इसका संचय किया जाता है, तो यह एक बीमारी बन जाती है जो परिवारों और सम्बन्धों को नष्ट कर देती है।'

सबसे प्यारी ऐना,

जानता हूँ कि अभी जब मैं यह पत्र लिख रहा हूँ, तुम उन सब बातों को समझ पाने के लिए बहुत छोटी हो जो मैं तुम्हें बताना चाह रहा हूँ। लेकिन मैं चाहता हूँ कि जब तुम बड़ी हो कर ज़िन्दगी की अनिश्चितताओं को देखने लगोगी, सही और ग़लत का सामना करोगी, इनमें से कुछ के मतलब ढूंढने की शुरूआत करोगी और इस प्रक्रिया में अपने जीवन का उद्देश्य नियत करोगी, तब इस पत्र को पढ़ो। मैं शुरूआत में ही यह कहना चाहता हूँ कि हालांकि हर बच्चा अपने माता-पिता के लिए ख़ास होता है, तुम हमारे लिए ख़ास से बढ़कर थी। तुम हमें भगवान के आशीर्वाद से तब मिलीं जब मैंने और तुम्हारी माँ ने यह उम्मीद लगभग छोड़ दी थी कि हमारे बच्चे होंगे। हर बार जब तुम्हारी माँ का गर्भपात होता,

तो हमें सिर्फ़ उसे होने वाले भावनात्मक और शारीरिक कष्ट से ही पीड़ा नहीं होती थी, बल्कि यह एहसास भी तीखा हो जाता था कि हम दोनों ही बच्चों को बहुत प्यार करते हैं और अपना एक बच्चा चाहते हैं! तुम हमारी शादी के *11*वें साल में हमें मिली, और मैं यह ठीक-ठीक बता भी नहीं सकता कि तुम्हारे हमारी ज़िन्दगी में आने से हमारी दुनिया कैसे बेहतर हुई है।

हर वह दिन जब तुम मुझे अपना वह कौशल दिखाती हो जिसमें तुम दक्ष हो गई हो या कुछ नया बताती हो जो तुमने अपनी किसी कक्षा में सीखा है या हमें अपने किसी दोस्त के बारे में बताती हो, तो एक अविश्वसनीय अनुभव होता है। कभी-कभी मैं हैरान हो जाता हूं कि तुम कितनी जल्दी बड़ी हो रही हो। कभी-कभी मैं तुम्हारे अनुभवों के आनन्द या चिन्ता में खो जाता हूं, और अक्सर तुम्हारे अनुभव मुझे मेरे बचपन में पहुंचा देते हैं। जीवन की साधारण सी चीज़ों को लेकर तुम्हारा आश्चर्य हमारी ज़िन्दगी को खुशियों से भर देता है। मैं आशा और प्रार्थना करता हूँ कि साधारण सी चीज़ों से खुशी पाने और जीवन को जटिल न बनाने की यह योग्यता सदा तुम्हारे साथ बनी रहे।

ऐना, तुम *7* बरस से कुछ ही बड़ी हो लेकिन तुम्हें पता नहीं कि तुमने हमारे परिवार पर क्या असर डाला है। चीज़ों को लेकर तुम्हारा उत्साह, तुम्हारी शरारत, कभी शान्त न होने वाली उत्सुकता, तुम्हारी मज़ाकपसन्दी, और तुम्हारे कुछ-कुछ शान्त स्वभाव हम सभी - तुम्हारी माँ, तुम्हारी दादी और नानी, और मेरे - दिलों को छू जाता है। मुझे आशा है कि किसी दिन, मैं तुमसे यह भी सीखूंगा कि जब आप अपनी पूरी मज़बूती से न खेल रहे हों तब और भी ज़्यादा अनुशासित और धुन के पक्के कैसे बने रहें। यह ऐसे कौशल हैं जिन्हें अपने दैनिक जीवन में अपनाने के लिए मैं संघर्ष करता रहा हूँ! उदाहरण के लिए, जिमनास्टिक के लिए तुम्हारा जुनून और उसे बहुत बढ़िया ढंग से करने की तुम्हारी लगन देखकर मैं दंग रह जाता हूं। अपने माता-पिता से तुम्हें जो गुणसूत्र मिले हैं उनके कारण तुम्हारे शरीर की बनावट खिलाड़ी के शरीर जैसी नहीं है लेकिन इस कमी की भरपाई तुम अपनी लगन और प्रयास

से करती हो। ज़्यादातर लोग अपनी मज़बूती को आधार बनाकर खेलते हैं, शायद उन्हें बचपन से ही ऐसा सिखाया जाता है। लेकिन, ज़िन्दगी में अलग-अलग परिस्थितियों का सामना करना होता है और अक्सर हमें अपनी कमज़ोरी को आधार बनाकर खेलना होता है, इसलिए यह गुण होना एक बहुत बड़ी दौलत है। मैं पक्के तौर पर मानता हूं कि विपरीत स्थितियों में भी लगन से जुटे रहने से ही काम बन पाते हैं।

ऐना, हर अभिभावक अपने बच्चों के लिए सबसे बढ़िया चीज़ें चाहते हैं। लेकिन, रोज़मर्रा की ज़िन्दगी की खींचतान के कारण वे अक्सर ज़िन्दगी के अनुभव से सीखे ज्ञान को पूरी तरह उन्हें दे नहीं पाते। इसलिए तुम्हें यह पत्र लिखना मेरे लिए एक अद्भुत अवसर है कि मैं खूब सोचूं और वह सब लिखूं जो तुम्हारे लिए लम्बे समय तक उपयोगी रहे, जो मैं तुम्हें बताना चाहता हूँ।

अपने खुद के अनुभव से, और अपने आस-पास के लोगों को देखने के बाद, मैं मानने लगा हूँ कि ज़िन्दगी में दो ही महत्त्वपूर्ण चीज़ें होती हैं - पहली, सच्ची खुशी की तलाश और दूसरी, खुद पर और व्यापक समाज पर भी एक आशावादी प्रभाव बनने का प्रयास। अक्सर ही हम अपने लक्ष्यों को लेकर भ्रमित हो जाते हैं और उन चीज़ों के पीछे दौड़ने लगते हैं जो हमें लगता है कि हमें शायद इन दोनों में से कोई एक चीज़ दिला देंगी। लेकिन ऐसा करने से, हम सही लक्ष्यों को पाने का रास्ता खो बैठते हैं। हमारी नौकरियाँ, किसी भौतिक चीज़ की खोज, किसी किस्म का सम्बन्ध या कुछ चुनौती भरी परिस्थितियाँ, हमारे दिल-दिमाग़ पर छाई रहती हैं। इन के परिणाम स्वरूप जीवन एक लीक पर चलने लगता है, एकायामी हो जाता है या हमें निराशा के गर्त में धकेल देता है। मैं पूरे विश्वास से तुम्हें बता रहा हूं कि यह बहुत ज़रूरी है कि हम रुकें और बीच-बीच में अपने आप से पूछें कि क्या हम सचमुच अपने आपको खुशी दे पा रहे हैं या अपने प्रियजनों के लिए कुछ सकारात्मक कर पा रहे हैं, और सबसे ज़्यादा ज़रूरी, कि हमने जैसा पहले इस दुनिया को देखा था उससे बेहतर बनाने के लिए क्या योगदान कर रहे हैं?

प्यारी ऐना, मैं देखता हूँ कि छोटी बच्ची होने के बावजूद तुम अपने ही ढंग से ऐसा कर रही हो - ज़िन्दगी की छोटी-छोटी चीज़ों के साथ अपनी छोटी-छोटी कोशिशों से खुश रहती हो, अपनापन फैलाती हो और उससे अपने माता-पिता व दादी-नानी की ज़िन्दगी को रोशन करती हो। मैं उम्मीद और दुआ करता हूँ कि तुम अपनी बाकी की ज़िन्दगी में भी लगातार ऐसा ही करती रहो। मुझसे अक्सर पूछा जाता है कि मैं तुम्हारे लिए क्या कामनाएं करता हूँ और मैं हमेशा कहता हूँ कि मैं तुम्हारे लिए सचमुच चाहता हूँ कि तुम खुश रहो और अपने चारों तरफ़ खुशियाँ फैलाओ। बाकी सब चीज़ें बाद की बात हैं। अगर तुम शान्ति से नहीं हो और अपने आस-पास मौजूद लोगों पर तुम्हारा सकारात्मक प्रभाव नहीं पड़ता तो सफलता या सम्पत्ति का क्या मतलब?

अब मैं तुम्हें बताता हूँ कि मेरे ऐसे विश्वास कैसे बने। ऐना, तुम्हारे जन्म से भी कई सालों पहले, मैं सन्तुलन की चिन्ता किए बिना बहुत कठिन परिश्रम करता था। मैंने सीखा कि सन्तुलन न रहे तो आप किसी किस्म की सफलता पा तो लेते हैं, लेकिन वह एकायामी ही होती है और इसे सही ढंग से सन्तुलित न किया जाए तो यह लम्बे समय तक रहने वाली प्रसन्नता को डांवाडोल कर देती है। मेरा सौभाग्य था कि 35 साल का होने से पहले ही मैं लगभग पूरा डीएसपी मैरिल लिंच चला रहा था जो उस समय भारत का अग्रणी इनवेस्टमेण्ट बैंक था, तो मेरी ज़िन्दगी में यश और सौभाग्य कुछ जल्दी ही आ गए। फिर भी कम्पनी के साथ 13 वर्ष बिताने के बाद मैंने महसूस किया कि मेरे पास वह सभी कुछ है जो ज़्यादातर लोग चाहते हैं, लेकिन फिर भी मेरी ज़िन्दगी में कुछ कमी है।

मैंने काफ़ी समय यह खोजने में लगाया कि मेरी ज़िन्दगी में क्या कमी है और कुछ समय छुट्टी ले कर विपस्सना शिविर में चला गया। कभी-कभी आप कुछ देर से समझ पाते हैं क्योंकि जब आप अपनी ज़िन्दगी को एक ख़ास दिशा में ले जा रहे होते हैं, तब महत्त्वपूर्ण बदलाव लाना काफ़ी कठिन होता है। विपस्सना से मुझे बहुत मदद मिली। ईमानदारी से कहूँ तो मैं शिविर ध्यान लगाना नहीं सीख पाया, लेकिन शिविर में लागू की जाने वाली अनिवार्य शान्ति से मैं

11 दिन अपने साथ रह पाया। इसने मुझे मेरे जीवन के उद्देश्य और मैं कैसे जीना चाहता हूँ, जैसे कई प्रश्नों के उत्तर ढूंढने में मेरी मदद की।

ज़िन्दगी में महसूस होती कमी के बारे में मैं तब भी विचार करता था और आज भी लगातार करता रहता हूँ, और मैंने जो सीखा है वह तुम्हें बताना चाहता हूँ। ऐना, मैंने बहुत कुछ पाया है, लेकिन अपनी ज़िन्दगी में सन्तुलन की कमी के कारण मैंने इसके लिए बहुत बड़ी कीमत भी चुकाई है। अगर मुझे जीवन में पीछे लौटने का वरदान मिले तो मैं ज़्यादा सन्तुलित जीवन जीना चाहूंगा भले ही इसके कारण मुझे इतनी ज़्यादा सफलता न मिले या यह सफलता कुछ देर से मिले। लेकिन मुझे यह निश्चित तौर पर पता है कि तब मैं ज़्यादा खुश रह पाता, यह खुशी लम्बे समय तक बनी रहने वाली होती।

घर लौटा तो मैं जैसी ज़िन्दगी जीना चाहता था उस की एक साफ़ तस्वीर मेरे सामने थी। अपने करियर के चरम पर मैंने तय किया कि मैं डीएसपी मैरिल लिंच की नौकरी छोड़ दूं। मैं वहां आराम से नौकरी करता रह सकता था या किसी और बड़ी कम्पनी का प्रबन्धन कर सकता था या ज़्यादा यश और धन पा सकता था, लेकिन मैं यह सब तो नहीं करना चाहता था। मैंने देखा कि मेरी नौकरी मुझे जो कुछ मैं अपनी ज़िन्दगी में करना चाहता था उस सबसे दूर ले जा रही है। मैंने सोचा कि मुझे अपनी ज़िन्दगी को सही राह पर लाना चाहिए नहीं तो मुझे वह नया पेशा चुनने में बहुत देर हो जाएगी जो बौद्धिक रूप से ज़्यादा प्रेरित करने वाला हो; मुझे अपना समय अपने साथ, अपनी तरह बिताने के लिए ज़्यादा लचीलापन देता हो।

तुम्हारी माँ जीवन में सन्तुलन का महत्त्व जानती है और अपनी ज़िन्दगी में सन्तुलन बनाए रखने की उसकी क्षमता से मैं ईर्ष्या करता हूँ। मुझे उम्मीद है कि तुम मेरी गलतियों से सीख लोगी और अपनी माँ से भी उसकी खूबियां लोगी ताकि तुम्हारी ज़िन्दगी बेहतर बन सके।

प्रिय ऐना, मैं जो कह रहा हूँ, उसे गलत मत समझना। मैं दिल से चाहता हूँ कि तुम जल्द-से-जल्द जीवन में सन्तुलन

बनाना सीख लो और ऐसा करते हुए अपने चुने काम के क्षेत्र में तुम्हारे उत्साह और प्रेरणा में कमी न आए। मैं उम्मीद करता हूँ कि तुम अपनी सेहत, अपने सम्बन्धों और व्यापक रूप से समाज के सम्बन्ध में अपनी ज़िम्मेदारियों के साथ सन्तुलन बनाते हुए अपने काम को आगे बढ़ाओगी।

कभी-कभी मैं तुम्हारी माँ से इस बात के लिए ईर्ष्या करता हूँ कि वह अपने, अपने परिवार, और व्यापक समाज के बीच सही सन्तुलन कैसे बैठा पाती है। अलाभसर्जक संस्थाओं की दुनिया में काम करना आसान नहीं है। तुम्हारी माँ ने एक ऐसी गैर-सरकारी संस्था के साथ काम करना तय किया जो दिमाग़ी तौर पर कमज़ोर बच्चों के लिए काम करती है। समाज के उस हिस्से के लिए काम करना जिसका आप पर प्रत्यक्ष या अप्रत्यक्ष प्रभाव न होता हो, काफ़ी मुश्किल है। यह संघर्षभरा है, लेकिन कुछ हद तक समय को चतुराई से व्यवस्थित करके, कामों का समय आगे-पीछे कर के, घर से काम करते हुए और सेलफ़ोन की सुविधा का पूरा फ़ायदा उठाकर तुम्हारी माँ ने इस कार्य के लिए अपना बेहतरीन योगदान सुनिश्चित किया, लेकिन फिर भी वह तुम्हारे और परिवार के लिए हमेशा ही मौजूद मिलती हैं। और यह सब करते हुए भी वह अपनी कसरत, ध्यान और प्राणिक हीलिंग अभ्यास के लिए समय पा ही जाती हैं, जिसके बारे में उनका विश्वास है कि यह उनके शारीरिक और आध्यात्मिक रूप से स्वस्थ रहने के लिए बहुत आवश्यक है। तुम्हारी माँ कभी-कभी सोचती हैं कि क्या मैं अपनी पूरी योग्यता का उपयोग करते हुए कुछ उत्पादक कार्य कर रही हूं, लेकिन वह यह बात पूरी तरह समझ नहीं पातीं कि उन्होंने अपने जीवन में जो सन्तुलन बनाया है मैं उसे कितना पसन्द करता हूँ।

मैंने यह भी जाना है कि किसी भी व्यक्ति के लिए बहुत ज़रूरी है कि वह अन्य लोगों की राय, प्रभाव अथवा चाहतों के दबाव में या उन की कसौटी पर खरा उतरने के लिए अपनी ज़िन्दगी न जिए। जब हम ऐसा करते हैं तो हम ऐसे काम करते हैं जो हमें स्थायी प्रसन्नता नहीं देते, और क्योंकि इन कामों को करते हुए गहरी भावना ग़ायब रहती है तो हम कोई अर्थपूर्ण योगदान भी उन से नहीं दे पाते। जैसे-जैसे बच्चे

बड़े होते हैं माता-पिता उनसे वह बनने की उम्मीद करते हैं जो वे स्वयं बनना चाहते थे या जो उन्हें लगता है कि दूसरों द्वारा प्रशंसित किया जाएगा। तुम्हारे लिए, हम ऐसा कुछ भी नहीं चाहते। तुम्हारे लिए हमारा सपना है कि तुम अपने हितैषियों से राय लो लेकिन माता-पिता की अथवा सामाजिक अपेक्षाओं के बन्धन से मुक्त रहते हुए अपना सपना पूरा करो, फिर वह चाहे जो भी हो।

जब मैं बड़ा हो रहा था, तो पेशा परिस्थितियों व आवश्यकताओं के अनुरूप चुना जाता था। यदि कोई मध्यवर्गीय जीवन जीना चाहता तो उसे इन्जीनियर, डॉक्टर या फिर चार्टर्ड अकाउन्टेण्ट बनना होता था। हमारा कुछ सम्पन्न होना और हमारे देश का विकास, तुम्हें उस सबके लिए जो तुम करना चाहती हो, कुछ सुविधाएं देंगे। तुम जो भी करना चाहो बस याद रखना कि तुम्हारे लिए अमीर, मशहूर अथवा सफल होने की मजबूरी नहीं है, तुम्हें बस अपनी यात्रा का आनन्द लेना और खुश रहना है। तुम्हारी माँ और मैं उम्मीद करते हैं कि जब तुम बड़ी हो जाओगी तब हम तुम्हें ज़िन्दगी के तमाम अनुभव दे पाएंगे ताकि तुम यह जान पाओ कि तुम सचमुच क्या करना चाहती हो।

ईश्वर की कृपा से मैं बहुत ही सौभाग्यशाली रहा कि मैं वही कार्य करता रह पाया हूँ जिनसे मुझे सच में खुशी मिली है, लेकिन कई बरसों तक कई मुद्दों पर मुझे कुछ ऐसे काम करने के लिए भी धकेला जाता था जिन्हें करना पारिवारिक और सामाजिक दृष्टि से सही था। और अगर मैं सचमुच उन्हें करता तो परेशान हो जाता। ज़िन्दगी कभी-कभी तुम्हारे सामने ऐसे छोटे-छोटे दाएं या बांएं मोड़ ले आती है जिन पर मुड़कर आप एकदम अलग राह पर पहुंच जाते हैं। मैं बड़ा सौभाग्यशाली रहा क्योंकि मैं जो चाहता था वही काम कर रहा था। लेकिन तुम्हारे मामले में, मैं सुनिश्चित कर देना चाहता हूँ कि तुम्हारे कामों का चुनाव सुखद संयोगों की श्रंखला के कारण नहीं बल्कि तुम्हारे ही अन्दर उपजी अधिक सुविचारित प्रक्रिया के परिणाम स्वरूप हो ताकि तुम जान सको कि तुम्हें किस काम से खुशी मिल पाएगी। हम तुम्हें राय देंगे, तुम्हारे साथ बहस भी करेंगे, लेकिन हमें सुविचारित प्रक्रिया से

निकली तुम्हारी हर पसन्द ठीक लगेगी। हाँ, तुम गाना चाहो या नृत्यांगना बनना या किसी भले काम के लिए पूरा समय समर्पित करना या शेफ़ बन कर अपना रेस्त्रां शुरू करना, हम बहुत खुश होंगे।

प्यारी ऐना, मैं तुम्हारे साथ वे दो बड़े सबक साझा करना चाहता हूँ जो मैंने जीवन में सीखे हैं। पहला सबक यह है कि अक्सर लोग बुद्धिमत्ता गुणांक के महत्त्व को अधिक मान देते हैं और भावनात्मक गुणांक के महत्त्व को कम आंकते हैं (जब तुम बड़ी हो जाओगी तब तुम इन शब्दों के अर्थ जान जाओगी)। मैंने जाना है कि हर माता-पिता अपने बच्चों को बुद्धिमत्ता गुणांक की तरफ़ धकेलते हैं। अक्सर ऐसा इस इच्छा के वशीभूत होकर किया जाता है कि उनके बच्चे सबसे आगे रहें। मैं यही चाहता हूँ कि मैं तुम्हें इस तरह पालूं कि बस शिक्षा में बढ़िया होने से ज़्यादा तुम्हारा भावनात्मक गुणांक और सोचने की योग्यता फलें-फूलें। मुझे पक्का यक़ीन है कि कुल मिलाकर एक विचारक, भावात्मक रूप से सन्तुलित व्यक्ति के तौर पर तुम ज़िन्दगी से उन लोगों की तुलना में बहुत अधिक पाओगी जो बस परीक्षा में अव्वल रहने के फेर में रहते हैं।

दूसरा सबक जो मैं तुम से साझा करना चाहता हूँ वह यह है कि अगर कोई ऐसी चीज़ है जो सचमुच तुम्हें खास बनाती है तो वह है दूसरों के प्रति करूणा। जैसे-जैसे तुम बड़ी होती जाओगी, तुम समझने लगोगी कि हमारी असमानता से भरी दुनिया में करूणा कितनी आवश्यक है। यह तुम्हें परिचित और अपरिचित, सभी तरह के लोगों तक खुशी पहुंचाने का मौका देती है। तुम्हें अच्छा इन्सान बनने के बारे में भाषण देने के बजाय हम तुम्हारे लिए अच्छा काम करने के उदाहरण बनने का पूरा प्रयास करते रहे हैं और आगे भी करते रहेंगे। बच्चों के साथ काम करते हम जान गए हैं कि बच्चे कितने गहरे ढंग से आपको देखते-परखते हैं और साधारण देखने-परखने से ही कितना सीख जाते हैं। इसलिए मेरी प्यारी ऐना, हमें आशा है कि घर में हमारे, एक-दूसरे के साथ और घरेलू नौकर के साथ व्यवहार को देखकर तुम दया व करूणा सीख जाओगी।

हमें यकिन है कि जब तुम देखोगी कि करूणा का कितना सकारात्मक प्रभाव कम सुविधाओं में जी रहे लोगों पर पड़ता है तब तुम में और भी करूणा जागेगी। और जब तुम लगातार बड़ी हो रही होगी तब तुम्हें करूणा का लगातार अभ्यास करने का मौका मिलेगा। इसीलिए, जब तुम बहुत ही छोटी थीं, तुमने अपने कुछ जन्मदिन आशा सदन अनाथालय में मनाए। पता नहीं तुम्हें अभी भी याद है या नहीं लेकिन पिछले साल तुमने पहली बार अनाथालय में बच्चों को वह सब सामान खुद भी बांटा जो हम अपने साथ ले गए थे। तुम खुशी-खुशी उनके साथ खेली और लग रहा था कि तुम्हें पार्टी में खूब मज़ा आया। मुझे पता है कि ट्रैफ़िक लाइट पर तुम्हें मैले-कुचैले बच्चों को बिस्कुट देना अच्छा लगता है, और तुम यह भी जान गई हो कि यह एक अच्छा उपाय क्यों है और उन्हें पैसे देना अच्छा उपाय क्यों नहीं है। तुम्हें याद है जब हम सोहो सेण्ट्रल मॉल घूमने गए थे और मैंने तुम्हारे लिए वह बड़ा सा लॉलीपॉप लिया था जिस पर तुम एकदम फ़िदा थीं? अगर तुम्हें यह याद है, तो तुम्हें यह भी याद होगा कि जब हम मॉल से बाहर आए तो दरवाज़े पर ही एक ग़रीब लड़के ने तुम से लॉलीपॉप मांगा। शुरू में तुम समझ नहीं पा रही थीं कि क्या करो लेकिन जब मैंने सिर हिलाया और मैं मुस्कुराया, तो तुमने उसे खुशी-खुशी लॉलीपॉप दे दिया, और हम तुम्हारे लिए एक और लॉलीपॉप ख़रीदने लौटे। जब हम बाहर आ रहे थे तो वो छोटा लड़का अपने एक और दोस्त के साथ मौजूद था। उसका दोस्त तुम्हें इस उम्मीद के साथ देख रहा था कि तुम पहले जैसी ही दरियादिली दिखाओगी। जब तुमने मेरी रज़ामन्दी मांगने के लिए मेरी ओर देखा तो मेरा दिल खुश हो गया और हम तुम्हारे लिए ईनाम के तौर पर दो बड़े लॉलीपॉप लेने वापस गए।

मेरी प्यारी ऐना, मैं तुम्हें एक ऐसे विषय के बारे में बताना चाहता हूँ जिस पर मेरा गहरा ध्यान रहता है और मैं जानता हूँ कि बड़ी हो कर तुम भी इस पर विचार करोगी - सम्पत्ति का उद्द्देश्य। मैं तुम्हें इस के बारे में अपने विचार बताना चाहता हूँ क्योंकि तब तुम्हें मेरे उन कुछ कार्यों के बारे में समझ पाने में मदद मिलेगी जो कुछ हद तक हमारे समय

के प्रचलनों के विरूद्ध हैं। मेरा विश्वास है कि सम्पत्ति एक अद्भुत उपकरण और ईश्वर प्रदत्त आशीर्वाद है। फलप्रद ढंग से इस्तेमाल किया जाए तो यह लम्बे समय तक रहने बनी रहने वाली खुशी और प्रसन्नता लाती है, लेकिन जब इसका ग़लत इस्तेमाल होता है या इसे अकारण संचित किया जाता है, तो यह एक बीमारी बन जाती है जो परिवारों और सम्बन्धों को नष्ट कर देती है।

मैं चाहता हूँ कि अपनी चाहत को पूरा करने का तुम्हारा जुनून बस सम्पत्ति पाने की इच्छा से नहीं बल्कि सर्वश्रेष्ठ ढंग से कुछ करने और खुशी पाने की इच्छा से प्रेरित हो। खुशी सच्ची सम्पत्ति है, और मेरा अपना अनुभव है कि अगर आप सही काम कर रहे हों तो सच्ची सम्पत्ति खुद आपके पास आ जाती है। मेरी बात का ग़लत मतलब मत लगाना मेरी बच्ची, हम बिल्कुल भी नहीं चाहेंगे कि तुम आलसी बनो। हम चाहते हैं कि तुम अपनी पूरी सम्भावनाओं को खोजो, लेकिन यह काम तुम सन्तुलन बनाए रखते हुए करो, पागलों की तरह धन का पीछा करते हुए नहीं। हम बहुत सम्पन्न परिवेश में पले-बढ़े, मेरी माँ ने हम पर कभी पढ़ने के लिए ज़ोर नहीं दिया। वह हमें बताती थीं कि अगर हम सफल होना चाहते हैं, तो यह सिर्फ़ उन आदर्शों के बल पर, जो वह हम में भरने की कोशिश कर रही हैं और अपना करियर बनाने की हमारी अपनी कोशिशों के बल पर ही हो पाएगा। वह कहती थीं कि अपना भाग्य बनाना तुम पर ही निर्भर करता है। तुम्हारी बुआओं ने और मैंने इसे अपना लिया और इस मामले में अपने माता-पिता को कभी शिकायत का मौका नहीं दिया। मैं देख रहा हूँ कि छोटी उम्र में ही, तुम पहले ही सीखने को लेकर अपने काम के प्रति बहुत ईमानदार हो।

तुम हम दोनों की तुलना में बहुत अधिक समृद्धि के बीच पैदा हुई हो, और कभी-कभी तुम्हारी माँ और मैं यह सोच कर घबरा जाते हैं कि कहीं यह तुम्हारी मज़बूती बनने के बजाए कमज़ोरी न बन जाए। यह डर हमारे कई निर्णयों को प्रभावित करता है जैसे कि हम लोग अपनी आर्थिक हैसियत से कुछ निचले स्तर का जीवन जीते हैं। यह उत्तराधिकार के बारे में हमारे विचार को भी प्रभावित करता है। इस मुद्दे पर हम

एकदम स्पष्ट हैं ऐना कि तुम्हारी ज़रूरी शिक्षा और ज़रूरी आराम के लिए व्यवस्था करने के बाद, हम अपनी उस सम्पत्ति का अधिकांश भाग जो ईश्वर के आशीर्वाद स्वरूप हमें मिलेगी, ज़रूरतमन्दों की भलाई के लिए इस्तेमाल करेंगे। इसीलिए हम काफ़ी सक्रियता से यह सुनिश्चित करते हैं कि हम जो भी सम्पत्ति अर्जित करें उससे निरन्तर काफ़ी कार्य करते रहें। यह काम हम कई बढ़िया संस्थाओं जैसे मुम्बई और पुणें में आकांक्षा फ़ाउण्डेशन स्कूल; द रिसर्च सोसाइटी फ़ॉर द केयर, ट्रीटमेण्ट ऐण्ड ट्रेनिंग ऑफ़ चिल्ड्रन इन नीड ऑफ़ स्पेशल केयर; द जय वकील स्कूल फ़ॉर द मेण्टली चैलेंज़्ड; गिव इण्डिया; अंधेरी में वाई.एम.सी.ए बॉयज़ होम ऐण्ड वोकेशनल ट्रेनिंग सेण्टर; और कोलकाता में द टाटा मेडिकल सेण्टर ऐण्ड कैंसर पेशेन्ट ऐण्ड असोसिएशन के सहयोग से करते हैं।

हम चाहते हैं कि आगे जा कर तुम देने को ज़िन्दगी जीने के नज़रिये और खुशी तक पहुंचने की राह के रूप में अपना लो। मैंने पैसे के कारण बहुत मतभेद पैदा होते देखे हैं। उत्तराधिकारियों में सहज रूप से सम्पत्ति पाने का अधिकार होने की भावना बनती है जो अक्सर उनके माता-पिता और भाई-बहनों के साथ उनके रिश्ते बिगाड़ कर परिवारों को बर्बाद कर देती है। सम्पत्ति इस भ्रम को भी जन्म देती है कि हमें मेहनत करने की ज़रूरत नहीं है क्योंकि हमारे माता-पिता ने हमारे लिए काफ़ी कुछ जोड़ा है। मैंने बड़े व्यवसायिक परिवारों में और यहां तक कि अपने दोस्तों के यहां भी ऐसा होते देखा है।

हम तुम्हें देने वाला व्यक्ति बनते देखना चाहते हैं तो उसका कारण यह नहीं है कि इस के लिए तुम्हारी सार्वजनिक रूप से प्रशंसा होगी, बल्कि इसलिए कि तुम महसूस करोगी कि यही तुम्हारे लिए ठीक है।

मेरी प्यारी ऐना, मैंने काफ़ी कुछ कह दिया है लेकिन मैं महसूस करता हूँ कि ईश्वर की रची विशाल सृष्टि के सामने हम सब कितने छोटे हैं और कितनी कम चीज़ों पर हमारा नियन्त्रण है। तो मैं पत्र खत्म करने से पहले ईश्वर को धन्यवाद देना चाहूँगा कि उन्होंने तुम्हारे रूप में मुझे अपना आशीर्वाद दिया। मैं तुम्हें हृदय से प्यार करता हूँ और जो कुछ भी मैंने कहा वह इसलिए क्योंकि हम तुम्हारे लिए

सब कुछ चाहते हैं। मैं तुम्हें अपने अन्तरतम से अपनी सभी प्रार्थनाओं के साथ आशीर्वाद देना चाहूँगा। आशा करता हूँ कि अपनी ज़िन्दगी में तुम सच्ची और सदा बनी रहने वाली प्रसन्नता पाओ और अपने आस-पास के सभी लोगों के लिए खूब खुशियाँ लाओ।

बहुत सारे प्यार और शुभकामनाओं के साथ,
तुम्हारा पिता

कैप्टन गोपीनाथ

कैप्टन गोपीनाथ की बेचैन, संक्रामक ऊर्जा, अनन्त सी लगती आशावादिता और उनकी शुद्ध सकारात्मकता से प्रभावित न होना काफ़ी मुश्किल है।

काफ़ी सालों से एक व्यापारिक पत्रकार होने के नाते मैं उनके बारे में अख़बारों के पन्नों से जानकारी लेती रही हूं। बैलेंस शीट पर नज़र रखने वाले लेखा जिस काम को करने की हिम्मत भी नहीं करते उस राह पर चलने के उनके साहस और निश्चय की मैं प्रशंसक रही हूँ और हवाई यात्रा को हमारे लिए कुछ कम विलासितापूर्ण बनाने के लिए उन्हें दुआएं देती थी। एयर डेक्कन न होती तो हवाई यात्रा अब भी भारत की अधिसंख्य आबादी के बूते के बाहर होती।

मैं कैप्टन गोपीनाथ से देर शाम को एक पाँच सितारा होटल के आकर्षक लाउंज में मिली थी जो मुम्बई के अन्तर्राष्ट्रीय हवाई अड्डे से कुछ ही दूर है। वह शहर की एक उमस भरी शाम थी। मैं चिन्तित थी कि वहां पहुंचने में मुझे देर न हो जाए लेकिन मैं समय से पहले ही पहुँच गई, वह दक्षिण मुम्बई के ट्रैफ़िक में फंस गए थे। 45 मिनट उन का इन्तज़ार करते हुए मुझे समझ में आया कि वह क्या है जिसने उन्हें भारत में ही नहीं बल्कि संसार भर में बहुत समादृत और प्रशंसित व्यक्ति बना दिया है।

कैप्टन गोपीनाथ बेहद विनम्र इन्सान हैं, एक ऐसे इन्सान जिसे कोई ग़लती हो जाने या किसी को कष्ट पहुँचाने पर क्षमा मांगते झिझक नहीं होती। उनके जैसी ऊँचाई और उपलब्धियां हासिल करने वाले बहुत ही कम लोग किसी को इंतज़ार करवाने के बाद उससे क्षमा मांगने की सोचेंगे। वह टेक्स्ट मैसेजेस से लगातार मुझे बताते रहे कि वह कहाँ हैं और उन्हें पहुँचने में कितना समय लगेगा। इस घटना से यह अन्दाज़ा लगाने में कोई मुश्किल नहीं होती कि उन्होंने जो हवाई सेवा शुरू की है उसने अपनी कार्य प्रणाली और सेवा सम्बन्धी नैतिकता कहाँ से पाई है!

ब़ावजूद इसके कि उन्होंने जो हवाई सेवा व्यवसाय शुरू किया उसकी बाज़ार पूंजी अपनी शुरूआत के चौथे ही बरस में 1.1 बिलियन अमेरिकी डॉलर के आंकड़े को छू चुकी थी, कैप्टन गोपीनाथ बहुत ही ज़मीनी आदमी हैं जो भारत के लोगों की जीवनशैली से भली-भांति परिचित हैं। मैं धैर्यपूर्वक

उनकी चकित कर देने वाली कहानी सुन रही थी कि कैसे कर्नाटक के स्कूल मास्टर के साधारण बेटे ने थल सेना में नौकरी की, फिर किसान बना, एक के बाद एक व्यवसाय किए... कहानी सुनते-सुनते हमने एक प्लेट समोसे और खूब सारी चटपटी, तृप्तिकर भारतीय करियां चट कर डालीं। कैप्टन अपनी पसन्द की भारतीय करियों जितने ही जीवंत और रूचिकर हैं।

कैप्टन प्रखर बुद्धि वाले एक स्वयंसिद्ध व्यक्ति हैं जो अपने सम्पर्क में आने वाले लोगों के जीवन में बेहद रूचि रखते हैं। चौंकाने वाली बात यह है कि उन्होंने काफ़ी पढ़ा भी है। उनकी संगत में बैठने का मतलब है संसार के कुछ महानतम विचारकों के विचारों और उद्धरणों से परिचित होना। वह लालचियों की तरह पढ़ते हैं, इस आदत के बीज उनके बचपन में ही तब पड़ गए थे जब उनके पिता उन्हें घर में पढ़ाते थे और महान नेताओं के जीवनों के विषय में उन्हें पढ़ कर सुनाते थे।

उस शाम जब मैं उनसे मिली तब वह एअर डेक्कन को, जो उन्होंने किसी और निजी हवाई सेवा को बेच दी थी, दोबारा शुरू करने की अतिव्यस्त सौदेबाजी में जुटे हुए थे। एअर डेक्कन की बिक्री ने उन्हें निराश किया था क्योंकि उन्हें महसूस हुआ कि ख़रीददार ने उनके ब्राण्ड और उस में निहित भावना के साथ न्याय नहीं किया।

मैंने उनसे पूछा कि क्या इतनी बड़ी ज़िम्मेदारी लेने से उन्हें डर नहीं लगता, जबकि व्यापार करते हुए उन्हें दो बार बड़े घाटे उठाने पड़े हैं जिन से उनकी कमाई का खासा बड़ा हिस्सा साफ़ हो गया?

और उन्होंने मुझे बताया : 'स्वप्न देखने, प्रेरणा लेने के लिए उन्होंने (कैप्टन के पिता ने) मुझे टैगोर व गाँधी, नेहरू और तिलक के बारे में पढ़ कर सुनाया। और उन्होंने मुझे मेरे आस-पास के कम सुविधाओं में जीने वाले लोग दिखाए ताकि मैं खुद को मिली कृपाओं को सदा याद रखूँ। उन्होंने मुझे ज़्यादा सुविधा सम्पन्न लोगों से ईर्ष्या करने का मौका भी नहीं दिया। और इसीलिए यह सम्भव हो सका कि जब मैं एक टेण्ट में रहते जैसे-तैसे कमा-खा रहा था तो मुझे कभी भी ऐसा नहीं लगा कि मैं ग़रीब हूं। मेरे आस-पास जो प्राकृतिक सम्पत्ति थी उसे लेकर मुझे घमण्ड था। मैंने अपने आपको ग़रीब महसूस नहीं किया क्योंकि मैं अपने जीवन की सम्भावनाओं के नशे में चूर था और इस बात पर मेरा ध्यान ही नहीं गया कि मेरी ज़िन्दगी में क्या नहीं है।'

अगर गाँव के स्कूल के अध्यापक देख पाते कि उन के बेटे ने अपनी ज़िन्दगी को कैसा बनाया है तो उन्हें ज़रूर ही गर्व होता। डेक्कन 360 के संस्थापक, चेयरमैन और मैनेजिंग डायरेक्टर कैप्टन गोपीनाथ को कई अन्य सम्मानों के अलावा फ्रेंच सरकार द्वारा दिया जाने वाला सर्वोच्च नागरिक सम्मान 'शेवलिए द ला लेज़िआं द'आनिए' भी मिला है।

मुझे लगता है कि यह एकदम मुनासिब है कि वह आदमी जो अपने पूरे अस्तित्व का श्रेय अपने पिता द्वारा बचपन में सिखाई चीज़ों को देता है, ऐसा प्यारा और स्पष्टतावादी पत्र अपनी दो बेटियों को लिखे।

प्रिय कृतिका, पल्लवी,

इस पत्र में मैं जो लिख रहा हूँ, उसमें से कुछ भी तुम्हारे लिए नया और हैरान करने वाला नहीं है क्योंकि यह सब वह है जिसे मैंने हमेशा अपने जीवन का आधार बनाया है। तुम मेरे ही साथ बड़ी हुई हो, मेरी ज़िन्दगी के उतार-चढ़ावों से गुजरी हो और तुमने देखा है कि हर चरण पर मैंने जो कुछ भी किया पूरी लगन के साथ किया। हमारे पास बहुत सम्पत्ति रही और हमने विपुलताभरा जीवन जिया। और जब मैंने किसान बनने, नारियल और सुपारी के पेड़ उगाने और रेशम के कीड़े पालने का निर्णय लिया तब हमने अपने फ़ार्म पर कठोर श्रम वाला जीवन भी जिया है। और मैं जानता हूँ कि जब भी मैंने कुछ नया करने का निर्णय लिया तब-तब उसके कारण तुम्हारी ज़िन्दगियों में व्यवधान आए हैं, लेकिन तुमने खुशी-खुशी मेरा साथ दिया और रोमांच के हर दौर का मज़ा लिया और साथ-साथ सीखती भी रहीं।

मेरी प्यारी बेटियों, तुम प्रतिभाशाली युवतियां हो, मैं चाहता हूँ कि तुम यह जानो कि तुम्हारे लिए सबसे ज़्यादा महत्त्वपूर्ण यह है कि जो कुछ भी तुम करो उसे गहरी लगन के साथ करो। ट्रेन का यात्री नहीं, उस का चालक बनो। अपने सपनों को साकार करने के लिए पूरी तरह वचनबद्ध रहो लेकिन उसे आत्मतुष्टि की आड़ मत बनाओ। इस बात

को समझो कि आज जो कुछ भी तुम्हारे पास है वह तुम्हारे पुरखों के परिश्रम का फल है। जो सुविधा सम्पन्न जीवन तुम जी रही हो वह उनके श्रम और लगन के कारण ही संभव हो सका है। इसलिए अपनी रूचियों के प्रति गहन भावना रखो, लेकिन उसे समाज के अनुरूप बनाओ। यह तुम्हारी अपनी पूर्णता को तो आगे ले ही जाता है, समाज की स्वस्ति को भी बढ़ाएगा।

मैं मानता हूँ कि जुनून और काम को अलग नहीं किया जा सकता, एक दूसरे से अलग होकर उनका अस्तित्व नहीं रह जाता। जानने से लेकर काम को अन्जाम देने तक स्वयं में एक यात्रा है और अगर तुमने काम करने पर कम जोर रखा तो तमाम प्रतिभा बेमतलब हो जाती है। अपने जीवन को साहसिक यात्रा बनाओ। लेकिन अगर तुम बहुत ज़्यादा सामाजिक प्राणी हो तो तुम रचना नहीं कर सकतीं क्योंकि रचना कर पाने के लिए चिन्तन और एकान्त की ज़रूरत होती है। दूसरी ओर, यदि तुम खुद को पूरी तरह अकेली कर लो तो तुम समाज पर बोझ बन जाओगी, तुम समाज को कुछ वापस लौटाने के बजाय उस के संसाधनों का उपभोग कर रही होगी। इसलिए तुम्हें सामाजिक होने और एकान्त जीवन के बीच सही सन्तुलन बना कर जीना आना चाहिए।

प्यारे बच्चों, मेरे पिता अक्सर कहा करते थे कि हर चीज़ की जड़ें कर्म में हैं और निराशा में डूबने के बजाय काम में डूबना हमेशा ही बेहतर रहता है। तब तुम्हारे जीवन में कर्म ही फल बनेगा। स्कॉटलैण्ड के लेखक रॉबर्ट लुइ स्टीवेन्सन ने एक बार कहा था : 'मैं कहीं जाने के लिए यात्रा नहीं करता, बस जाने के लिए जाता हूँ। मैं यात्रा करने के लिए यात्रा करता हूँ। बड़ा काम है चलते रहना।' मेरे बच्चों, हर क्षण का, हर उस काम का जो तुम करते हो - वह छोटा हो या बड़ा या महत्त्वपूर्ण - आनन्द लो। प्रसन्नता और सम्पत्ति, तुम्हारे कर्म, तुम्हारे उद्यम का परिणाम होते हैं।

कभी भी बिना काम किए न रहो। तुम जीवन में जो कुछ भी बनना चाहो, सबसे बढ़िया बनो - अगर मोची भी बनो तो सबसे बढ़िया मोची बनो। तुम जो भी करना चाहो, हरदम अपने सब विचार और प्रयास उसी पर केन्द्रित रखो।

कोई भी तुम्हें मुफ्त में कुछ नहीं देगा। उद्यमिता की भावना अपना लो और अपने पैरों पर खड़ा होना सीखो। आज, यदि तुम्हारा कोई जुनून, शौक या इच्छा है तो तुम्हारा विवाह बचे रह पाने की सम्भावना बढ़ जाती है। पति-पत्नी दोनों को एक-दूसरे की इज्ज़त करनी चाहिए। अपनी रूचियां बनाए रखो और खुद भी रोचक बने रहो। अपने काम में ही मुक्ति ढूंढो। हम सभी को आजीविका के लिए काम करना होता है, लेकिन आप जो कुछ भी कर रहे हैं उसके अलावा हर रोज़ शारीरिक श्रम भी ज़रूर करें। जब मैंने सेना की नौकरी छोड़ी तो मैं रोज़ अपने फार्म पर अपने हाथों से काम करता था, मैंने कड़ा श्रम किया, गायों को दुहा, खाद मिलाई। हालांकि कुछ समय बाद मैंने वह दिनचर्या छोड़ दी लेकिन मैं जानता हूँ कि ईंटें बनाने वाले, वैल्डिंग करने वाले, मिस्त्री, बैरे - यही सच्चे भूमिपुत्र हैं।

अच्छा, अर्थपूर्ण काम पा लेना बेहद ज़रूरी है क्योंकि यह हमारी प्रसन्नता का अभिन्न अंग है। अगर तुम्हारे पास काम नहीं है तो ज़िन्दगी में प्यार, परिवार, दोस्ती और तमाम बाकी चीज़ें होने के बावजूद तुम कभी खुश नहीं रह पाओगी। हमेशा ध्यान रखना कि तुम्हारा कार्य तुम्हारे आस-पास के समाज की भलाई को बढ़ाता हो। याद रखना कि काम के प्रति तुम्हारे लगाव का टकराव उस समाज के प्रति तुम्हारे प्रेम से न हो, जिसमें तुम पली-बढ़ी हो।

जब तुम दोनों कॉलेज में थीं, मैंने तुम्हें तुम्हारी पसन्द के विषय चुनने के लिए स्वतन्त्रता दी थी। मुझे यकीन है कि तुम्हें वह बात याद होगी जो तब मैंने तुमसे कही थी: 'तुम लोग अपने जुनून, अपने गहरे लगावों के अनुसन्धान के लिए स्वतन्त्र हो लेकिन मैं मस्तिष्क और शरीर का निठल्लापन पसन्द नहीं करूंगा।'

प्रिय पल्लवी, तुम साहित्य में परास्नातक की पढ़ाई करने इंग्लैण्ड गई थी और वहां रहते हुए तुमने अपनी बात निभाई- तुम्हें मैं सीमित पैसे देता था, अपना काम चलाने के लिए तुम एक रेस्त्रां में वेट्रेस का काम करती थीं। और मास्टर्स इन मीडिया की उपाधि प्राप्त करने के लिए बर्मिंघम जाने तक तुमने लगातार काम किया। क्या तुम्हें वह दिन याद है जब

हम एयरबस के चीफ़ कमर्शियल ऑफ़िसर जॉन लीही के साथ खाना खा रहे थे और उन्होंने तुम्हें एक साल की ग्लोबल इण्टर्नशिप देने की पेशकश की थी? तुम असंमजस में और हक्कीबक्की थीं क्योंकि तुम्हारी थीसिस तब तक पूरी नहीं हुई थी। मुझे अच्छी तरह याद है कि मैंने तुम से कहा था कि डिग्री का होना इतना ज़रूरी नहीं है जितना ज़रूरी ज़िन्दगी में ज़्यादा से ज़्यादा अनुभव पाना है। इसलिए तुम एक साल के लिए फ़्रांस चली गईं, दूसरी संस्कृति के बारे में सीखने के लिए, दूसरी तरह की ज़िन्दगी के तरीके जानने के लिए। उस इंटर्नशिप ने तुम्हें इतना लुभाया कि तुम एयरोस्पेस प्रबन्धन में एमबीए करना चाहती थी। उस समय मैंने तुम्हें भारत लौटने को कहा क्योंकि मैं अपनी कम्पनी डेक्कन एयर कार्गो ऐण्ड एक्सप्रेस लॉजिस्टिक्स शुरू कर रहा था। और मैं जानता था कि यह तुम्हारे लिए भारत में व्यवसाय करना सीखने का एक शानदार तरीका था - तुमने इस देश में एक बड़ा व्यवसाय खड़ा करने की चुनौतियाँ समझीं, उस में सामने आने वाली खुशियाँ और खीझ देखीं।

तुम्हारे विदेशों में पढ़ाई करने और शिक्षा के सबसे बढ़िया मॉडलों से परिचित होने के बावजूद, मैं यक़ीनी तौर पर मानता हूं कि ज़िन्दगी ही तुम्हारी सबसे बड़ा अध्यापक रही है। तुम दोनों हमारे फ़ार्म में पैदा हुईं। तब तुम्हारी माँ और मैं, दोनों ही, काफ़ी छोटे थे और दो छोटी बच्चियों को पालने की ज़िम्मेदारी निभाना सीख रहे थे। मेरी बैलगाड़ी में मेरे साथ फ़ार्म और गांव में जाते तुमने हरियाली और ताज़ा हवा में प्रसन्न रहना सीखा। तुम नंगे पैर घूमती और खेलती, गांव के स्कूल में पढ़तीं। एक बार तो हम लोग खुले में टेण्ट में भी रहे। बाद में, जब तुम दोनों लगभग 10 बरस की हो गईं तो हम बैंगलोर में रहने लगे और तुमने शहरी जीवन का अनुभव पाया।

मेरा अपना जीवन ही मेरा सबसे बड़ा साहसिक कार्य है और तुमने इस को बहुत करीब से देखा है। थल सेना को छोड़ने के बाद ज़ब मैं युद्ध की बर्बादी से, मेरे दिमाग़ में पड़े उसके असर से उबर नहीं पा रहा था, मैंने मोटरसाईकिल से पूरे देश की यात्रा की और लोगों से लिफ़्ट मांग कर अमेरिका

की यात्रा की। 27 साल की उम्र में मुझ में किसी तरह की बेचैनी थी जिसे मैं किसी भी तरह शान्त नहीं कर पा रहा था। मैंने ज़िन्दगी को भरपूर जिया था, दो बरस हिमालय क्षेत्र में रहा था, युद्ध का अनुभव पाया था और अब अपने गांव लौटना चाहता था। जब मैं गांव पहुँचा तो पाया कि सरकार ने नदी पर एक बाँध बना दिया था जिस के कारण मेरे पिता की थोड़ी सी ज़मीन पानी में डूब गई था। मेरे पिता को मुआवज़े में जो ज़मीन मिली वह लगभग 100 कि.मी. दूर थी। वहां न पानी था, न बिजली थी और न ही वहां तक पहुंचने के लिए ढंग की सड़क थी। लेकिन यह मुझे डराने वाली बात नहीं लगी। मेरे लिए यह बेहद रूमानी था। मैं ज़मीन पर अपने हाथों से काम करना चाहता था, अकेला रहना चाहता था, दूर तक पैदल चलना चाहता था, पढ़ना, गायें पालना और फसलें उगाना चाहता था। मैं किसी प्रेतग्रस्त आदमी की तरह था। खेती की धुन का मारा मैं बैंगलोर गया, एक टेण्ट ख़रीदा, एक डॉबरमैन कुत्ता लिया, पशु चराने के लिए गांव के एक हरिजन लड़के की सहायता ली और वीराने में अपनी बंजर ज़मीन पर टैण्ट लगाने जा पहुँचा। दो बरस मुझ पर वही धुन सवार रही।

मेरी ज़िन्दगी का फ़लसफ़ा यही है, सपने देखो और अपनी ज़िन्दगी की राह तय करो। इसी पर चलते मैं सेना में गया और बाद में एयर डेक्कन एयरलाइन्स का जन्म हुआ, और इसी पर चलते मैं फिर से खेती करने लगा। इसी फ़लसफ़े के कारण मैंने कुछ साल पहले हवाई जहाज़ से सामान ढोने का व्यवसाय शुरू किया और अब एयर डेक्कन को दोबारा शुरू करने के काम में जुटा हूँ।

प्यारी बेटियों, ज़िन्दगी में सफलता पाने का कोई बना बनाया नुस्ख़ा नहीं है। रोज़ ही मुझे मेल से उन लोगों के पत्र मिलते रहते हैं जो यह जानना चाहते हैं कि मैं सफल कैसे हुआ। मैं उन्हें बस यही बताता हूँ कि अपने सपनों को, वो जो कुछ भी हों, जुनून और लगन के साथ जियो। अपने प्रति अनबुझ आशावादिता बनाए रखो, चीज़ें खुद-ब-खुद सही हो जाएंगी। मैं असफल होने में विश्वास नहीं रखता और इसलिए मैं बिना किसी ख़तरे से डरे और भी ज़्यादा

व्यवसाय ख़रीदता रहा। मेरे हर उद्यम में वही आशावादिता मुझे आगे को धकेलती रही और जब चीज़ें ग़लत हो जातीं तो भी मैं प्रयास करता ही रहता क्योंकि मैं जानता था कि मैं इस स्थिति को भी झेल जाऊँगा। चीज़ें आख़िरकार लगभग सामान्य ही हो जाती थीं। आशा ने मुझे डूबने से बचाए रखा, जीते रखा। मुझे हमेशा ही वह तिनका मिल जाता था जिसे थामकर मैं जी जाता।

प्रकृति का नियम है कि हमारी सफलता के चरम पर ही पतन का बीज बोया जाता है। होता यह है कि अचानक आप जोख़िम नहीं उठाना चाहते और इस तरह जो कुछ भी बहुत मेहनत से बनाया होता है उसे खो देते हैं। मैं मानता हूं कि हम सभी को सफलता और असफलता के चक्र से गुज़रना होता है। आपकी संकल्पशक्ति ही जीवन की उठापटक के बीच से आप को सुरक्षित निकाल पाती है।

बचपन में, मेरे पिता ने मुझे विद्यालय नहीं भेजा। मैं पहली बार स्कूल गया पाँचवीं कक्षा में। और इस से कोई मुश्किल भी नहीं आई क्योंकि उन्होंने मुझे घर में पढ़ाया था। वह मुझे खेतों में ले जाते और हरिजन लोगों का मेहनत का तरीका दिखाते। मेरे पिता खुद एक ग़रीब अध्यापक थे, लेकिन उनकी स्थिति हरिजनों से बेहतर थी। वह गांव के 7-8 बच्चों को अपनी 90 रूपए महीने की छोटी सी तनख्वाह से पाल रहे थे। उन्होंने कभी भी मुझे गांव के साहूकार या अमीर बनिया का अनुसरण करने या उन से प्रेरणा लेने के लिए नहीं कहा। वह मुझे फ़ार्म में श्रम करने वाले किसानों के चरित्र की मज़बूती दिखाते थे। वह खेतों में कीचड़ में काम करते मज़दूरों की तरफ़ इशारा करते और कहते : 'उनके पास प्रकृति की विपुलता है, मुफ्त भोजन और प्रकृति से घिरे रहने का वरदान।' वह मुझे गांधी और टैगोर, नेहरू और तिलक के जीवन के बारे में पढ़ कर सुनाते थे। उन्होंने मुझे मेरे आस-पास रह रहे कम सुविधा सम्पन्न लोग दिखाए ताकि मैं हमेशा खुद को मिली सुविधाओं को याद रखूं और उनके लिए कृतज्ञ होऊँ। उन्होंने मुझे, मुझसे ज़्यादा सुविधा सम्पन्न लोगों को लेकर ईर्ष्यालु होने का मौका ही नहीं दिया। और इसीलिए यह सम्भव हो सका कि जब मैं एक टैण्ट में रहते

जैसे-तैसे कमा-खा रहा था तो मुझे कभी भी ऐसा नहीं लगा कि मैं ग़रीब हूं। मेरे आस-पास जो प्राकृतिक सम्पत्ति थी उसे लेकर मुझे घमण्ड था। मैंने अपने आपको ग़रीब महसूस नहीं किया क्योंकि मैं अपने जीवन की सम्भावनाओं के नशे में चूर था और इस बात पर मेरा ध्यान ही नहीं गया कि मेरी ज़िन्दगी में क्या नहीं है।

अब जब तुम संसार में अपनी जगह लेने के लिए तैयार हो, मैं तुम्हें बताना चाहूंगा कि आत्मविश्वास और आत्मनिर्भरता जीवन में सबसे महत्त्वपूर्ण हैं, विशेषरूप से एक स्त्री के लिए। खुद पर और जो तुम्हें उचित लगे उसके समर्थन में खड़े होने की अपनी योग्यता पर विश्वास रखो। जिन मूल्यों पर तुम विश्वास करती हो उनके पक्ष में खड़े होने के लिए लज्जित मत रहो। भीड़ का हिस्सा बनने की मानसिकता मत अपनाओ। इसके बजाय, जो भी तुम चाहती हो उसे साफ़-साफ़ महसूस करो और अक्सर ही तुम पाओगी कि तुम्हें यह समझ में आ जाएगा कि क्या करना सही रहेगा! कभी भी किसी चलन को सिर्फ़ इसलिए मत अपनाओ क्योंकि सभी वही बात कह और कर रहे हैं। तुम्हारे दिल के दृढ़ विश्वास के अनुसरण के लिए एक कठोर संकल्प लेना, अच्छी ज़िन्दगी का एक आवश्यक औज़ार है। इस बात को समझने के लिए तुम्हें सिर्फ़ सीता, रानी लक्ष्मीबाई, चेन्नम्मा, फ़्लोरेंस नाइटिंगेल की ओर देखना है - इन सभी में अपने विश्वास पर प्रबल निष्ठा थी जिसने उन्हें आख़िर उनकी राह पर पहुँचाया।

तुम्हें ज़िन्दगी में रचनात्मक होना चाहिए। इससे मेरा आशय यह नहीं है कि तुम्हें हद से आगे बढ़कर असम्भव कार्य करने चाहिए। टेलीफ़ोन अथवा बिजली के बल्ब का निर्माण जैसी एकदम ही नई चीज़ें बना पाना ज़िन्दगी में सिर्फ़ एक बार ही सम्भव होता है। रचनात्मकता से मेरा अर्थ है कि तुम अपने दिमाग का इस्तेमाल अपनी रोज़मर्रा की ज़िन्दगी के कामों में करो। अपने काम के अलावा बाकी चीज़ों में भी गहरी रूचि लो। संगीत सीखो और उसका आनन्द लो, किताबें पढ़ो, पर्यावरण की रक्षा और प्रकृति को खूबसूरत बनाए रखने में योगदान दो और उसका आनन्द लो। पर्वतारोहण करो, खड़े हो कर बस यूं ही ताको, रिवर

राफ्टिंग के लिए जाओ, उन चीज़ों को अपनाओ जो तुम्हें रोज़मर्रा की ज़िन्दगी में प्रसन्नता देती हों।

आनुष्ठानिक ढंग से नही बल्कि जीवन के कार्य व्यापारों में आध्यात्मिक बनो। इस दुनिया में इतने विशाल स्तर पर, चीज़ें जैसे घटित हुई हैं उस का उत्सव मनाओ और उसे जानने की उत्सुकता रखो। रोज चिन्तन करो और स्वयं ही अपने जीवन का अर्थ खोजो। यह अपने आप में एक यात्रा है।

मुझसे अक्सर पूछा जाता है कि क्या मैं नियति में विश्वास रखता हूँ। मैं नियति के बारे में बहुत यक़ीन के साथ नहीं कह सकता। हमारी ज़िन्दगियाँ इस बात पर निर्भर करती हैं कि हम कहां पैदा हुए, कैसे और किन परिस्थितियों में पले-बढ़े। अगर मैं पाकिस्तान के कब्ज़े वाले कश्मीर में पैदा और पला-बढ़ा होता तो हो सकता है कि मेरी ज़िन्दगी अलग होती, और मैं भारत में एक ग़रीब परिवार में और पिछड़ी जाति में पैदा हुआ होता तब भी ऐसा ही होता। इस बात पर बहस लगातार चलती रहेगी कि मनुष्यों पर प्रकृति प्रदत्त गुणों का प्रभाव अधिक होता है या पालन-पोषण का, लेकिन मैं यह बात बहुत अच्छी तरह जानता हूँ कि कभी-कभी तुम्हें जो ताश के पत्ते मिलते हैं वह तो निश्चित होते हैं लेकिन उन से कैसे खेलना है यह पूरी तरह तुम्हारे हाथ में होता है। मैं मानता हूँ कि भाग्य की हमारी ज़िन्दगी में बहुत बड़ी भूमिका होती है, लेकिन आपने अपनी परिस्थितियों का कैसा उपयोग किया, यह काफ़ी हद तक आपके नियन्त्रण में होता है।

मैं एक ऐसे परिवार में पैदा हुआ जहाँ साधारण सुविधाएं भी नहीं थीं लेकिन आज मेरे पास बहुत कुछ है, इतना जितना कि मैंने और मेरे माता-पिता ने कभी सोचा तक न था। वैसे मैं किसी भी चीज़ के बारे में तुम्हें भाषण नहीं देना चाहता लेकिन जो सम्पत्ति तुम्हारे पास है उसे ख़र्च करने को लेकर कोई अपराधबोध महसूस न करो क्योंकि मैं मानता हूं कि अगर सभी लोग सरल जीवन जीने लगें तो कोई आर्थिक गतिविधि नहीं होगी। निजी तौर पर, मैं जितना सम्भव हो सके उतना सरल जीवन जीने की कोशिश करता हूँ। मैं सोचता हूँ कि जटिलता के बजाय सरलता से ख़ुशी की ज़्यादा सम्भावनाएं बनती हैं।

आज भी, जब भी समय मिलता है, मैं खेती करता हूँ। एक समय था जब मैं रेशम के कीड़ों का देश का सबसे बड़ा उत्पादक था, नारियल और सुपारी उगाता था। मैं उस ज़िन्दगी को बहुत याद करता हूँ और मेरी योजना कुछ समय बाद उसमें वापस जाने की है।

और अन्त में, मैं तुम्हें बताना चाहता हूँ कि एक सफल जीवन जो कुछ भी तुम करना चाहो वह करते हुए खुश रहकर, उस काम को ऐसे ढंग से करते हुए प्राप्त किया जाता है जिससे तुम्हारी और दूसरों की खुशियाँ बढ़ें। अगर सारी बाधाओं पर विजय पाना ज़रूरी हो तो हम ज़िन्दगी में कभी आगे नहीं बढ़ सकेंगे। हमें सिर्फ़ आगे बढ़ना है, छलांग लगानी है और यक़ीन करना है कि भविष्य अपना ध्यान खुद रखेगा।

आगे बढ़ो और सभी सपनों को पूरा करते हुए जियो।

प्यार के साथ तुम्हारा,
पापा

चन्दा कोचर

रेतीले शहर जयपुर के कॉलेज प्रोफ़ेसर के तीन बच्चों में से एक के रूप में पलती चन्दा कोचर की शुरूआती ज़िन्दगी में ऐसा कुछ नहीं था जिससे यह लगता कि एक दिन वह फ़ोर्ब्स की 'संसार की 100 शक्तिशाली महिलाओं' की सूची में स्थान प्राप्त करेंगी। और वह भी एक के बाद एक, लगातार चार बार।

भाग्य की चोट पड़ी और उनके 51 साल के पिता अचानक चल बसे। तीनों बच्चों की देखभाल की ज़िम्मेदारी उनकी माँ पर आ पड़ी जो तब तक ख़ुद ही अपने पति की छत्रछाया में रहती रही थीं। उस गृहस्थिन ने अपनी आन्तरिक शक्ति जुटाकर एक लम्बी छलांग लगाई। वह अपने परिवार को मुम्बई ले गईं जहाँ उन्हें नौकरी मिल गई और उन्होंने अपने बच्चों को कॉलेज की पढ़ाई करवाई।

'यह ज़िन्दगी जैसी हम जयपुर में जीते थे उससे एकदम अलग थी लेकिन उन्होंने (माँ ने) कपड़े बनाने वाली कम्पनी में डिज़ाइनर का काम पकड़ लिया, अपनी आन्तरिक मज़बूती का सहारा लिया और एक-एक करके हम तीनों को कॉलेज में डाला, हमारी शादियां कीं और हमें हमारी राह में व्यवस्थित किया।'

आईसीआईसीआई में मैनेजमेण्ट ट्रेनी के तौर पर कार्य करने से पहले चन्दा ने मैनेजमेण्ट स्टडीज़ में मास्टर्स की डिग्री हासिल की। लगातार कॉरपोरेट क्षेत्र की सीढ़ियाँ चढ़ती वह 47 की उम्र में, आईसीआईसीआई की सबसे कम उम्र की और पहली महिला एमडी और सीईओ बनीं। आज वह बैंक की 100 बिलियन डॉलर की परिसम्पत्तियों और 19 देशों में फैली बैंक की 2,700 शाखाओं की कर्ताधर्ता हैं।

चन्दा मानती हैं कि कठिन परिश्रम और प्रतिबद्धता के सिद्धान्तों पर आधारित मूल्यों का पालन करते हुए हम स्वयं का भाग्य लिख सकते हैं। हल्की कदकाठी की चन्दा ने मुम्बई में आईसीआईसीआई के कॉरपोरेट मुख्यालय के अपने आलीशान ऑफिस में मुझे बताया, 'आप का भाग्य वैसा ही होता है जैसा आप उसे बनाते हैं।'

उनकी बात सच ही है क्योंकि उनका करियर ग्राफ़ बताता है कि वह जो कहती हैं वही करती भी हैं, उनकी कथनी और करनी में अन्तर नहीं है।

अपनी सीमाओं को लगातार पीछे धकेलने की क्षमता और कठोर परिश्रम का उन्हें फ़ायदा मिला - वह बैंक के सर्वोच्च पद पर पहुंचीं। इस पद के लिए तीन बेहद प्रतिभाशाली स्त्रियों के बीच कठिन दौड़ थी। खुद चन्दा अपनी सफलता का श्रेय इस बात को देती हैं कि वे बिना घुटने टेके या दूसरों को अपनी स्थिति का आभास दिए बिना भारी दबाव झेल सकती हैं।

लेकिन शीर्ष तक पहुंचने की उनकी यात्रा इतनी आसान नहीं थी, उसकी अपनी ही चुनौतियाँ थीं। जब दुनिया भर की अर्थव्यवस्था चरमराने के कारण वित्त वर्ष 2008-09 में टैक्स चुकाने के बाद बैंक का मुनाफ़ा 1,050 करोड़ डॉलर कम हुआ तब चन्द्रा ने, जो मैनेजिंग डायरेक्टर थीं, कुछ कठोर निर्णय लिए। उनका लीडरशिप मन्त्र है 'मुसीबत के समय, अगुवा को अपने कन्धे चौड़े और पीठ सीधी करके पूरा दबाव ख़ुद झेलना चाहिए ताकि उस का दल मुसीबत को सुलझाने में अपना बेहतरीन प्रदर्शन करने के लिए मुक्त रह पाए।' इस से बैंक को ज़बर्दस्त फ़ायदा हुआ और ख़ुद चन्दा को भी इसका पुरस्कार मिला : वह आईसीआईसीआई की सीईओ और एमडी बनीं।

चन्दा ने अपनी ज़िन्दगी के सबसे बड़े सबक अपने माता-पिता से सीखे। जब उनके भाई को इंजीनियरिंग कॉलेज में दाखिला लेना था, तब उनके पिता ने, जो उस कॉलेज के प्रिन्सिपल थे, नियम तोड़ने से इन्कार कर दिया था। और उनकी माँ ने कभी भी अपने बच्चों को इस बात का आभास दिए बिना कि उनके कन्धों पर कितना भार है, अकेले ही अपने परिवार की ज़िन्दगी की राह बनाई।

अपनी मां से चन्दा ने सीखा कि कभी तनाव को ख़ुद पर और हावी मत होने दो क्योंकि अगर तुम तनाव में आ गए तो इस बात का प्रभाव उन पर भी पड़ता है जो तुम्हारे नेतृत्व और सलाह पर निर्भर हैं - यह बात घर और कार्यस्थल दोनों पर लागू होती है।

दिल छू लेने वाली अपनी चिट्ठी में चन्द्रा ने अपनी बेटी आरती को जीवन में परिवार की अहमियत बताते हुए समझाया है कि रोज़मर्रा के तनावों की दलदल में फंसने से बचना चाहिए।

आरती यूनिवर्सिटी ऑफ़ पेन्सिलवेनिया, फ़िलाडेल्फ़िया की इंजीनियरिंग ग्रैजुएट हैं और फ़िलहाल बॉस्टन कंसल्टिंग ग्रुप (बीसीजी) में असोसिएट के तौर पर कार्यरत हैं। उनकी योजना बाद में एमबीए करने की है।

प्रिय आरती,

आज तुम्हें ज़िन्दगी की रोमांचक यात्रा पर निकलने को एकदम तैयार, विश्वास से भरी एक युवा लड़की के तौर पर देख कर मैं गर्व महसूस कर रही हूं। मुझे आशा और अपेक्षा है कि आने वाले बरसों में मैं तुम्हें फलती-फूलती देखूंगी।

यह क्षण मेरी अपनी यात्रा और इस यात्रा में सीखे पाठों की यादें भी वापस ले आया है। उन दिनों के बारे में सोचती हूँ तो महसूस करती हूँ कि इन में से ज़्यादातर पाठ मैंने अपने बचपन में सीख लिए थे। यह पाठ मैंने उन उदाहरणों से सीखे जो मेरे माता-पिता ने प्रस्तुत किए थे। उन्होंने मेरे जीवन के शुरूआती बरसों में मुझ में जो मूल्य डाले वह मेरी ज़िन्दगी की आधारशिला बने। आज भी मैं उन्हीं पर चलते हुए जीने की कोशिश करती हूं।

पाँच लोगों का हमारा परिवार जिसमें हमारे माता-पिता और हम तीन भाई-बहन थे, जो राजस्थान के जयपुर में रहता था। हमारे माता-पिता हम दोनों बहनों और हमारे एकलौते भाई के साथ एक समान व्यवहार करते थे। जब हमारी पढ़ाई या हमारे भविष्य की योजनाओं की बात होती तो लड़का या लड़की होने के कारण हमारे साथ कोई भेदभाव न किया जाता। तुम्हारे नाना-नानी हम तीनों से हमेशा एक ही बात कहते थे - जो कुछ भी हमें तृप्ति देता है, सिर्फ़ उसी पर अपना ध्यान लगाना और अपने सम्पूर्ण समर्पण के साथ उस पर काम करना महत्त्वपूर्ण है। उस शुरूआती शिक्षा-दीक्षा ने हमें आत्मविश्वास से भरे ऐसे लोग बनने में सक्षम बनाया जो अपने निर्णय आप ले सकते हैं। इसने मेरी मदद तब भी की जब मैंने स्वयं को खोजने की अपनी यात्रा शुरू की।

जीवन में मेरा साथ देने वाले हर गुण की जड़ें मेरे बचपन में ही पनप गई थीं। मुझे अपने बालपन की वह घटना याद है जिस के कारण मुझे लगा था कि मेरे पिता एक कठोर आदमी हैं। लेकिन बहुत बाद में मैं समझ पाई कि हमें ईमानदारी भरी ज़िन्दगी जीना सिखाने का यह उन का अपना ही तरीका था।

मेरे पिता जयपुर के उस इंजीनियरिंग कॉलेज के प्रिन्सिपल थे जिसमें मेरे बड़े भाई ने दाखिला लेने के लिए आवेदन भेजा था। एहतियात के तौर पर उसने बड़ौदा के एक कॉलेज में भी आवेदन किया था, लेकिन सारी ज़िन्दगी एक सुरक्षित वातावरण में रहे हम लोगों के लिए बड़ौदा बहुत दूर था। जब परिणाम घोषित हुए तो मेरे भाई को बेहद हैरत हुई कि जयपुर के कॉलेज में उसका दाखिला लगभग आधा प्रतिशत नम्बर कम होने के कारण नहीं हुआ जबकि बड़ौदा के कॉलेज का एंट्रेन्स टेस्ट उस ने बहुत ही बढ़िया नम्बरों से पास किया था। हमारे परिवार को निश्चित ही निराशा हुई। उस समय, कॉलेज में मेरे पिता के सहयोगियों ने उन्हें सुझाव दिया कि कॉलेज एक नियम लागू करे जिस के अन्तर्गत कॉलेज के शिक्षकों के बच्चे अन्य बच्चों की अपेक्षा कुछ कम नम्बर पाने पर भी विशेषाधिकार के तहत पाठ्यक्रमों में प्रवेश पा सकेंगे। मेरे पिता ने इस सुझाव को उस बरस लागू करने से इन्कार कर दिया जब उनका बेटा इस नए नियम से लाभान्वित होता। उन्होंने माना कि यह एक बढ़िया सुझाव है 'लेकिन कॉलेज इसे अगले साल लागू करेगा।' मुझे याद है कि मैं अपने पिता से गुस्सा थी और सोचती थी कि यह कितनी ग़लत बात थी कि उन्होंने अपने बेटे को कुछ ऐसा देने से मना कर दिया जो उनकी पहुँच में था। लेकिन अब जब सोचती हूँ तो पाती हूँ कि आदर्शों, नैतिकता, और फ़ैसले करने के बारे में मेरे विचारों की नींव तो उसी घटना से पड़ गई थी। हमने न्याय सम्मतता और सही निर्णय के आरम्भिक आधार उन्हीं से प्राप्त किए और यही वे मूल्य हैं जो मैंने अपने जीवन में अपनाए।

मैं बस 13 बरस की ही थी जब मेरे पिता अचानक हृदयघात से चल बसे। उनके बिना जीने की हमारी तैयारी नहीं थी - अब तक वह हमें ज़िन्दगी की चुनौतियों से बचाए

रखते थे। लेकिन यह सब बिना किसी चेतावनी के, रातोंरात बदल गया और मेरी माँ पर, जो तब तक सिर्फ़ एक गृहस्थिन हुआ करती थीं, अपने तीनों बच्चों को खुद ही बड़ा करने की ज़िम्मेदारी आ पड़ी थी। और तब हमने जाना कि वह कितनी मज़बूत और अपने कर्त्तव्यों को बढ़िया तरीके से निभाने के लिए कितनी समर्पित हैं। धीरे-धीरे उनकी कपड़े और डिज़ाइन की समझदारी सामने आई। उन्होंने एक छोटी-सी कम्पनी में अपने लिए एक नौकरी खोजी और जल्दी ही स्वयं को उनके लिए आवश्यक बना लिया। अपने परिवार की ज़िम्मेदारियों को अकेले ही अपने कन्धों पर उठाना उनके लिए अवश्य ही चुनौतियों से भरा रहा होगा लेकिन उन्होंने हमें कभी महसूस नहीं होने दिया कि यह उनके लिए चुनौती भरा काम है। हम सब की कॉलेज की पढ़ाइ पूरी होने और हमारे आत्मनिर्भर बनने तक मां ने कठिन परिश्रम किया। मैं नहीं जानती थी कि मेरी माँ के पास आत्मविश्वास और आस्था का ऐसा कोष है।

पूर्णकालिक कार्य करने वाली माँ के तौर पर, कभी भी काम को अपने परिवार से अपने सम्बन्धों के आड़े नहीं आने देना चाहिए। याद है जब तुम अमेरिका में पढ़ रही थीं और मेरे एमडी और सीईओ बनने की सूचना सारे समाचार पत्रों में छाई हुई थी। मुझे वह ई-मेल याद है जो तुमने दो दिन बाद लिखा था। 'आपने हमें कभी महसूस नहीं होने दिया कि आपका इतना समर्पित, सफल और तनाव भरा करियर था। घर में तो आप सिर्फ़ हमारी माँ थीं।' मेरी प्यारी बच्ची, तुम भी अपनी ज़िन्दगी इसी तरह जीना।

मैंने अपनी माँ से यह भी सीखा कि मुश्किल परिस्थितियों को सम्भालने और हर हाल में अपनी ज़िन्दगी में आगे बढ़ते रहने की काबिलियत भी बहुत ज़रूरी है। आज भी मुझे याद है कि जब मेरे पिता चल बसे तो कैसी स्थिर बुद्धि और शान्ति से उन्होंने सामने आई परेशानियों को सम्भाला। बजाए इसके कि चुनौतियां हमें दलदल में खींच लें, हमें चुनौतियों का सामना करना और उनसे जूझकर ज़्यादा ताकतवर बनकर सामने आना होता है। मुझे याद है कि 2008 के आख़िर में, हम उस स्थिति का सामना कर रहे थे जहाँ वैश्विक आर्थिक मन्दी के कारण आईसीआईसीआई बैंक का बचे रहना ही

ख़तरे में पड़ा दिख रहा था। प्रमुख मीडिया वाले परिस्थिति पर गिद्ध सी नज़र रखे थे और सार्वजनिक रूप से इस पर खूब वाद-विवाद चल रहा था। झंझट तब शुरू हुआ जब अमेरिका में आर्थिक संकट चरम पर था। इसके असर के कारण निवेशक व ग्राहक आईसीआईसीआई बैंक पर सन्देह करने लगे क्योंकि यह वैश्विक वित्तीय संगठनों से जुड़ा था। मैंने अपना काम सम्भाला, सही तरीके से सभी हितधारकों से बात की - छोटे निवेशकर्ता से लेकर बड़े निवेशकर्ताओं तक, नियामकों से लेकर सरकार तक - कि बैंक की स्थिति मज़बूत है और इन संस्थानों में अटकी उस की पूंजी हमारी परिसम्पत्तियों का एक छोटा सा हिस्सा है। मैं उनकी चिन्ता को समझ सकती थी - उनमें से बहुत से लोग डरे हुए थे कि हमारे बैंक में उनकी कठिनाइयों से जमा की गई कमाई ख़तरे में पड़ सकती है। इसके साथ ही मैंने देश में बैंक की सभी शाखाओं को राय दी कि हमारे जो भी जमाकर्ता अपने पैसे वापस लेने आएं उनकी बात सहानुभूतिपूर्वक सुनी जाए। मैंने कर्मचारियों को यह भी राय दी कि जब जमाकर्ता अपनी बारी का इन्तज़ार कर रहे हों तो उन्हें बैठने के लिए कुर्सी और पीने को पानी भी दिया जाए। और जमाकर्ताओं को अपनी पूंजी ले जाने की छूट थी लेकिन हमारे कर्मचारियों ने उन्हें यह भी बताया कि यदि वे अपनी पूंजी ले जाएंगे तो भी उन्हें कोई फ़ायदा नहीं होगा क्योंकि असल में स्थिति संकटपूर्ण है ही नहीं।

इसी दौरान एक दिन मैंने तुम्हारे भाई का स्क्वॉश टूर्नामेण्ट देखने के लिए दो घण्टों का अवकाश लिया। तब मैं यह नहीं जानती थी, लेकिन टूर्नामैण्ट में मेरी उपस्थिति ने ग्राहकों का बैंक पर फिर से भरोसा कायम करने में बहुत मदद की। टूर्नामैण्ट में कुछ माताएं मेरे पास आईं और बोली कि क्या मैं आईसीआईसीआई बैंक की चन्दा कोचर हूँ और जब मैंने 'हां' में ज़वाब दिया तो उन्होंने कहा कि अगर मुझे संकट के बीच में टूर्नामैण्ट में आने का समय मिला है तो इसका अर्थ है कि बैंक सुरक्षित हाथों में है और उन्हें अपनी पूंजी के लिए चिन्ता करने की कोई ज़रूरत नहीं है!

परिस्थितियों के अनुकूल ढलने और अनजान परिस्थितियों

से न डरने का महत्त्व भी मैंने माँ से ही सीखा। आईसीआईसीआई समूह में बिताए 25 बरसों में मैं कई ज़िम्मेदारियों से गुज़री हूँ – विश्वभर में नए व्यवसाय शुरू करने से लेकर कम्पनी के अन्दर ही नए कार्यों की प्रमुख बनने तक। जब मुझे कॉरपोरेट बैंकिंग से रिटेल बैंकिंग में जाने के लिए कहा गया, तो मुझे खुद भी महसूस हुआ कि मैं एक बड़ा जोखिम लेने जा रही हूँ क्योंकि बैंक के काम और मुनाफ़े का बड़ा हिस्सा कॉरपोरेट व्यवसाय का नतीजा था जिसकी मैं तब तक प्रमुख थी। उसकी तुलना में रिटेल बैंकिंग बहुत ही छोटा व्यवसाय था, लेकिन मैंने यह कार्य लेने का निर्णय किया और छः बरसों में, बैंक की बैलेन्स शीट में सन् 2,000 में 200 करोड़ से भी कम का व्यवसाय सन् 2006 में 100,000 करोड़ का दिखाई देने लगा। मैंने हमेशा अपने दिमाग़ में नए विचारों के लिए जगह रखना और हर नए कार्य को सीखने और अपने आपको साबित करने के एक अवसर की तरह देखना सीखा। स्थिति के अनुसार ढलना एक ज़बर्दस्त पूंजी है क्योंकि ज़िन्दगी बहुत ही अनिश्चित है और किसी के लिए भी चीज़ें रातोंरात बदल सकती हैं।

मुझसे अक्सर पूछा जाता है कि मैं घर और काम को एक साथ कैसे सन्तुलित रख पाती हूँ। मैं स्वीकार करती हूँ कि मेरे लिए यह कठिन, कभी-कभी थका देने वाली भी, लेकिन बेहद सन्तुष्टि भरी यात्रा है। सन्तुलन बैठा पाने के लिए मैं अक्सर नींद को कुर्बान कर के, एकदम निजी ढंग से 'स्वयं' के साथ बिताए जाने वाले समय का मोह छोड़कर, उन सभी चीज़ों का ध्यान रखती रही हूं जिन्हें इसलिए किया ही जाना चाहिए ताकि जब मैं ऑफ़िस में काम कर रही होऊं, तब भी मेरा घर ठीक से चलता रहे।

अपने करियर के लिए कठिन मेहनत करते हुए भी, मैंने अपने परिवार की देखभाल की, मेरी माँ और ससुराल वालों को जब भी मेरी ज़रूरत हुई, मैं उनके साथ थी। बदले में उन्होंने बिना शर्त अपना प्यार और सहारा मुझे दिया। तुम याद रखना कि सम्बन्ध ज़रूरी होते हैं और उनकी देखभाल और कद्र करनी होती है। हमेशा याद रखना कि सम्बन्धों में दोनों तरफ़ लेनदेन में सन्तुलन ज़रूरी है, तो तुम्हें एक ऐसे

सम्बन्ध के लिए तैयार रहना चाहिए जिस में तुम उसी तरह दो, जैसे पाने की अपेक्षा तुम दूसरे व्यक्ति से रखो।

अगर तुम्हारे पिता ने, जिन्होंने एक बार भी इस बात की शिकायत नहीं की कि मैं कितना समय घर के बाहर बिताती हूँ, इतना सहारा न दिया होता तो मेरा करियर इतनी तरक्की न कर पाता। हम दोनों ही अपने-अपने करियर को लेकर बहुत व्यस्त थे लेकिन फिर भी तुम्हारे पिता और मैंने अपने सम्बन्धों को बहुत पोसा। और मुझे यक़ीन है कि वक्त आने पर तुम भी अपने साथी के साथ ऐसा ही करोगी। यदि तुमने मेरे देर तक घर से दूर रहने को लेकर शिकायतें की होतीं तो मैं अपना करियर बनाने की सोच भी न पाती। मुझे एक अच्छा और सहारा देने वाला परिवार मिला है और मैं सचमुच उम्मीद करती हूँ कि जब तुम अपना घरबार बसाओगी तब तुम भी ऐसी ही सौभाग्यशाली रहोगी!

मुझे वह दिन याद है जब तुम्हारी बोर्ड की परीक्षाएं होने वाली थीं। मैंने छुट्टी ले ली थी ताकि मैं तुम्हें खुद परीक्षा भवन तक ले जा सकूँ। जब तुम्हें समझ में आया कि मैं आ रही हूँ, तो तुमने मुझे बताया कि तुम बरसों से अपनी परीक्षाएं अकेली ही देने जाने की आदी हो चुकी हो। तुम्हारे ऐसा कहने से मुझे दुख हुआ, लेकिन मैंने सोचा कि कामकाज़ी माँ की बेटी होने के कारण तुम कई तरह से बहुत छोटी उम्र में ही समझदार हो गई थीं। तुम सिर्फ़ आत्मनिर्भर ही नहीं थी बल्कि अपने छोटे भाई को भी तुमने सम्भाला और उसे कभी मेरी अनुपस्थिति महसूस नहीं होने दी। जैसे-जैसे तुम बड़ी हुईं, मैंने तुम पर विश्वास और भरोसा करना सीखा और अब तुम एक शानदार, आत्मनिर्भर लड़की बन गई हो। अब मैं यही नुस्खा अपने काम के क्षेत्र में भी आज़मा रही हूँ ताकि हमारी बढ़ती हुई प्रतिभाशाली युवा आबादी बड़ी ज़िम्मेदारियाँ उठा सके। मैं भाग्य पर यक़ीन करती हूँ लेकिन मैं यह भी यक़ीन करती हूँ कि हमारी ज़िन्दगी में कठोर परिश्रम व कर्मठता महत्त्वपूर्ण स्थान रखते हैं। मैं सब कुछ भाग्य पर नहीं छोड़ सकती। बल्कि, मैं सोचती हूँ कि एक बड़े मायने में हम अपनी किस्मत खुद लिखते हैं। अपनी किस्मत अपने हाथ में रखो, जो भी तुम पाना चाहती हो उसके सपने देखो,

और अपने तरीके से अपनी किस्मत लिखो। मैं चाहूँगी कि ज़िन्दगी में आगे बढ़ते हुए तुम सफलता की राह में एक बार में एक ही क़दम आगे बढ़ाओ। आसमान को अपना लक्ष्य बनाओ लेकिन हर क़दम का मज़ा लेते हुए धीरे चलो। यही वे छोटे-छोटे क़दम हैं जो सफ़र को मुकम्मल बनाते हैं। 2009 में जब मैं आईसीआईसीआई बैंक की मैनेजिंग डायरेक्टर और सीईओ बनी, तो यह मेरे लिए एक बड़ा मील का पत्थर था। लेकिन जब मैंने अपना करियर शुरू किया ही था और मेरे अच्छे प्रदर्शन के कारण 1984 में मेरा प्रशिक्षण-काल 12 महीने से घटा कर 9 महीने कर दिया गया, उस समय मुझे बहुत सन्तोष मिला था! इसलिए अपने सफ़र के हर क़दम से आनन्द पाओ।

आगे बढ़ते हुए तुम्हें कभी-कभी मुश्किल निर्णय भी लेने पड़ेंगे, ऐसे निर्णय जिन्हें लोग नापसन्द भी करें। लेकिन जिस बात पर तुम्हें विश्वास है उस पर डटे रहने का साहस तुम में होना चाहिए। पिछले तीन बरसों में, मैंने आईसीआईसीआई बैंक में बैलेन्स शीट के जोख़िम को कम करने, उसे टिकाऊ फ़ायदेमन्द उन्नति की राह पर लाने के लिए उल्लेखनीय निर्णय लिए हैं। शुरूआती दौर में इसका अर्थ कुछ प्रक्रियाओं को मज़बूत करना, वृद्धि को धीमा करना और ऐसे व्यवसायों का पुनरावलोकन करना था जो सही काम नहीं कर रहे थे। यह मुश्किल काम था, लेकिन मेरे लिए यह सब करने की योग्यता उस विश्वास के साथ आई कि मैंने अपना गृहकार्य किया है, मुद्दों का विश्लेषण किया है, और यह समझ लिया है कि हमारे आस-पास जो हो रहा है उसे देखते हुए क्या करना सही रहेगा। आरती, मैं चाहती हूँ कि तुम याद रखो कि तुम में उस काम को करने का दृढ़ विश्वास होना चाहिए जो तुम जानती हो कि सही है; और ऐसा दृढ़ विश्वास होने के बाद अविश्वासी लोगों की बातों में आकर अपनी राह से मत भटको।

मुझसे अक्सर पूछा जाता है कि मुझे किस बात से सन्तुष्टि मिलती है। मेरे लिए 'सन्तुष्टि' का अर्थ है कि मैं जो भी कर रही हूँ उसमें अपना सबसे बढ़िया प्रयास करूं, केवल अपनी योग्यता के अनुसार ही सर्वश्रेष्ठ नहीं बल्कि सर्वश्रेष्ठ

सम्भव ढंग से यह किया जाए। जो कुछ भी तुम कर रही हो उस में सर्वश्रेष्ठ बनो आरती, और इसे अपनी ज़िन्दगी के हर पहलू में अमल में लाओ - तुम्हारा घर, सम्बन्ध, और बाकी कुछ दिया चाहे वह कोई कर्त्तव्य हो, कोई इच्छा या फिर कोई दायित्व।

आरती, निश्चयपूर्ण मानस से जो प्राप्त किया जा सकता है उसकी कोई सीमा नहीं है। लेकिन अपने लक्ष्य को प्राप्त करते हुए न्यायपूर्ण व्यवहार और ईमानदारी के अपने आदर्शों के साथ कोई समझौता मत करो। अपने सपनों के साकार करने के लिए कोई समझौता या किसी प्रकार की कटौती मत करो। अपने आस-पास मौजूद लोगों की भावनाओं के प्रति संवेदनशील बनी रहना हमेशा याद रखो और अपने काम के प्रति समर्पित होना कभी न भूलना। और याद रखना, यदि तुम तनाव को अपने ऊपर हावी नहीं होने दोगी तो यह तुम्हारी ज़िन्दगी में मुद्दा कभी नहीं बन पाएगा।

तुम संसार में अपनी जगह लेने के लिए निकलती हुई युवा स्त्री हो। मैं तुम्हारे लिए चाहूंगी कि तुम अपने ही सपने देखो, कुछ बड़ा पाने की सोचो और अपने खुद के लक्ष्य बनाओ। याद रखना कि अच्छा समय और बुरा समय दोनों ही तुम्हारी ज़िन्दगी में बराबर हिस्सेदार हैं, तुम्हें दोनों को समझदारी से सम्भालना आना चाहिए। तुम जो कुछ भी कर रही हो उसे बेहतरीन ढंग से करो, जीवन की सम्भावनाओं को बढ़ाओ और जीवन की लाई हर सम्भावना और चुनौती से सबक लो।

प्यार के साथ तुम्हारी,
मम्मा

दीप आनन्द

50 बिलियन रूपए की हैसियत वाले आनन्द ऑटोमोटिव ग्रुप के चेयरमैन दीप आनन्द स्वीकार करते हैं कि उन्होंने अपनी इकलौती बेटी, अंजलि को परिवार के 'पुत्तर' या बेटे के तौर पर पाला है। आनन्द दम्पति की शादी के लगभग दो दशक बाद उनकी ज़िन्दगी में आई यह बच्ची नए सिरे से खुशियाँ लाई और उनकी ज़िन्दगी को मायने दिए।

आनन्द दम्पति ने तय किया कि विदेश में रेज़िडेंशियल स्कूल में पढ़ने से उनकी बेटी के वैश्विक नागरिक बनने के अवसर बढ़ जाएंगे। उनका विचार था कि ऐसा करने से उनकी बेटी को नए दोस्त बनाने, नई संस्कृतियों के बारे में जानने और अपने गुणों को दूसरों के साथ बांटने में मदद मिलेगी।

27 साल की छोटी उम्र में, दीप आनन्द ने 1961 में शॉक एब्ज़ॉर्बर बनाने वाली समूह की पहली बड़ी कम्पनी, गेब्रिअल इण्डिया की स्थापना करके अपना पहला व्यापारिक उद्यम शुरू किया। आज दशकों बाद, दो जुड़वा बच्चों की माँ, उनकी बेटी अंजलि आनन्द सिंह, व्यापार को संचालित करने के लिए तैयार हैं।

संसार भर में घूम कर, सेण्ट्रल सेंट मार्टिन्स से फ़ाईन आर्ट्स में स्नातकोत्तर और यूनिवर्सिटी ऑफ़ वेस्टमिंस्टर से बिज़नेस मैनेजमेण्ट की डिग्री लेकर, वापस लौटीं तो अंजलि सिंह अपने पिता के व्यवसाय में खुद को बेचैन और खालीपन के भाव से भरा पा रही थीं। आखिर उन्होंने भारत के ग्रामीण इलाकों में सुविधासम्पन्न रिसॉर्ट चलाने का अपना खुद का व्यवसाय शुरू किया। थार के रेगिस्तान में सुविधासम्पन्न टैण्ट रिसॉर्ट *द सराय*, और बाघों के लिए मशहूर रणथम्भौर में स्थित *शेर बाग* नामक ईको-रिसॉर्ट पर उन्हें उतना ही गर्व है जितना अपने जुड़वा बच्चों पर।

अस्सी की उम्र के करीब पहुंच रहे दीप आनन्द आज भी वैसे ही ऊर्जा से भरे, बेचैन नौजवान हैं जैसे वह तब थे जब वह संसार भर की अग्रणी ऑटोमोटिव कम्पनियों के साथ टिकाऊ वैश्विक साझेदारियां रच रहे थे। जहां भारतीय कम्पनियों और उनकी वैश्विक साझेदारियों का इतिहास असफल सम्बन्धों और कड़वे अलगावों के उदाहरणों से भरा है, वहीं आनन्द समूह की 13 साझेदारियां और 7 टेक्निकल लाइसेन्स जोखिम भरी अर्थव्यवस्थाओं के ज़बर्दस्त उतार-चढ़ावों के बीच भी बढ़िया चल रहे हैं। अब दीर्घावधि

व्यापारिक साझेदारियां स्थापित करने के सन्दर्भ में आनन्द समूह पर मैनेजमेण्ट के क्षेत्र में अध्ययन हो रहे हैं।

कम्पनी में उनके 50 बरस के कार्यकाल में आनन्द समूह एक बहुत प्रशंसित संस्थान के रूप में विकसित हुआ है। देश के नौ राज्यों में, 49 जगहों पर, इसकी 8 कम्पनियाँ हैं। अंजलि द्वारा शुरू किया गया लक्ज़री हॉस्पिटैलिटी इसका एक अलग और समानान्तर व्यवसाय है।

उनकी सफलता की कुंजी उनका यह विश्वास है कि किसी संगठन से जुड़े लोग ही उसे वैसा बनाते हैं जैसा वह संगठन होता है। पिछले कुछ दशकों में उन्होंने विभिन्न पृष्ठभूमियों, विभिन्न विश्वासों और सोच वाले लोगों को अपनी कम्पनियों के निर्देशक-मण्डलों में शामिल करके कम्पनियों के अपने समूह को सफलता की राह पर ले जाने की अपनी योग्यता को धार चढ़ाई है, उसे दोषरहित बनाया है। हमारी मुलाक़ातों के दौरान उन्होंने मुझे कई बार बताया : 'किसी व्यापार का 90 प्रतिशत हिस्सा उससे जुड़े व्यक्ति ही होते हैं।' आनन्द ग्रुप के दफ़्तरों में 13,000 से ज़्यादा लोग काम करते हैं। समूह अपने कर्मचारियों के विकास पर बहुत ज़ोर देता है जिसके लिए उनके आन्तरिक तकनीकी और प्रबन्धन संस्थान - आनन्द 'यू' द्वारा प्रशिक्षण कार्यक्रम चलाए जाते हैं।

लाहौर से आए इस नौजवान के दिल में सपने भरे थे। इंग्लैण्ड के चिपेनहम कॉलेज ऑफ़ टेक्नोलॉजी से मेकैनिकल इंजीनियरिंग की पढ़ाई के बाद उसने 1954 में मुम्बई में महिन्द्रा ऐण्ड महिन्द्रा में प्लाण्ट मैनेजर के तौर पर नौकरी शुरू की।

जब उनके पिता ने चाहा कि वह भी और लोगों की तरह अपना छोटा सा व्यापार शुरू करें, तो वह अपनी बात पर अड़े रहे और अथक भाव से अपनी महत्त्वाकांक्षा पूरी करने में जुटे रहे। वह आज भी आनन्द समूह का चेहरा बने हुए हैं, कम्पनी की उन्नति के लिए वह दुनियाभर में यात्राएं करते हैं और व्यवसायी समूहों से सम्बन्ध रचते रहते हैं।

जब वह काम में व्यस्त नहीं होते तो आनन्द देश के कई हिस्सों में मौजूद अपने कई घरों में से किसी में आराम कर रहे होते हैं। मैं उनसे पुणे के बाहरी हिस्से में स्थित, नदी किनारे खूब दूर तक फैले उनके फ़ार्महाउस में मिली जिस में कुछ सौ आम के पेड़ थे, एक स्विमिंग पूल था जिसका

इस्तेमाल उनके अलावा जंगली बत्तखें भी करती हैं और फलों और सब्ज़ियों के बगीचे थे। कुल मिलाकर उनका फ़ार्महाउस अपने आप में सम्पूर्ण आवास है। उन्होंने मुझे एक ऑल-टेरेन वाहन में अपने फ़ार्महाउस की सैर कराई; वह किसी बच्चे की तरह खुश होते हुए गाड़ी चला रहे थे और मैं पिछली सीट पर किसी तरह अटकी हमारी सलामती की दुआएं मांग रही थी।

आनन्द एक उत्सुक पढ़ाकू और गोल्फ़ खिलाड़ी हैं जो शिकार का भी मज़ा लेते थे। अंजलि का बचपन परिवार के दिल्ली के फ़ार्महाउस पर बीता जहाँ घोड़े उसके साथी थे और वह चिड़ियों के अण्डे इकट्ठे करती, प्रकृति से परिचय बढ़ाते हुए अपने दिन बिताती थीं।

आनन्द ने मुझे अंजली के बारे में बताया, 'मैंने उसे अपने पुत्तर की तरह पाला लेकिन आज मैं स्वीकार करूंगा कि मैं एक बेटी होने के असीमित आनन्द को अनुभव करता हूं। बेटी का होना सचमुच खुशी की बात है। वह बहुत क्षमाशील, ध्यान रखने वाली, और आपके प्यार के बदले में बहुत सारा प्यार लौटाने वाली है'।

प्रिय अंजलि,

पिछले तीन दशकों में जबसे, मुझे और तुम्हारी माँ को हमारे जीवन में तुम्हारी उपस्थिति का वरदान मिला है, तुम्हारी एक चीज़ जो हमें लगातार मोहित करती है वह है तुम्हारी अन्तहीन विभिन्नता, तुम्हारी अनोखी रूचियां और तुम्हारी निर्बाध ज़िन्दादिली।

हमें ठीक से पता नहीं कि यह सब तुम्हें कहाँ से मिला। तुम्हारी माँ कहती है कि यह तुमने मुझसे पाया क्योंकि मैं अपने आप में काफ़ी सनकी बच्चा था जो नियन्त्रण में रहने से इन्कार करता था। लेकिन हमें यह निश्चित तौर पर पता है कि दस साल की उम्र से - जब तुम स्विटज़रलैण्ड में ब्रिटिश रंग-ढंग के बोर्डिंग स्कूल एगलॉन कॉलेज़ में पढ़ने गईं - अपने ही बूते रहने के कारण ही तुम ऐसी प्रतिभाशाली युवती बनी हो।

तुम्हें बोर्डिंग स्कूल भेजना हमारे लिए बहुत कठिन था क्योंकि शादी के 19 साल बाद तुम हमें आशीर्वाद स्वरूप मिलीं। लेकिन खुद भी बोर्डिंग स्कूल में पढ़े होने के कारण तुम्हारी माँ और मैं जानते थे कि वहाँ के वातावरण में तुम्हारा जो जुड़ाव दूसरे बच्चों के साथ होगा उससे तुम्हारे ज़िन्दगी भर के लिए दोस्त बनेंगे। बोर्डिंग स्कूल में दूसरे बच्चों के साथ डोरमैट्री में रहते आप लेना और देना सीख लेने के फ़ायदे आसानी से सीख लेते हैं। तुम्हारी माँ और मैं निश्चित रूप से जानते थे कि कि हम तुम्हें घर में लाड़ले बच्चे के तौर पर नहीं रहने देंगे। इस मायने में एगलॉन कॉलेज एकदम बढ़िया था। तुम्हारा गर्व और तुम्हारी जिन्दादिली तब सामने आई जब तुम्हारे गोल-मटोल शरीर के कारण तुम्हें चिढ़ाया जाता था, लेकिन चिढ़ने के बजाए तुमने अड़ियल ढंग से अपने ही तौर तरीके पर क़ायम रहना ज़रूरी समझा। चिढ़ाया जाना तुम्हारे लिए सकारात्मक ही रहा क्योंकि तुमने अपने आपको यह दिखा दिया कि तुम और भी बहुत कुछ करने में सक्षम हो। 14 साल की उम्र में तुम जूनियर स्कूल की हेडगर्ल और 16 साल की उम्र में सीनियर स्कूल की हैडगर्ल बन गई थीं। एगलॉन छोड़ने से पहले तुम लगभग 40 देशों से आए हुए बच्चों को अपने दोस्त बना चुकी थीं जो अपने आप में काफ़ी कमाल की बात है।

प्रिय अंजलि, तुम्हारी वह ज़िन्दादिली आज भी बनी हुई है। मुझे आज भी अपनी वह हैरानी और दुख याद हैं जब मुझे समझ में आया कि जैसा मैंने सोचा था कि तुम लन्दन से बिज़नेस मैनेजमेण्ट की डिग्री लोगी, उसके बजाए तुमने प्रतिष्ठित सेण्ट मार्टिन्स में मास्टर्स इन आर्ट्स में दाखिला ले लिया है। तुम्हारे दिल में आर्ट्स को लेकर अपने जुनून को पूरा करने की बात थी, लेकिन तुम जानती थीं कि मैं चाहता हूँ कि तुम अर्थशास्त्र की पढ़ाई करो ताकि तुम मेरे व्यवसाय में रूचि लो और उसे महान ऊँचाइयों तक पहुँचाओ। लेकिन इससे तुम्हारी ज़िन्दादिली में कमी नहीं आई। तुमने अपनी माँ को भरोसे में लिया और सालोंसाल तुम दिन में आर्ट्स की पढ़ाई करती थीं और वेस्टमिंस्टर कॉलेज में बिज़नेस मैनेजमेण्ट में शाम की कक्षा में दाखिला ले लिया, बिना मुझे

यह बताए कि तुम क्या कर रही हो! और जब मुझे यह बात पता लगी तो मैं बस तुम्हारी प्रशंसा ही कर सकता था।

प्यारी बच्ची, 26 साल की उम्र में जब तुम भारत वापस आईं तो, 14 साल विदेश में रहने के बाद, तुम यहाँ दोस्तों के बिना और लगभग अकेली थीं, लेकिन मुझे खुशी है कि वह समय बीत गया और तुमने न केवल जैसल जैसा शानदार जीवनसाथी पाया बल्कि दो जुड़वाँ बच्चों की मां भी बनीं। मैं अच्छी तरह जानता हूं कि उन्हें भी तुम उसी परिपक्वता से बड़ा करोगी, जिस परिपक्वता से तुमने खुद को संभाला है।

मैं जानता हूँ कि मेरे व्यवसाय के साथ अपने आपको पूरी तरह जोड़ लेना तुम्हारे लिए आसान नहीं था। लेकिन तुम्हें अपने सहजबोध को इसमें इस्तेमाल करते देख कर और अपने सहकर्मियों से और उन सभी लोगों से जिन्होंने मुझे यह व्यवसाय खड़ा करने में मदद की है, सीखते हुए देख कर बहुत सुखद एहसास होता है। तुमने सिद्ध कर दिया है कि तुम सिर्फ़ स्वप्नदर्शी नहीं हो जिसका दिमाग़ आसमान में रहता है बल्कि एक सामान्य लड़की हो जिसका सिर उसके कन्धों पर है और क़दम ज़मीन पर।

अंजलि, तुमने पिछले 4 साल अपने जुनून को पूरा करने में लगा दिए - चित्रकारी, लेखन, फ़ोटोग्राफ़ी, और अपने जीवनसाथी के साथ घर बसाने में। अब जब तुम्हारे ऊपर अपने शिशुओं को बड़ा करने की ज़िम्मेदारी है, शादी की ज़िम्मेदारियों, ससुराल, मातृत्व, और व्यवसाय की मांगों को सन्तुलित करना एक और ही चुनौती होगी। ख़ासतौर पर इसलिए क्योंकि तुम व्यवसाय का प्रबन्धन करोगी, तुम्हारे समय और बुद्धि पर बहुत दबाव होंगे। निजी तौर पर मैं मानता हूं कि एक औरत एक आदमी से बहुत ज़्यादा मज़बूत होती है। कठोर निर्णय लेने का कठिन समय आता है तो एक औरत दबाव झेलने में अपने पुरूष साथियों से कहीं ज़्यादा सक्षम होती है। यह सिर्फ़ बच्चों को पालने से ही नहीं होता, बच्चे को जन्म देने की प्रक्रिया ही अपने आप में ऐसी ताक़त देती है जैसी ज़्यादातर पुरूषों में नहीं होती। एक औरत कई मायनों में ताकतवर होती है।

मुझे यक़ीन है कि तुम लाहौर/शिमला में मेरे बचपन की और स्वतन्त्र भारत में हमारे पुर्नवास की बातें सुनती बड़ी हुई हो। मेरे पिता और दादा का लाहौर में एक फलता-फूलता व्यवसाय था, लेकिन जब हम शिमला पहुँचे तो हमें अपनी बहुत सी ज़मीनें छोड़नी पड़ीं। मेरे पिता एक सख़्त इन्सान थे, उन्हें प्रसन्न करना कठिन था, और उन्हें यह उम्मीद नहीं थी कि मैं ज़िन्दगी में कोई बहुत बढ़िया काम कर पाऊंगा। मेरे पिता चाहते थे कि मैं कोई नौकरी कर लूँ या फिर कोई छोटा-मोटा धन्धा और सारी ज़िन्दगी उसमें लगा रहूँ, लेकिन मेरे बड़े सपने थे। कुछ मायनों में, मैं सोचता हूँ कि इसीलिए मैं सारी ज़िन्दगी दोगुनी मेहनत से काम करता रहा, ख़ासतौर पर शुरूआत में अपने ऑटो कम्पोनेंट व्यवसाय को शुरू करने में जिसका आज एक बिलियन डॉलर का व्यापार कई उपमहाद्वीपों में फैला है। क्या मैंने कभी सोचा था कि मैं इतना सफल हो जाऊँगा कि मैं 15,000 लोगों को नौकरी दे सकूंगा और और भारत के कई शहरों में और पहाड़ी जगहों में मेरे घर होंगे? नहीं! लेकिन मेरे दिल में एक सपना और उसे हक़ीकत में बदलने की इच्छा ज़रूर थी।

मैंने ऑटोमोटिव इण्डस्ट्री में काम तब शुरू किया था जब वह भारत में खास बड़ी नहीं थी और इसलिए मुझे ऑटोमोटिव इण्डस्ट्री के क्षेत्र की अमेरिकी, जापानी, कोरियन, फ्रेंच, जर्मन कम्पनियों पर बढ़त मिली। मैं उनसे मीलों आगे रहते हुए, विभिन्न क्षेत्रों में काम करने वाले एक ऐसे समूह की अगुवाई कर रहा था जिसके संसार भर में एक दर्जन से ज़्यादा साझा उपक्रम थे।

प्यारी बेटी, मैं मानता हूं कि असन्तोष ही हमें संचालित करता है। वही है जिसने मुझे एक छोटे व्यापार को बढ़ाकर ऑटोमोटिव इण्डस्ट्री के सबसे बड़े नामों में शामिल करने और देश के विभिन्न कोनों में फैलाने को प्रेरित किया। आत्मतुष्टि व्यापार को नष्ट कर देती है। जब मैं सन्तुष्ट होता हूँ तब मैं सबसे ज़्यादा हताश होता हूँ। तुम भी बिल्कुल वैसी ही हो मेरी बच्ची। कई काम एक साथ करना तुम्हारे लिए सहज है और यह विचार कि मेरी ही तरह तुम भी अपने सपने के लिए बिना रूके काम करती रहोगी, मेरे मन को ख़ुशी से भर देता है।

लेकिन फिर भी, तुम अलग हो और तुम्हारे अपने ही विचार हैं। जब तुम भारत लौटीं, और तुमने मेरे साथ काम करने और मेरे और अपनी माँ के साथ रहने के विचार पर असहमति जताई तो मैं भौंचक्का रह गया था और कुछ चिन्तित भी हुआ था। तुमने कहा था कि तुमने कोशिश की थी और इसे उत्साहजनक नहीं पाया। तुम अपनी ही तरह जीना चाहती थीं और अपने पति जैसल के साथ हमारे देश के खूबसूरत बाहरी इलाकों में लक्ज़री रिसॉर्ट बनाना चाहतीं थीं। मैं कुछ हद तक बेउम्मीद हुआ लेकिन मुझे पता था कि कुछ समय बाद, तुम्हें जो कुछ मैंने बनाया है उसका महत्त्व पता चलेगा - 5000 करोड़ रू. की आय और 15000 लोगों का कार्यदल, यह सब आसानी से नहीं आता और मुझे पता है कि तुम इसे बेहतर समझ पाओगी।

अंजलि, जब मैं कहता हूं कि तुम चीज़ों को मेरी तरह ही करो, तो तुम मुझे बताती हो, 'यह अलग होगा'। मुझे अब इस की आदत हो गई है और ज़िम्मेदारी बांटने के तुम्हारे फ़ैसले की मैं सराहना करता हूँ।

फिर भी, मैं जानता हूँ कि जब हम तुम्हें बड़ा कर रहे थे तब तुमने जो मूल्य सीखे वह बदले नहीं हैं क्योंकि वे एक बच्चे के लालन-पालन के आवश्यक तत्व हैं, विरासत में दी जाने वाली वे चीज़ें जो माता-पिता अपने बच्चों के लिए छोड़ जाते हैं।

मेरी प्यारी बच्ची, याद है जब पहली बार तुमने मुझसे कहा था कि तुम अपना काम बढ़ाना चाहती हो और लक्ज़री रिसॉर्ट बनाना चाहती हो? पहले तो मैं थोड़ा मायूस हुआ लेकिन मैंने तुम्हें आज़ाद छोड़ने का फ़ैसला लिया क्योंकि मैं जानता था कि तुम्हें किसी भी तरह व्यापार का विचार स्वीकार करने के लिए तैयार करने के लिए ज़रूरी था कि तुम्हें वह व्यापार करने दिया जाए जो तुम्हें पसन्द हो। और मैं यह ज़रूर कहूँगा कि तुमने शानदार काम किया है। सीमित संसाधनों के साथ राजस्थान के रेगिस्तान के बीचोंबीच तुम्हारे पहले 100 एकड़ के लक्ज़री रिसॉर्ट - 'द सराय' - को चलाना काफ़ी मेहनत का काम था।

और जब तुमने अपने व्यवसाय को बढ़ाने और बढ़िया ढंग से चलाने के लिए साधनों की कमी महसूस की तो मैंने खुशी-खुशी तुम्हारे व्यवसाय को आनन्द समूह का हिस्सा बना लिया, जबकि एक ऑटो कम्पोनेंट और इंजीनियरिंग बिज़नेस और लक्ज़री रिसॉर्टों में कुछ भी साझा नहीं है! मुझे यह देखकर खुशी हुई थी कि तुमने पाया कि मेरा सुझाव मान लेना तार्किक है क्योंकि इससे तुम्हें उन लोगों को अपने काम में लगाने की सुविधा मिलेगी जिन्हें हम समूह में प्रशिक्षण देते हैं; और इस के अलावा हमारा व्यवसाय तुम्हारे प्रोजेक्ट में पैसा भी लगा सकता है। प्रशिक्षित जनबल किसी भी उद्यम के लिए सबसे बड़ी पूंजी है और मुझे खुशी है कि तुमने एक सम्भावना को देखा और उसे हासिल किया। कुछ मायनों में, इस कदम ने तुम्हें उस व्यवसाय के भी करीब कर दिया जिसकी देखभाल मैं चाहता हूं कि आखिर तुम्हीं करो।

दो साल पहले जब तुम्हारी माँ को सर्जरी के लिए लन्दन जाना पड़ा, समूह के सुपरवाइज़री बोर्ड के चेयरपर्सन के तौर पर तुमने मेरी जगह पर शानदार काम किया। अपने व्यवहार, मीटिंग को नियन्त्रण में रखकर, और अपने आप कुछ दिया बहुत ही बढ़िया ढंग से संभाल कर तुमने सबको आश्चर्यचकित कर दिया। मैं तुम्हारी समझदारी से और जिस तरह तुमने समूह के साथ दशकों से जुड़े वरिष्ठ अधिकारियों के अहम् को सम्भाला, उससे बहुत प्रसन्न हुआ।

मैं नहीं जानता कि तुममें यह काबिलियत कहाँ से आई लेकिन मैं सोचने लगा हूं कि यह कला में तुम्हारी रूचि के कारण है। इसने मुझे कला को एक करियर की तरह लेने के तुम्हारे फ़ैसले को नए नज़रिए से देखने पर मजबूर कर दिया है। चित्र बनाने की प्रक्रिया शायद निश्चयात्मक है, यहां उन्माद में एक व्यवस्था है। तुम मुझे अक्सर बताती हो : 'डैड, जब आप बात करते हैं तो विषय से भटक जाते हैं। मुद्दे की बात करना और उस पर टिके रहना महत्त्वपूर्ण है।' अब, मैं इससे सहमत हूँ।

अंजलि, तुम्हारे बचपन के शुरूआती साल अपनी दादी की संगत में बीते हैं, जिन्होंने तुम्हें बड़ी नर्मी लेकिन मज़बूती से पाला है। तुमने उनसे सिख जीवनशैली पाई और दूसरों

का ख़्याल रखने वाली एक ऐसी स्त्री बनीं जो अपने बुज़ुर्गों की इज़्ज़त करती है और उनकी देखभाल की फ़िक्र करती है।

अब मैं अपने व्यवसाय को चलाने में लगी सबसे बड़ी पूंजी की बात पर आता हूं। 27 की उम्र में जब मैंने तय किया कि मुझे अपना ही काम शुरू करना है, मैं कभी भी बेसहारा नहीं रहा।

कभी-कभी, तुम्हें महसूस हो सकता है कि तुम व्यवसाय करने के लिए नहीं बनी हो, मैं तुम्हें यह बताना चाहता हूँ कि तुम्हें हर कदम पर बढ़िया मार्गदर्शन मिलेगा। इस के अलावा, मुझे पूरा विश्वास है कि तुममें एक अच्छी अगुवा होने की ज़बर्दस्त योग्यता है।

जहां तक मेरी बात है, मैं सोचता हूँ कि मुझे संगठन के हर स्तर पर लोगों से सम्बन्ध बनाने और उन से संवाद कर पाने की मेरी काबिलियत से मदद मिली। जब आप संसार के विभिन्न शहरों में अकेले रहते हैं, जैसे यात्रा करते हुए मैं रहता हूँ, तो आप को एहसास होता है कि आप किसी को नहीं जानते; आप एक अजनबी हैं। बैंक में पड़े हुए आप के अरबों रूपए भी आप के लिए कुछ नहीं कर सकते। लेकिन अगर आपने लोगों को नौकरियां दी हों, उनके परिवारों को जानते हों, उनके बच्चों की पढ़ाई को लेकर सोचते हों, तो वह सम्बन्ध अपने आप में प्रेरणादायी और सन्तुष्टि देने वाला होता है। मैं जानता हूँ जब तुम वापस आईं तो तुमने इस बात को अच्छी तरह से महसूस किया और समझा और तुमने लोगों में रूचि लेनी शुरू किया। मैं मानता हूँ कि अपने सामने आई चुनौतियों से हमारा व्यक्तित्व विकसित होता है, और हर कोई अपनी उपलब्धियों का मूर्तिमान स्वरूप होता है। जब तुम बड़ी हो रही थी, उन बरसों में मेरा प्रिय मुहावरा था 'पढ़ाई कुछ दिया नहीं है। यह एकमात्र चीज़ है।' मेरी बच्ची तुमने अपने सबक बढ़िया ढंग से सीखे।

कभी-कभी, तुम लोगों के साथ ज़रा बेसब्र हो जाती हो। तुम मूर्खों को आसानी से नहीं झेल पातीं लेकिन मैं तुम्हें बताना चाहता हूँ कि कभी-कभी हमें ऐसा करना चाहिए। मैं तुमसे कहना चाहूँगा कि लोगों के बारे में फ़ैसला लेने में ज़रा

कम सख़्त बनो। काम करने का हमारा अपना ही भारतीय तरीका है। हमें काम करने, चीज़ों के बारे में फ़ैसला लेने में समय लगता है, और तुम्हें इस आदत के साथ काम करना आना चाहिए। कई बार लोग अकुशल होते हैं लेकिन उनका कोई ग़लत इरादा नहीं होता और इसलिए हमें उन्हें प्रेरित करना चाहिए और यह सुनिश्चित करना चाहिए कि वे खुद को सौंपा गया काम कर दें। किसी व्यापार का *90* प्रतिशत हिस्सा उससे जुड़े व्यक्ति ही होते हैं। टेक्नोलॉजी, मार्केटिंग और बाकी सब मिलकर बचा हुआ *10* प्रतिशत होते हैं।

अब जब तुम पूरी तरह पारिवारिक व्यवसाय में लग गई हो, मैं जानता हूँ कि तुम अपने सब काम पूरे करोगी। कोई भी आपके पैसे के लिए आपकी इज़्ज़त नहीं करता। इज़्ज़त मिलती है तुम्हारे से पहले के लोगों ने जो बढ़िया काम किया उसे आगे बढ़ाने से, या तुमने खुद जो बढ़िया काम किया उस से और अपने हितधारकों के कुशलक्षेम का ध्यान रखने से।

अंजलि, कुछ और भी छोटी-छोटी महत्त्वपूर्ण चीज़ें हैं जिन का व्यवसाय से कोई लेना-देना नहीं है और जो मैं तुमसे इस खास मोड़ पर साझा करना चाहता हूँ। बरसों पहले, जब तुम स्विटज़रलैण्ड में रहती थी, मैंने तुम्हारी माँ की मदद से निश्चय किया कि हम तुम्हें एक आत्मनिर्भर ज़िन्दगी के लिए तैयार करेंगे। तुम्हारा खुद का बैंक खाता था जिसे तुमने ज़िम्मेदारी के साथ चलाना सीखा। और यह हमारे एक दूसरे पर विश्वास के कारण सम्भव हुआ। जब आप लोगों को कम उम्र में ही सामर्थ्यसम्पन्न बना देते हैं तो वे अधिकार के साथ ज़िम्मेदारियां संभालना सीख जाते हैं। जब तुम अपनी पढ़ाई पूरी करने के बाद घर वापस लौटी, तो मैं स्वीकार करता हूँ कि मुझे इस बात को लेकर चिन्ता थी कि तुम पैसे को सम्भाल सकने के लायक नहीं हो, बड़ी हद तक इसलिए क्योंकि तुम एक कलाकार हो। लेकिन जब तुम अपने घर में रहने लगीं और अपनी अलग रसोई, अपने अलग कर्मचारियों और अपने घर को संभालने लगीं तो तुमने साबित कर दिया कि तुम कहीं ज़्यादा ज़िम्मेदार और समझदार हो।

लोगों में विश्वास रखो अंजलि, और बदले में वे तुम्हें वफ़ादारी और समर्पण देंगे।

मैं भी दस भाई-बहनों के परिवार में बड़ा हुआ, मेरी छः बहनें और तीन भाई थे। जैसे-जैसे मैं बड़ा होता गया, मेरा दोस्तों का दायरा बढ़ता चला गया। आज भी मेरे जो सबसे नज़दीकी मित्र हैं वे मेरे साथ स्कूल के दिनों से हैं। मैंने अपने उन कुछ मित्रों को खो दिया है जिन्हें मैं पिछले पचास से भी ज़्यादा सालों से जानता था और अगर मैं और नए दोस्त नहीं बनाऊँगा तो मैं अकेला सा आदमी हो जाऊँगा। मेरा एक अमेरीकी मित्र है, ली पर्किंस, वह अब देशभर में जहाँ भी अच्छा मौसम होता है वहीं रहते हुए अपने पाँच घरों में से प्रत्येक में अपनी पूरी ज़िन्दगी जीता है। मैंने एक बार उससे पूछा कि अनजान जगहों पर उसके इतने सारे दोस्त कैसे हैं और उसने कहा कि यह जीने के लिए आवश्यक कौशल है। उसने मुझे बताया, 'तुम्हें नए रिश्ते और नए दोस्त बनाना आना चाहिए। सभी सम्बन्ध गहरे और ज़्यादा देर तक टिकने वाले नहीं होंगे, लेकिन फिर भी वे अच्छे सम्बन्ध होते हैं।' मुझे लगता है कि यह समझदारी की बात है। 86 साल की उम्र में ली शिकार करता है, मछली पकड़ता है, संसार भर में यात्रा करता है और एक सक्रिय ज़िन्दगी जीता है।

तुम ज़्यादातर पुरूषों की दुनिया में बड़ी होती एक लड़की हो, इस सिलसिले में मैं कुछ ज़रूरी चीज़ों पर ज़ोर देना चाहता हूँ। अगर पैसे तुम नहीं चुका रही तो किसी को भी तुम्हें खाना खाने के लिए बाहर मत ले जाने दो। हमेशा आर्थिक रूप से आत्मनिर्भर बनो। मैं जानता हूँ कि तुम आज भी इस पर आचरण करती हो और मुझे इस पर गर्व है, भले ही कई बार तुम मेरे साथ भी ऐसा करती हो।

तुम प्रकृति के बीच बड़ी हुईं, तुमने अपना बचपन हमारे एस्टेट में चिड़ियों के अण्डे इकट्ठे करते बिताया और तुम मुश्किल से 6 साल की थीं जब घुड़सवारी करती थीं। आज मुझे यह देखकर दुख होता है कि तुम ने खेलों में हिस्सा लेना काफ़ी कम कर दिया है। मैं समझता हूँ कि तुम्हारी कल्पना शक्ति को कला और प्रकृति ही आकृष्ट कर पाती हैं, लेकिन मैं चाहता हूँ कि तुम यह समझ सको कि खेलों में व्यस्त रहना ज़िन्दगी को पूरी तरह से जीने का एक हिस्सा है। तुम जानती हो कि एक खेल कैसे एक साथ खेलने की

प्रेरणा देता है और भावनात्मक और शारीरिक रूप से मज़बूत बनाता है। उदाहरण के लिए, घुड़सवारी सतर्क रहना सिखाती है। यह दिमाग को विकसित करती है और तुम्हें व्यवहार को पहले ही भांप लेना सिखाती है - यदि तुम सतर्क नहीं हो और घोड़े के व्यवहार पर नज़र नहीं रखे हुई हो तो तुम खुद को ज़मीन पर पड़ा हुआ पाने का जोखिम उठाओगी। मैं जानता हूँ कि बचपन में तुम घोड़े की सवारी करते हुए कई बार गिरी हो।

प्यारी बेटी, मैं चाहता हूँ कि तुम ज़िन्दगी को भरपूर जियो और विभिन्न प्रकार की रूचियां अपनाओ। विभिन्न चीज़ों में रूचियाँ रखना एक सफल मनुष्य बनने का एक महत्त्वपूर्ण हिस्सा है। आज, जब मेरे बहुत से मित्रों ने सक्रिय व्यावसायिक जीवन से अवकाश ले लिया है और अपने क्लबों में बैठ कर ताश खेलते हैं, मैं खुद को ऐसा करने में असमर्थ पाता हूँ। मैंने छोटी उम्र में ही समय नष्ट करना सीखा होता तो शायद आज मैं इसे पसन्द करता लेकिन मेरी जवानी तो मेरा करियर बनाने में ही बीत गई। नतीजा यह है कि मैं तो यह भी नहीं जानता कि ताश की एक गड्डी में कितने पत्ते होते हैं! मैं यह जानता हूँ कि इसमें दो जोकर होते हैं! शुक्र है कि मेरे अपने चहेते जुनून हैं - गोल्फ़, फ़िल्में, संगीत, पढ़ना, कभी-कभी नाटक देखना - जो जीवन को मूल्यवान बनाते हैं। और भारतीय, चीनी, जापानी और इटैलियन खानों को लेकर मेरी कमज़ोरी तो मैं भूला ही जा रहा था!

तुम्हें यह बताए बिना कि तुम अपने माता-पिता के लिए क्या मायने रखती हो, यह पत्र अधूरा ही रह जाएगा। अपनी पढ़ाई खत्म करके वापस आने पर जो पाँच साल तुमने हमारे साथ बिताए वह हमारे लिए बेशकीमती दौर है। उन बरसों में मैंने सोचा कि अब तुम आख़िरकार पूरी तरह हमारी हो। तुमने और मैंने, तभी व्यवसाय के बारे में बात की थी। मैं जानता हूँ कि तुम अपनी बात अपने तक ही रखने वाली एक निजी व्यक्ति हो, और उस आदमी के बारे में मुझसे ज़्यादा अपनी माँ से बात करती थीं जिससे तुम्हारा मिलना जुलना था, लेकिन तुमसे यूं ही ज़िन्दगी और व्यवसाय से सम्बन्धित विषयों पर बात करना मेरे लिए बड़ी ही रोचक बात थी।

मैंने हमेशा महसूस किया है कि अपने दिल की बात मानकर ही आप खुशी पा सकते हैं। आज मैं सोचता हूँ कि दूसरी राह पर चलने से शायद मैं दूर तक के दृश्य देख सकूं, जो कि मैंने कभी देखे ही नहीं, लेकिन यह तुम्हारे द्वारा कोंचे जाने से ही हुआ है। मैं तुम्हारे साथ समय बिताने की उत्सुकता से इन्तज़ार कर रहा हूं, ताकि तुम मुझे वह सब सिखा सको जो मैंने कहीं और नहीं सीखा। एक बच्चे के साथ, ख़ासतौर से तुम्हारी जैसी प्रतिभाशाली लड़की के साथ, सीखना मज़ेदार होगा। मैंने पहले ही तुम्हारे व्यवहार को देखकर बहुत कुछ सीखा है।

मैंने तुमसे प्यार करना सीखा है। तुम्हारे होने और तुम्हें प्यार करने ने मेरी ज़िन्दगी में प्यार की परिभाषा को दूसरा ही आयाम दिया है, मुझे एक ऐसे प्यार के बारे में सिखाया जो पवित्र है, मुझे लोगों की भावनाओं का ज़्यादा ख़्याल रखना सिखाया, ज़्यादा समझ पाने वाला और ज़्यादा समझदार बनाया। बड़े बच्चों के प्यार से काफ़ी कुछ सीख सकते हैं: बच्चों के प्यार में लेनादेना नहीं है, सिर्फ़ खुशी है और पूर्ण स्वीकार्यता का भाव। तुमसे, मैंने सीखा कि बिना शर्तें रखे कैसे प्यार किया जा सकता है।

प्यारी अंजलि, मैंने तुम्हें हमारे परिवार के बेटे की तरह पाला है- 'मेरा पुत्तर'। लेकिन अब, एक बेटी का होना बहुत बड़ी खुशी है। वह बहुत क्षमाशील, ध्यान रखने वाली, और आपके प्यार के बदले में बहुत सारा प्यार लौटाने वाली है।

शायद, मैंने तुम्हें यह बात पहले कभी नहीं बताई लेकिन कभी-कभी मैं सपना देखता हूँ कि तुम मेरे साथ बैठी हो, मेरी बेतुकी बातें सुन रही हो, और अपने जीवन के बाकी व्यवधानों को ओर ध्यान देने के लिए गायब नहीं हो गईं। मुझे तुम्हारा मुझ पर ध्यान देना बहुत अच्छा लगता है, बेटी; मैं तुम्हारी संगत में प्रसन्न होना चाहता हूँ। बहुत से व्यवधान हैं जो तुम्हें मुझे और तुम्हारी माँ से दूर ले जाते हैं, जैसे कि तुम्हारा फ़ोन लगातार बजता रहता है। मैं तुमसे पूछना चाहता हूँ कि क्या तुम जानती हो कि मोबाइल फ़ोन के ईज़ाद होने से पहले चिड़ियाएं कहाँ बैठतीं थीं? उन टेलीफ़ोनों की तारों पर जो अब हैं ही नहीं। अब तुम्हें पता चला कि मैं मोबाइल फ़ोन

क्यों नहीं रखता? लेकिन तुमने कभी ध्यान नहीं दिया और मैंने तुमसे कभी पूछा नहीं, क्योंकि हमेशा इतने सारे व्यवधान बने रहते हैं कि हमारे पास उस तरह की बातें करने के लिए समय ही नहीं रहता।

अपने सारे प्यार के साथ,
डैड

गणेश नटराजन

गणेश नटराजन ने अपने शुरूआती पाठ अपने पिता से पढ़े थे - गाँव का एक साधारण लड़का जो अपना करियर बनाने के लिए कड़ी मेहनत करता था ताकि अपने माता-पिता और तेरह भाई-बहनों की देखभाल कर सके। वह यात्रा उस युवक को तमिलनाडु के उसके गाँव से कोलकाता ले गई जहाँ उसने एक छोटा सा व्यापार शुरू किया, और वहाँ से एक छोटे से गाँव तातीसिलवई में, जो अब झारखण्ड राज्य में है।

पिता की अपने परिवार और अपने आस-पास के लोगों के प्रति वचनबद्धता ने गणेश पर स्थायी प्रभाव छोड़ा। वह याद करते हैं कि एक युवक के तौर पर उनकी शामें गाँव के बच्चों को दूध बांटते बीतती थीं। वह उन बच्चों के साथ देश भक्ति के गीत गाते थे, उनके पिता कहते थे कि यह गीत उन्हें बेहतर मनुष्य बनाएंगे। उनके पिता एक कारखाने में कठिन परिश्रम करते थे और उसके बाद देर रात तक रामकृष्ण मिशन के सेवा केन्द्र में, उनसे गणेश ने लगन से कार्य करने का गुण, कठिन परिश्रम, समाज से प्यार और समय का अधिकतम इस्तेमाल करने की क्षमता सीखी। अपनी माँ और दादी से, उन्होंने दिल बड़ा रखना और सारे संसार को अपना बनाने और जो लोग उनकी ज़िन्दगी में आए उन से संवाद कर पाने की योग्यता सीखी।

आज, गणेश नटराजन देश की सबसे सफल आई टी कम्पनियों में से एक, ज़ेनसर टेक्नोलॉजी के सीईओ और वाइस चेयरमैन हैं; नैशनल नॉलेज काउन्सिल के को-चेयरमैन और एनएएसएससीओएम की चेयरमैन्स काउन्सिल के एक सदस्य हैं।

ईश्वर से डरने वाले आदमी के तौर पर पले-बढ़े गणेश नटराजन आज खुद को एक नास्तिक पाते हैं। प्रतिष्ठित हार्वर्ड यूनिवर्सिटी में हेमेटोलॉजी और ऑन्कॉलॉजी में नवीनतम शोध कर रही कुशाग्र विद्वान बेटी करूणा की संगति के प्रभाव के कारण वह अपने पुराने विश्वासों पर फिर से विचार करने को प्रेरित हुए हैं।

गणेश ने पुरानी बातों को याद करते हुए करूणा को यह पत्र लिखा है। वह सोचते हैं कि शायद उन बरसों में जब वह किशोरावस्था में केम्ब्रिज यूनिवर्सिटी सहित संसार के कुछ बड़े शिक्षा केन्द्रों में पढ़ने के लिए विदेश जाने से पहले कुछ साल उनके साथ थी, वह थोड़ा और समय उसके साथ

बिता सकते थे। वह अपने पत्र में लिखते हैं कि मुझे खुशी है कि हम में इतना साहस रहा कि तुम्हें अपनी राह चुनने दें और अपने सपनों को पूरा करने के लिए उड़ान भरने दें।

मेरी प्यारी करूणा,

तुम्हें पत्र लिखना हमेशा ही प्रसन्नतादायक होता है। और इस समय, जब तुम वैज्ञानिक खोज की अपनी यात्रा के दूसरे दौर पर निकल रही हो, यह और भी प्रसन्नतादायक है। मैं निश्चित रूप से जानता हूँ कि तुम केम्ब्रिज मेडिकल ऐण्ड पीएचडी प्रोग्राम से प्राप्त अपने चिकित्सकीय प्रशिक्षण और शोधोन्मुखता का बढ़िया इस्तेमाल हार्वर्ड में अपनी फैलोशिप में हेमेटोलॉजी और ऑन्कॉलॉजी पर काम करने में करोगी।

पिछले एक दशक से भी ज़्यादा समय से मैं और तुम्हारी माँ बड़े गर्व से तुम्हारे विकास को देखते रहे हैं - मुम्बई के मानेकजी कूपर स्कूल की एक छात्रा से शिक्षा के महाअभियान पर निकली लड़की जो यूनाइटेड वर्ल्ड कॉलेज यूएसए के इण्टरनैशनल बैकालॉरिएट प्रोग्राम से होती केम्ब्रिज यूनिवर्सिटी के मेडिकल ऐण्ड पीएचडी प्रोग्राम और अब हार्वर्ड में सुपर स्पेशलाइज़ेशन और पोस्ट डॉक्टरल प्रशिक्षण तक पहुँच गई है।

संसार भर में तुम्हारी यात्राओं और तुम्हारे ज़िन्दगी के अनुभवों ने तुम्हें ज़िम्मेदार और समझदार युवती बना दिया है जिससे मेरे लिए तुम्हें उपदेश देने की गुंजाइश नहीं बचती। फिर भी, मैं तुम्हें अपने कुछ विचार बताना चाहूंगा। मैं उम्मीद करता हूँ कि तुम इन्हें संसार को समझने की अपनी दृष्टि में शामिल कर पाओगी। पिछले कई बरसों में तुममें हमारी शैक्षिक और व्यवसायिक उपलब्धियों के लिए एक स्वस्थ सम्मान पनपा है, हमारी जड़ों और आज की हमारी आपेक्षिक सफलता के लिए बेहतर समझदारी बनी है। और मुझे यकीन है कि यह तुम्हारे भविष्य के विचारों और कार्यों को प्रभावित करेगा।

मेरा अपना परिवार तमिलनाडु के नागरकॉइल ज़िले

के वैदिवीस्वरम् गाँव का मूलनिवासी था। मेरे दादा गणपति अय्यर, गाँव के स्कूल में हेडमास्टर थे। लेकिन कामकाज़ी व्यक्ति होते हुए भी उनके पास अपने चौदह बच्चों का पेट भरने और तन ढकने के लिए पर्याप्त पैसे नहीं होते थे। परिवार को गाँव की ग़रीबी से खींच कर शहर की प्रतिष्ठित ज़िन्दगी तक पहुँचने की ज़िम्मेदारी उनके बड़े बेटे, मेरे पिता नटराजन, पर आ पड़ी थी।

तुम अपने दादाजी को बहुत कम जान पाईं और शायद मैंने तुम्हें उस नौजवान के कष्टों और अभिलाषाओं के बारे में कभी नहीं बताया, जिसने न सिर्फ़ अपने परिवार के लिए बल्कि उद्योग और समाज के लिए भी बहुत कुछ किया। त्रिची के सेंट जोसेफ़ कॉलेज से बीएससी (भौतिकी) की डिग्री पाने के बाद वह अपने बड़े परिवार को कोलकाता ले आए। उन दिनों भारत अत्याचारी शासन से स्वतन्त्रता पाने का प्रयास कर रहा था। वह एक जिज्ञासु वैज्ञानिक थे - मुझे शक है कि तुमने विज्ञान और शोध के लिए अपना रूझान उन्हीं से पाया है - उन्होंने गर्ग परिवार के साथ मिलकर वैक्सपॉल इन्डस्ट्री की स्थापना की। उन्होंने और भी कई औद्योगिक रसायनों की खोज की। आज भी, लोगों को मशहूर वैक्सपॉल कार पॉलिश और उनके बनाए औद्योगिक ग्रीसों और लुब्रिकेंट्रस की याद है। उनकी सादगी और अपने काम के लिए जुनून इस हद तक था कि वह अपने आपको कम्पनी का डायरेक्टर (टेक्निकल) नहीं, चीफ़ केमिस्ट कहते थे।

अपनी विद्रमता उन्होंने हम भाई-बहन को दी। उनके मित्र वे साधारण लोग थे जिनके साथ वह काम करते थे और ऐसा ही मामला हमारा भी था। अपने मात-पिता की मृत्यु तक उनकी देखभाल करके, अपनी सात बहनों की अच्छी शादियाँ और तीन भाइयों के लिए नौकरियां सुनिश्चित करके उन्होंने बड़ा बेटा होने का कर्त्तव्य पूरा किया। तब अप्पा ने अपने चार लोगों के छोटे से परिवार को राँची स्थानान्तरित किया। उन्होंने वहाँ वैक्सपॉल कारखाना लगाया। और वहीं उन्हें अपनी कई प्रतिभाओं का इस्तेमाल करने का मौका मिला।

राँची में, हमारे स्कूल जाने का दौर तातीसिलवई के सरल लोगों के साथ बीता, जहाँ हम गांव के इकलौते ईंटों से

बने मकान में रहते थे। लेकिन हमारी आपेक्षिक सम्पन्नता हमारे गाँव के बच्चों के साथ मिलने-जुलने, अपना प्यारा खेल गिल्ली-डण्डा खेलने में कभी बाधक नहीं बनी। अप्पा रामकृष्ण मिशन के उत्साही अनुयायी थे और उन्होंने सुनिश्चित किया था कि उनका पूरा परिवार पूरे दिल से सेवा केन्द्र में, जो उन्होंने हमारे घर के बाहर स्थापित किया था, योगदान दे। हर शाम हमारा काम था गाँव के सभी बच्चों को इकट्ठा करना और उन्हें दूध पिलाना। इसके बाद हम सभी उनके साथ मिलकर देशभक्ति के गीत गाते थे ताकि हम सभी अच्छे मनुष्य बन सकें।

उन में अविश्वसनीय ऊर्जा थी और वह बहुत कम सोते थे। वह मानते थे कि ज़िन्दगी में इतने काम हैं कि उनके पास सोने के लिए सिर्फ़ चार घण्टे हैं। वह मेरे प्रेरणास्त्रोत थे और मुझ से हमेशा कहते थे, 'जीवन एक उपहार है और मैं समय को व्यर्थ नहीं करना चाहता हूँ। यह मेरी बुद्धिमत्ता और शिक्षा की बर्बादी है।'

वे तमिल संगम (स्थानीय तमिल लोगों की एक अनौपचारिक सांस्कृतिक संस्था) की आत्मा थे; उस दौर के कुछ बढ़िया कलाकारों, लोकोपकारी व्यक्तियों और मनीषियों जैसे एम.एस. सुब्बुलक्ष्मी, कमला लक्ष्मण, घनश्याम दास बिड़ला, और काँची के शंकराचार्य जयेन्द्र सरस्वती को वे बिहार के छोटे से शहर में और हमारे साधारण घर में लाए।

जब मैं उन सबके बारे में सोचता हूँ तो मुझे पूरा विश्वास होता है कि जीवन के लिए उनकी उमंग, उनकी लोगों के प्रति रूचि, और परिश्रम के प्रति उनकी संकल्पबद्धता की छूत मुझे भी लगी है।

करूणा, मैंने अपने जीवन के हर अतिरिक्त पल को हमेशा पढ़ने और खुद को शिक्षित करने जैसे कुछ सार्थक कामों में लगाया। आज तुम हार्वर्ड में दुनिया के सबसे ज़्यादा बुद्धिमान लोगों की संगत में हो। मुझे विश्वास है कि तुम इस अवसर का उपयोग अपने ज्ञान के विस्तार के लिए कर रही हो।

हमारा छोटा सा परिवार आपेक्षिक सम्पन्नता की ओर बढ़ रहा था और हम शहर के क्वालिटी रेस्टॉरेण्ट में महीने में

एक बार खाना खाने जाने, कभी-कभी एनिड ब्लिटॅन की कोई किताब या फिर नई फ़िल्म देखने जैसे छिटपुट विलासिताएं जुटा पा रहे थे लेकिन हम अभी भी सादा जीवन जीने के पिताजी के मूल्यों पर टिके थे। मुझे याद है जब हम में से छः बच्चों को प्रधानमन्त्री इन्दिरा गाँधी के राँची आगमन पर स्वागत-गान के लिए सेवा केन्द्र के माध्यम से बुलाया गया था। अगली सुबह, उनका 40 कारों से ज़्यादा का काफ़िला हमारे सेवा केन्द्र के पास से गुज़रने वाला था और मेरे पिता को विश्वास था कि वह हमें मिलने के लिए रुकेंगी। तो हम धूल भरी सड़क पर खड़े थे और कारों को तेजी से जाते हुए देख रहे थे जब अचानक प्रधानमन्त्री की कार पीछे मुड़ी और हमारे पास आ कर रूकी और श्रीमती गाँधी मुस्कुराती हुई बाहर निकलीं और हम सभी का अभिवादन किया। हम तो हैरत से एकदम भौंचक्के थे। तुम्हारे दादाजी को अपने ऊपर और अच्छे काम करने की शक्ति पर भी पूरा विश्वास था और यह उन बहुत सी घटनाओं में से एक घटना थी जहाँ उन्होंने दिखाया कि ऐसी शक्ति बड़े-बडे काम कर सकती है।

एक घिसा-पिटा मुहावरा है कि हर सफल व्यक्ति के पीछे एक औरत होती है; इसका तुम्हारी दादी सुब्बलक्ष्मी से अच्छा उदाहरण हो ही नहीं सकता। वह सन् 1951 में बॉम्बे से हमारे बड़े से परिवार में दुल्हन बन कर आईं थीं, उन्हें प्यार से राजम कहा जाता था। उन्होंने स्नातक तक शिक्षा पाई थी। तुम्हारे परदादा गणपति अय्यर ने उन्हें प्रोत्साहित किया कि वह कोलकाता में शिक्षा में स्नातक की डिग्री पूरी करें। वह राँची के नज़दीक नमकुम में बिशप वेस्टकॉट स्कूल में गणित और संस्कृत की बहुत प्रसिद्ध शिक्षिका बनीं, मैंने और मेरी बहन ने अपनी स्कूली शिक्षा वहीं पाई। वह परिवार की आधार-स्तम्भ थीं, मेरे पिता की हर गतिविधि में शामिल रहती थीं, और बाद में जब पिताजी का स्वास्थ्य ढलने लगा तब मां उनकी ताकत का स्रोत बन गईं। वह मेरे और मेरी बहन के लिए दिशा-निर्देशक भी थीं - स्कूल के काम में हमारी मदद करतीं, मुझे क्रिकेट व संगीत सिखातीं और सभी तरह की पाठ्यक्रमीय और पाठ्यक्रमेतर गतिविधियों के लिए हमें उत्साहित करतीं। तुम्हारे दादाजी की मृत्यु के बाद

जब वह हमारे साथ मुम्बई में रहती थीं, तब तुमने उनकी बुद्धिमत्ता और उनका प्यार देखा है इसलिए तुम जानती हो कि वह मज़बूत मूल्यों और उत्कृष्टता पर कितना ज़ोर देती थीं। वह अपने जीवन में आए सभी लोगों के लिए एक प्रेरक व्यक्तित्व थीं।

मैंने अपने माता-पिता के आचार-व्यवहार से कई पाठ सीखे और मैं सोचता हूँ कि यह पाठ और मूल्य अगली पीढ़ियों पर भी लागू होंगे।

मेरे माता-पिता मानते थे कि हम यह तो नहीं चुन सकते कि भाग्य हमें कैसे पत्ते देगा लेकिन हमें मिले पत्तों से हम कैसे खेले, इसी पर जीवन के खेल में हमारी जीत या हार निर्भर होती है। वह कहते थे कि बिना किसी खेद या पश्चाताप के खुशी-खुशी ज़िम्मेदारियां निभाना उन कई गुणों में से एक गुण है जो सच्चे विजेता को मामूली लोगों से अलग श्रेणी में खड़ा करता है। वह एक ऐसे युवक थे जिस पर अपने 10 भाई-बहनों और माता-पिता की सभी ज़रूरतें पूरी करने की ज़िम्मेदारी रही, लेकिन उन्होंने कभी अपने भाग्य को इसके लिए दोष नहीं दिया। वह बस कठिन परिश्रम करते और खुशी-खुशी अपने कर्त्तव्य निभाते थे।

अप्पा हमेशा कहते थे, 'क्षणजीवी झंझटों को कभी भी दीर्घकालिक लक्ष्यों की राह में आड़े न आने दो। अगर ज़िन्दगी में कुछ पाना मायने रखता है, चाहे वह कार्य से सम्बन्धित हो या उससे अलग, तो उसे पाने के लिए कड़ी मेहनत और निरन्तर प्रयास किए जाने चाहिए।' मैं इस विचार का पूरी तरह समर्थन करता हूँ। और मैं जानता हूँ करूणा, कि तुम इसी सिद्धान्त पर जी रही हो।

मेरे पिता कहते थे कि अपने जुनून और प्राथमिकताएं कभी दूसरों पर मत लादो। यदि तुम कुछ ऐसा करना पसन्द करते हो जो तुम्हें लगता है कि संसार को बहुत बेहतर बनाएगा तो वह करने के लिए लोगों को मनाने या उन पर दबाव बनाने की ज़रूरत नहीं है। अगर तुम्हारे विचार में सचमुच दम है तो लोग खुद ही उससे जुड़ने लगेंगे; और यह लोग अनमने अनुयायी नहीं बल्कि पूरी तरह उसे स्वीकार करने वाले होंगे।

मुम्बई में बड़ी होती हुई तुमने स्वार्थहीन उद्यम के कई अनुकरणीय उदाहरण देखे होंगे और निःसन्देह तुम्हारे बचपन से जवानी तक के चरणों पर तुम्हारे अपने आदर्श व्यक्तित्व भी होंगे। तुम्हारी माँ की सौ बरस की दादी, जो उस समय सत्तर साल की थीं जब तुमने अपना पहला साल परिवार के साथ पॉण्डिचेरी में बिताया था, हमेशा हम सभी के लिए आदर्श व्यक्तित्व रही हैं। वह एक युवा विधवा थीं जिन्होंने साहसपूर्वक तुम्हारे नाना एस.वी. अय्यर सहित अपने चार बच्चों को पाल पोस कर बड़ा किया... और फिर तुम से शुरू करते हुए अपने पड़नाती-नातिनों को। यह प्रेम और देने की उस भावना की प्रचुरता का एक संकेत है जो उदारचरित का प्रमुख लक्षण है।

मैं सोचता हूँ कि किशोरावस्था के शुरूआती दिनों में जब तुम स्कूल में थी तो किस चीज़ ने तुम्हें अपनी रोचक शैक्षिक यात्रा शुरू करने का उद्देश्य दिया - पढ़ने के प्रति तुम्हारे प्रेम ने जिसके माध्यम से तुम कई संसारों का अनुभव कर लेती थी या तुम्हारी इस समझ ने कि वैज्ञानिक दक्षता और मानवता के प्रति योगदान धन के पीछे दौड़ने से ज़्यादा महत्त्वपूर्ण हैं? इस प्रक्रिया का प्रेरक जो भी रहा हो, हमारी बच्ची का भरतनाट्यम में सफल होने के अपने लक्ष्य पर केन्द्रित युवा लड़की में बदलना, उसकी साहित्यिक उपलब्धियां, स्कूल की हेड गर्ल बनना, अखिल भारतीय आईसीएसई की परीक्षा में बहुत अच्छे नम्बरों से पास होना, यह सब अद्भुत ही था। मैं स्वीकार कर रहा हूं कि हमने कुछ घबराहट के साथ ही तुम्हें तुम्हारा रास्ता चुनने दिया और जब तुम 16 बरस की भी नहीं थी तुम्हें अकेले अमेरिका में हाई-स्कूल की पढ़ाई करने जाने दिया। लेकिन आज की ही तरह तब भी हम जानते थे कि तुम्हारी अपनी बुद्धि, सहज ज्ञान और मूल्यों और लक्ष्य प्राप्ति की मज़बूत भावना तुम्हें सुरक्षित और अपने लिए निर्धारित लक्ष्य पर स्थिर रखेगी।

प्यारी करूणा, इस संसार में, जहां सामाजिक चलन, सामाजिक रूप से स्वीकार्य व्यवहार, और हमारे साथियों की अपेक्षाएं लगातार बदलती रहती हैं, आदर्श भी एक क्षणभंगुर परिघटना हैं। हमारा अपना परिवार भी कट्टर परम्परावादी

और कुछ मताग्रही विश्वासों से हटकर खासे उदारवादी दृष्टिकोण तक पहुंचा है। हमने लोकनिन्दा से डरे बिना तुम्हें खुद का रास्ता चुनने दिया और अपने मन की बात मानने की छूट दी। विज्ञान के साथ ही अन्य क्षेत्रों में भी ज्ञान की जो गहराई तुमने पाई है, उसने तुम्हें दृढ़ विश्वास दिए हैं। इनमें से कुछ विश्वासों का असर हम पर भी हुआ है। मैं ईश्वर से डरने वाले व्यक्ति के रूप में पला-बढ़ा लेकिन तुम्हारी संगति और संसार भर में पूरे परिवार के साथ घूमते हुए हमारी ढेरों चर्चाओं ने मुझे आखिर नास्तिक बना दिया है।

करूणा, तुम्हारी माँ और मैं, दोनों ही पिछले कुछ दशकों से कड़ी मेहनत कर रहे हैं, नई कम्पनियाँ बना रहे हैं और कई नए प्रोजेक्ट्स पर लगन से काम कर रहे हैं। कभी-कभी मुझे ऐसा लगता है कि हम जो समय तुम्हारे साथ बिता सकते थे उसे उधार लेकर हम यह सब कर रहे हैं। लेकिन फिर मैं और तुम्हारी माँ सोचते हैं कि हमें तुम्हारे लिए अपने दिल की सुनने और अपने सपनों को फलने-फूलने देने का उदाहरण बनना है। मैं खुश हूँ कि अपने काम में - जो हमारे कुशलक्षेम के लिए बहुत ज़रूरी है - हमारे निरन्तर जुटे रहने की, तुम्हारे बुद्धिमान और आत्मनिर्भर युवा लड़की बनने में एक भूमिका है। आज तुम्हारे अपने काम के प्रति सर्मपण और काम के नियम देखकर हमें गर्व होता है। चिकित्सा एक ऐसा काम है जो कई लोगों की जानें बचा सकता है। करूणा, हमें गर्व है कि तुमने लोगों की ज़िन्दिगियों को बेहतर बनाने के लिए यह काम चुना।

करूणा, यदि सफलता का पैमाना, लोगों की ज़िन्दगी बेहतर बनाने की योग्यता है, तो तुम बहुत सफल इन्सान बनने की राह पर हो। तुम्हारी माँ और मैं भी अपनी-अपनी तरह से लोगों की मदद करते हैं क्योंकि हम जानते हैं कि जीवन एक क्षणभंगुर यात्रा है और दूसरों की ज़िन्दगी में योगदान देने के लिए उपयोगी समय बहुत ही कम है। हम सभी के पास कुछ अलग से करने के लिए अवसर है और फिर भी हम में से बहुत कम लोग ही बदले में कुछ पाने की आशा किए बिना दूसरों के लिए कुछ करते हैं।

ज़िन्दगी में सफलता पाना बिल्कुल भी आसान नहीं है करूणा, लेकिन किसी ने तुम्हें सफलता तक पहुंचने की छोटी राह बताने का वादा भी तो नहीं किया है। सफल व्यक्ति बनने के लिए लोगों से टिकाऊ सम्बन्ध जोड़ पाना और उनके लक्ष्य प्राप्त करने में उनकी मदद करना अनिवार्य योग्यताएं है। हमने पिछले दशकों में जो संगठन खड़े किए हैं उनमें काम करने वाले लोगों को तुम्हारी माँ और मैं जानते हैं, और उनमें रूचि लेते हैं।

तुमने काफ़ी समय अपने देश और परिवार से दूर बिताया है और इस दौरान उन अनगिनत लोगों की दयालुता पाई है जिनके सम्पर्क में तुम रही। तो तुम समझती हो कि अपने आस-पास के लोगों से सम्पर्क बनाए रखना और मदद करना कितना ज़रूरी है। लोगों के साथ अच्छा व्यवहार करो, मेरी प्यारी बेटी। अगर सफलता का एकमात्र रास्ता अन्य लोगों को कुचलना-दबाना है तो उसका कोई मतलब नहीं है। प्रतियोगिता हमारे जीवन का अभिन्न हिस्सा है लेकिन हमारी सफलता दूसरे लोगों की खुशियां छीन कर नहीं आनी चाहिए। मेरा दृढ़ विश्वास है कि पैसा, सफलता और पहचान हमारे जीवन के लक्ष्यों और उद्देश्यों के सह-उत्पाद हैं।

करूणा, तुम्हारी माँ ने और मैंने तुममें यह समझ बैठाने में कड़ी मेहनत की है कि हमारे जीवन के विस्तृत पटल पर परिवार कितना महत्त्वपूर्ण है। और हमें आशा है कि जब तुम अपना परिवार बसाओगी, तब तुम भी उसे अपनी प्राथमिकताओं के केन्द्र में रखोगी।

और अब, जब तुम अपने करियर का दूसरा चरण शुरू कर रही हो जिसके बाद तुम एक अभिजात शरीरविज्ञानी-वैज्ञानिक वर्ग के अनुभवी सदस्य के रूप में उभरोगी, तब प्रिय करूणा, मेरी तुम से क्या उम्मीदें और सपने होंगे? तुम अपने कार्यों में सफल होगी और मुझे आशा है कि मनुष्य जाति के प्रति तुम्हारा प्रेम बना रहेगा और तुम अपने सहयोगियों के साथ अच्छे सम्बन्ध बनाओगी जो अपने करियर में सफल होने जितना ही महत्त्वपूर्ण है। मुझे पूरा विश्वास है कि अपने जीवनसाथी और पारिवारिक मामलों में तुम सही चुनाव करोगी और एक ऐसा घोंसला बनाओगी जो तुम्हें प्रसन्न रखेगा

और उन तमाम तनावों के बीच तुम्हें पोसेगा जो निश्चित ही तुम्हारे वैश्विक करियर का हिस्सा होंगे। लेकिन सबसे ज़्यादा महत्त्वपूर्ण यह है कि, मैं निश्चित रूप से जानता हूँ कि हमारे परिवार की तीन पीढ़ियाँ जो अपने तौर पर सफल रहीं और अच्छे मनुष्य बनी रहीं हैं, वे तुम्हें अपने तौर पर इस ग्रह का शानदार निवासी बनने की ताकत देंगी।

मैं तुम्हारे कल्याण, अपनी सम्भावना के अनुरूप सर्वश्रेष्ठ होने और तुम्हारे अपने सभी सपनों को साकार कर लेने की कामना करता हूँ।

अपने सारे प्यार के साथ,
अप्पा

जतिन दास

जतिन दास भारत के सबसे मशहूर समकालीन कलाकारों में से एक हैं। स्वतन्त्रता से पहले 1941 में उड़ीसा के मयूरभंज गाँव में पैदा हुए यह प्रतिष्ठित चित्रकार एक संयुक्त परिवार में बहुत से भाई-बहनों के बीच पले-बढ़े। छुटपन में ही जतिन में कला की पारखी नज़र और जुनून पैदा हो गए थे। अपने पुरखों के घर के आस-पास जंगलों और खेतों में घण्टों व्यतीत करते वह खुद को हमेशा चित्रकारी में व्यस्त रखते थे। वह अक्सर, ग्रामीण हस्तशिल्प मेलों में घूमते रहते और घर लौटते तो ग्रामीण शिल्पियों के बनाए हाथ से तराशे, लाख से रंगे, इन्द्रधनुषी रंगों वाले खिलौने लिए।

आख़िर जब उन्होंने अपने परिवार को चित्रकारी के अपने जुनून को जारी रखने के निर्णय के बारे में बताया तो सभी लोग मायूस हो गए। दरअसल उन दिनों यह इज़्ज़तदार परिवारों के लड़कों के द्वारा अपनाया जाने लायक काम नहीं माना जाता था। चित्रकारी को करियर के तौर पर अपनाने का मतलब था इतने कम पैसे कमाना जिन से परिवार नहीं पाला जा सकता था। परिवार के काफ़ी विरोध के बावजूद उन्होंने घर छोड़ने और मुम्बई के प्रतिष्ठित जे जे स्कूल ऑफ़ आर्ट्स में पढ़ने का निर्णय लिया। वह कठिनाइयों भरा दौर था और पैसे बहुत कम होते थे, लेकिन वह नौजवान अपने जुनून में ही मस्त रहता था। अपने सफ़र में उसने खज़ाने इकट्ठे किए - दुनिया भर में कलाकार मित्र और वे दोस्तियां जो आज भी बनी हुई हैं और जिन्होंने दुनिया को देखने का उनका नज़रिया बदल दिया।

जतिन दास का शानदार करियर लगभग आधी सदी से ज़्यादा लम्बा है। अपने काम की ईमानदारी और मज़बूती के लिए उनका बहुत सम्मान होता है। दुनिया के विभिन्न हिस्सों में उनकी कलाकृतियों की 55 से ज़्यादा एकल प्रदर्शनियां हुईं हैं। दास एक प्रखर अध्यापक भी हैं, वह कला और वास्तुकला कॉलेजों और संग्रहालयों में, नैशनल स्कूल ऑफ़ ड्रामा और जामिया मिलिया इस्लामिया यूनिवर्सिटी जैसे प्रतिष्ठित संस्थानों में लेक्चर देते हैं। मनुष्यों की स्थिति के प्रति संवेदनशील यह मानवतावादी कलाकार अक्सर ही समुदाय में होने वाले सामाजिक अन्याय के बारे में अपना कड़ा नज़रिया मज़बूती से सामाजिक मंचों पर रखता है।

परम्परागत भारतीय हस्तशिल्प के प्रति उनका रूझान आज भी बरकरार है। आजकल वह अपने महान जुनून में व्यस्त हैं - उड़ीसा के भुवनेश्वर

में जे.डी. सेण्टर ऑफ़ आर्ट्स, जो आदिवासी, पारम्परिक और समकालीन भारतीय कला को प्रोत्साहित करने वाली एक निजी, गैर-व्यवसायिक संस्था है। हाथ से बने मिट्टी के सामान, पुराने बर्तनों, पारम्परिक और आदिवासी शिल्प, खिलौनों, औज़ारों और ज़ेवरात का उनका निज़ी संग्रह अंततः इस केन्द्र में आ जाएगा।

करीब तीस बरस पहले दास को राजस्थान में हाथ से बना हुआ एक पुराना पंखा भेंट किया गया। उस पंखे की खूबसूरती और कारीगरी ने उन्हें इतना आकर्षित किया कि वह सारे संसार से पंखे खोज कर जमा करने लगे। आज 6500 से भी ज़्यादा पंखों के गर्व भरे मालिक जतिन दास नई दिल्ली में पंखों का एक संग्रहालय बनाने के लिए कटिबद्ध हैं। इस बीच पंखों का उनका संग्रह लन्दन के फ़ैन म्यूज़ियम में, क्वालालम्पुर की नैशनल आर्ट गैलरी में, ज़्यूरिख के द रीटबर्ग संग्रहालय में और मनीला के नैशनल म्यूज़ियम में प्रदर्शित हो चुका है।

सन् 2012 में कला के क्षेत्र में उनके योगदान के लिए उन्हें प्रतिष्ठित पद्‌म विभूषण सम्मान मिला लेकिन वह मानते हैं कि कला और जीवन के विद्यार्थी के रूप में उनकी यात्रा अभी चल ही रही है।

आसानी से पकड़ में न आने वाले इस कलाकार को पकड़ पाना कोई आसान काम नहीं है। पहले उन्हें खोज़ पाने में और फिर उन्हें पत्र लिखने को राज़ी करने में कई महीने लग गए।

70 साल से ज़्यादा की उम्र में, दास एक ख़ुशमिज़ाज आदमी हैं, कला और साधारण रूप से ज़िन्दगी के प्रति उन में जो जनून है वह उनसे आधी उम्र के लोगों के लिए भी जुटा पाना मुश्किल है।

जब मैंने पहली बार उनके अपनी बेटी के नाम चिट्ठी लिखने की बात कही तो उन्होंने उसे सिरे से नकार दिया और मीडिया और लोगों के जीवन में घुसे चले जाने के उस के तरीके पर मुझे एक तीखा भाषण दिया। उन्होंने उन लोगों को भी नहीं बख़्शा जो अख़बारों में अपना नाम छपवाने के लिए मीडिया के पीछे दौड़ते हैं और अपनी ज़िन्दगी के तमाम अच्छे-बुरे किस्सों को सार्वजनिक जानकारी का विषय बनाए रहते हैं।

उन्होंने बताया कि माता-पिता का अपने बच्चे के साथ सम्बन्ध एक बेहद निजी मामला है और वह इसे बाकी दुनिया से साझा नहीं करना चाहते।

मैं इतनी आसानी से हार नहीं मानना चाहती थी, मैंने उनकी खुशामद करके उन्हें राज़ी किया, उन्हें यह बताने की कोशिश की कि यह एक प्रेरणादायक पत्र होगा - सिर्फ़ उनकी प्यारी बेटी के लिए ही नहीं बल्कि इस देश की सभी औरतों के लिए जो उनके अनुभव से ज़िन्दगी का पाठ सीख सकती हैं। मुझे लगता है कि बात इसी से बनी। इस के अलावा मैंने उनकी बेटी अभिनेत्री नन्दिता से भी इस किताब के लिए योगदान देने का निवेदन किया था। मुझे लगता है कि अगर यह दबाव किसी और की तरफ़ से आता तो वह गुस्सा हो जाते। लेकिन बेटी की बात को वह ठुकरा नहीं सके। यह खूबसूरत पत्र लिख लेने के बाद उन्होंने मुझसे ज़ोर देकर यह कहा कि मैं इसे 'उसके नाम टिप्पणी' ही लिखूं, पत्र नहीं, क्योंकि पत्र एक पिता और बेटी के बीच काफ़ी निजी मामला है।

बीते दौर के मोह, उनके अपने बचपन की यादों, अपने बच्चों को पालने-पोसने के बरसों और हमारी दुनिया की गति और दिशा का लेकर उनकी चिन्ता से भरी उनकी टिप्पणी को प्रस्तुत करते हुए मुझे भारी प्रसन्नता है।

एक ऐसी दुनिया में जहाँ हानि-लाभ और आख़िरी परिणाम हमारी रोज़मर्रा की ज़िन्दगी को नियन्त्रित करते हैं, यह पत्र हमें याद दिलाता है कि पैसों की दुनिया के परे भी एक दुनिया है जहाँ ईमानदारी, नम्रता, और अपने आस-पास के लोगों के बारे में सोच-विचार, चिन्ता और लगाव आज भी मायने रखते हैं।

नन्दिता के लिए एक टिप्पणी

भूमिका :

हमारा परिवार एक निजी स्थान होता है। आज मीडिया लोगों की निजी ज़िन्दगी में ताक-झांक कर रहा है और लोग भी अपने आपको समाज के सामने प्रदर्शित करने और अपनी निजी ज़िन्दगी को सबके सामने

उजागर करते झिझकते नहीं हैं। लेकिन मैं तो निजी ज़िन्दगी की पवित्रता पर बहुत यक़ीन करता हूँ।

बच्चे, ख़ासतौर पर तब जब वे बेहद छोटे होते हैं, अपने माता पिता के लिए ख़ास होते हैं और माता-पिता अपने बच्चों के लिए ख़ास होते हैं। और मैं उन क्षणों को बेहद प्यार से याद करता हूँ।

मेरी प्यारी नीतू,

मैं जानता हूँ कि तुम मेरे द्वारा टाइप की हुई यह टिप्पणी देखकर हैरान होगी, जो तुम्हारे ही लिए लिखी गई है लेकिन जो छपेगी और बाकी लोगों द्वारा पढ़ी जाएगी।

तुम्हारा बचपन दिल्ली और मुम्बई शहरों के बीच यात्राएं करते छोटे फ्लैटों में बीता। इसके विपरीत मेरा बचपन पुरानी मयूरभंज रियासत में एक बड़े परिवार में बीता जिस में पाँच भाई और एक बहन थे। हम सभी एक बड़े से घर में बड़े हुए जिसमें एक बगीचा था, तालाब था और खेत थे जहाँ सत्रह बरस का होने तक मैं अपना समय बिताता था। मुझे माँ का यह कहना याद है, 'आज कोई नहीं आया, मेरी खाना खाने की इच्छा नहीं है।' अचानक आए मेहमानों का हमेशा ही खुले दिल से स्वागत होता था।

जब मैं 60 के दशक में बॉम्बे गया तो हालांकि मैं उस समय एक कमरे के फ्लैट में रहता था, मेरे बहुत से मित्र आते और मेरे साथ रहते थे। 26 साल की उम्र में, मेरी शादी तुम्हारी माँ से हो गई। तुम बॉम्बे में ही पैदा हुई। बाद में हमने दिल्ली जाने का निर्णय लिया और छः साल बाद सिद्धार्थ पैदा हुआ।

हम निज़ामुद्दीन में रहते थे, पहली मंज़िल के एक फ्लैट में जिस के मिट्टी जैसे लाल रंग के फ़र्श को मैंने पॉलिश करवाकर और घिस कर चिकना बनवाया था ताकि घुटनों के बल घूमते हुए तुम आराम महसूस करो। वह 'मकान' मेरे उन सभी कलाकार मित्रों के लिए 'घर' बन गया जो आकर हमारे

साथ रहते। तुम उन सभी को अच्छी तरह से जानती थी और उनका प्यार और देखभाल पाती थीं।

घर का सबसे बड़ा कमरा हमेशा ही मेरा स्टूडियो होता था। तुम तारपीन की गन्ध के साथ, एक पेण्टिंग को रोज़-ब-रोज़ बढ़ते हुए देखती बड़ी हुईं। मैं हमेशा नग्न आकृतियाँ ही पेन्ट करता था और तुम व सिद्धार्थ दोनों ही इससे कभी शर्मिन्दा नहीं हुए। कवि और कलाकार सारे दिन आते जाते रहते थे और बॉम्बे, कलकत्ता, और दुनिया के विभिन्न हिस्सों से मित्र हमारे साथ रहने के लिए आते थे। धीरे-धीरे दिल्ली में निज़ामुद्दीन वाला मकान एक मुसाफिरखाना/गेस्टहाउस बन गया।

मुझे आशा है कि उस फ्लैट में बिताए भले दिन तुम्हें याद होंगे। मैं घर में ही रहता था क्योंकि मेरा स्टूडियो घर में ही था। मैं सिर्फ़ रसोइया और माली ही नहीं था, बच्चों की देखभाल करने वाला भी था जो तुम्हारे पोतड़े बदलता था और सभी को खाना भी खिलाता था। तुम्हारी माँ नैशनल बुक ट्रस्ट में पूर्णकालिक कार्य करती थीं इसलिए मैं ही घर का पूरा कर्ताधर्ता था। शायद तुम्हें पता न हो कि मैंने कई बार तुम्हारे पोतड़े बदले हैं।

मुझे याद है कि मेरे मित्र परितोष सेन हमेशा आते और हमारे साथ रहते। और जब भी हमें दावतों में जाना होता, वह तुम्हारी देखभाल करते थे। बाकी दिनों हम तुम्हें लाद कर अपने साथ प्रदर्शनियों और यार-दोस्तों की बैठकों में ले जाते थे। मैंने तुम्हें पेपर कटिंग और स्टेन्सिल में टूथ ब्रश पेण्टिंग सिखाए थे। मुझे अच्छी तरह याद है कि एक बार हम कनिका शेमोल्ड गैलरी में एक प्रदर्शनी देख रहे थे जहाँ जे. स्वामीनाथन का कार्य प्रदर्शित किया गया था, तुमने मुझे कहा, 'देखो, देखो बाबा ...स्वामी अंकल भी मेरी तरह ही पेण्टिंग करते हैं, बिल्कुल उसी तरह जैसे मैं स्टेन्सिल पर टूथ ब्रश से पेण्टिंग करती हूँ।

मेरे कई कलाकार मित्रों के बच्चे और तुम, एक साथ बड़े हुए। रामचन्द्रन और चमेली की बेटी, मौली, और परमजीत और अर्पिता की बेटी, बोबन, तुम्हारी सबसे अच्छी दोस्त थीं।

हमने कई बार एक साथ खाना खाया और मेरे पास अभी भी उन दिनों की ब्लैक ऐण्ड वाइट तस्वीरें हैं।

सभी त्योहारों और छुट्टियों के लिए हम उड़ीसा में अपने पैतृक शहर मयूरभंज के अपने बारीपाड़ा वाले घर जाते थे, जहाँ तुम और सिद्धार्थ (नीतू और बाबू) मेरी माँ, भाइयों, चचेरे-तएरे भाइयों और उनके बच्चों के साथ बहुत बढ़िया समय बिताते थे। हमारे घर में सभी चचेरे-तएरे भाई, भाई के रूप में पहचाने जाते थे। वहाँ 'कज़िन' का कोई मतलब नहीं था। जब मेरी माँ बीमार थीं तब तुम उनकी देखभाल के लिए एक महीने के लिए गांव में ही रूक गई थी। मेरी माँ की मृत्यु के बाद बारीपदा की हमारी यात्राएं कम होने लगीं। लेकिन असंख्य तस्वीरों के स्मृतिचिन्ह हमें पुराने अच्छे दिनों की याद दिलाने के लिए काफ़ी थे। मेरे माता-पिता की मृत्यु के बाद, परिवार धीरे-धीरे बिखरने लगा। हर कोई देश के अन्य हिस्सों में चला गया। और हमने यहाँ दिल्ली में, घर से दूर एक घर पाया।

मुझे याद है कि जब तुम नन्ही सी थी, तुम एक पौधे से एक पत्ती तोड़ने की कोशिश कर रही थी। मैंने आराम से तुम्हारी छोटी अँगुली मरोड़ी और तुमने कहा था, 'दर्द होता है।' मुझे याद है मैंने तुमसे कहा था, 'ऐसे ही पौधे को भी दर्द होता होगा।' मैंने तुम पर कभी पढ़ाई या कुछ भी करने के लिए ज़ोर नहीं दिया। मैं मानता हूं कि तुमने कुछ दिया स्वयं ही सीखा और आत्मसात किया। जब भी तुम्हें चॉकलेट मिलती थी, तुम सबसे पहले काम करने वाली के साथ उसे बाँटती और फिर खुद खाती थी।

दिल्ली पब्लिक स्कूल अथवा मॉर्डन स्कूल जाने के बजाय तुम सरदार पटेल विद्यालय में पढ़ने गईं। तुम्हारे स्कूल का पाठ्यक्रम बहुत ही प्रगतिशील था जो कला और संस्कृति के अध्ययन पर ज़्यादा जोर देता था। हमारे बहुत से दोस्तों के बच्चे भी वहाँ पढ़ते थे।

तुम पढ़ाई में अच्छी थी और तुम्हारी हमेशा बहुत सी रूचियाँ रहती थीं। यहाँ तक कि तुमने तमिल सीखी और अपने विद्यालय द्वारा गोद लिए एक गाँव में जाकर श्रमदान भी

किया। यहीं से आगे के लिए समाज सेवा करने की तुम्हारी धारणा ने जन्म लिया।

मुझे यक़ीन है कि तुम्हें याद होगा कि हमारे पास एक मौरिस माइनर कार थी, वह गोल बच्चा कार जिसे चालू करने के लिए धक्का देना पड़ता था ताकि मैं तुम्हें स्कूल ले जा पाऊं। लेकिन बैटरी कमज़ोर होती और कार अक्सर ठप्प हो जाती। और मेरे पास उस बैटरी की जगह दूसरी बैटरी लाने के लिए पैसे न होते। तुम नाराज़ होती थी क्योंकि उसे चलाने के लिए हमेशा धक्का लगाना पड़ता था और इस सब में तुम्हें स्कूल जाने के लिए देर हो जाती थी। उसका रंग सीप जैसा सफ़ेद था और जैसे ही हम निकलते मुहल्ले के बच्चे हमेशा चिल्लाते थे, 'वो मेंढक जा रहा है!' वह मौरिस माइनर अभी भी मेरे पास है।

तुम्हें अपना वह जन्मदिन याद है, जिसमें लीला (लीला नायडू, प्रतिष्ठित भारतीय अभिनेत्री और डॉम मोरेस की पत्नी) ने तुम्हारी पोशाक डिज़ाइन की थी और निज़ामुद्दीन में उनके बगीचे में नाचने के लिए सजा-संवार कर तैयार किया था? तुम परी जैसी लग रही थीं? क्या तुम्हें याद है कि डॉम तुम्हारे धर्मपिता थे और उन्हें तुम प्यार से अंकल डॉम कहती थीं?

तुमने माधवी (मुद्गल) से कई सालों तक ओडिसी नृत्य सीखा। दुख की बात है कि तुमने इसे छोड़ दिया है। मुझे याद है कि तुमने सफ़दर हाशमी के जन नाट्य मंच में जाना शुरू किया, जहाँ तुम नुक्कड़ नाटक करती थी। तुम उन्हें काफ़ी गंभीरता से लेती थी। मैं उनमें से कुछ को देखने गया था। वे बेहद छू लेने वाले थे। मैं सफ़दर को जानता था क्योंकि मैंने जामिया मिलिया इस्लामिया के कला संकाय में पढ़ाया था। वह एक शानदार और विनम्र व्यक्ति था जिसे राजनीतिक गुण्डों ने इसलिए मार दिया क्योंकि उसके नाटक मज़बूत थे, बेलाग थे और निष्कपट थे। तुम्हें उसी नाटक में भाग लेना था, लेकिन तुम बाहर थी और ऋषि वैली में पढ़ा रही थी। हम सभी को बहुत धक्का लगा था, हम सन्न रह गए थे।

मैं कभी घटनाओं के बारे में चित्र नहीं बनाता। लेकिन

मैंने सफ़दर पर एक बड़ी ऑयल पेण्टिंग बनाई जो दिल्ली में ललित कला अकादमी में नीलाम हुई और उससे मिलने वाले पैसे सहमत (सफ़दर हाशमी मेमोरियल ट्रस्ट), अलकाज़ी फ़ाउण्डेशन फ़ॉर द आर्ट्स, हबीब तनवीर और सफ़दर की स्मृति में बने संगठनों के बीच बाँट दी गई। यह रचनात्मक समुदाय की आवाज़ थी।

तुम हमेशा ही सामाजिक कार्यों में सक्रिय रहीं। मुझे याद है कि तुम उड़ीसा और गुजरात के आदिवासी इलाकों के बच्चों और औरतों के लिए काम करने के लिए वहां की यात्राएं करती थी। तुमने दिल्ली में सरदार गुरचरण सिंह की मशहूर ब्लू पॉटरी भी सीखी। बाद में तुमने उन पर 'इम्प्रिण्ट इन क्ले' नाम की एक डॉक्यूमेण्ट्री फ़िल्म भी बनाई।

मेरे पास कभी भी अपने बच्चों को देने के लिए कुछ खास नहीं होता था, मेरा पास न बैंक बैलेन्स था, न कुछ और। सिर्फ़ एक ही चीज़ थी उन्हें देने के लिए - मेरा प्यार। लेकिन मुझे विश्वास है कि जिस नैतिकता और सरोकारों का मैं आग्रह रखता हूं वह तुम दोनों में मौजूद हैं। स्नातकोत्तर पढ़ाई के बाद तुमने एक बरस की छुट्टी ले कर ऋषि वैली स्कूल में पढ़ाया और देशभर में यात्रा की। तुमने सामाजिक सारोकारों वाली कई फ़िल्मों में भी काम किया, यहाँ तक कि विभिन्न भाषाओं में पहली बार निर्देशन कर रहे लोगों के साथ भी। लेकिन तुम्हारी पहली निर्देशित की फ़िल्म 'फ़िराक़' ने मुझे डरा दिया क्योंकि वह गुजरात के दंगों के बाद के हालात पर बनी सामाजिक-राजनीतिक फ़िल्म थी। यद्यपि मैं तुम्हारे साहस और दृढ़ विश्वास का सम्मान करता रहा हूं लेकिन उस समय ख़राब राजनीतिक हालातों की वजह से मैं तुम्हारे लिए डरा हुआ भी था।

जब तुम पहली बार लन्दन गईं तो हमारी बहुत ही प्रिय मित्र मॉरीन रेवनहॉल के साथ रही - और एक दिन उन्होंने तुम्हें खाना पकाने को कहा। तुमने घर में कभी खाना नहीं पकाया था, तुम्हारी जीभ पर बढ़िया खाने का स्वाद मौजूद था और तुमने अपनी इसी स्मृति के आधार पर पकाया होगा। वह लोग वाह-वाह करते रह गए थे।

इस बात से मुझे तुम्हारी न्यू यॉर्क की पहली यात्रा की याद आ गई। जब तुमने मुझे इस के बारे में बताया तो मैंने कहा था, 'बेटा अपना दिमाग़ ख़राब न होने देना, अपने क़दम धरती पर जमाए रखना। और तुमने जवाब दिया था, बाबा, क्या आपने कभी समझौता किया है? मैं भी नहीं करूंगी।'

जब मैं यह टिप्पणी लिख रहा हूँ तब तक इन बातों को हुए बहुत समय बीत चुका है। तुम सब अपनी-अपनी राह चले हो। अब तुम एक माँ हो और तुम उस सबसे गुज़र रही हो जिससे मैं तुम्हारे साथ गुज़रा हूं - अपने बच्चे को पालना।

मैंने अपनी पूरी ज़िन्दगी में कभी भी एहसान नहीं लिया और मुझे ख़ुशी है कि मेरे बच्चे भी उन्हीं आदर्शों के साथ बड़े हुए हैं।

मुझे आशा है कि इस समय तुम बिस्तर में लेटे अपने छुटकू का हाथ वैसे ही थामे हुए होगी जैसे मैं तुम्हारा थामे रहता था।

बहुत सारा प्यार,
बाबा

किशोर बियानी

फ़्यूचर ग्रुप के चेयरपर्सन, किशोर बियानी के विषय में बताना या उन्हें किसी खांचे में रखना खासा मुश्किल काम है। बरसों से उन्हें अपनी ही तरह की सोच वाले व्यक्ति, एक विद्रोही, एक स्वप्नदर्शी, एक जोख़िम उठाने वाले और खुदरा बाज़ार के महाराजा के रूप में वर्णित किया जाता रहा है। मेरे लिए वह इन सभी से कहीं ज़्यादा हैं।

बियानी मनुष्यों के व्यवहार के एक उत्साही विद्यार्थी हैं लेकिन मुझे शक है कि वह कभी भी अपने विषय में बताने के लिए राज़ी होंगे। क्योंकि, भले ही उन्होंने अपने खुदरा समूह में हज़ारों लोगों को नौकरी दी है और यह भी सच है कि वह भारतीय उद्योग जगत के शीर्षस्थ लोगों से मेलजोल रखते हैं लेकिन वह संकोची व्यक्ति हैं जो अक्सर चुप रहना पसन्द करते हैं।

बियानी ने देश का एक सबसे महत्त्वपूर्ण व्यवसायी बनने की अपनी साहसिक यात्रा, पारम्परिक तरीके से व्यवसाय करने वाले अपने मारवाड़ी परिवार से अलग जा कर अपना खुद का व्यवसाय चलाने के सरल से निर्णय के साथ शुरू की। यह यात्रा उन्हें मुम्बई की व्यापारिक जगहों की हलचल भरी, भीड़-भाड़ वाली तंग गलियों में ले गई जहाँ वे दुकान-दुकान जा कर छोटे दुकानदारों को स्टोनवॉश का कपड़ा बेचते थे। बाद में वह मुम्बई के बाहरी छोर पर स्थित एक जर्जर मालगोदाम में खुद कपड़े का उत्पादन करने लगे और सिली हुई पतलूनें पैण्टें बेचने लगे। जब खुदरा दुकानदारों ने विदेशी ब्रांड्स के साथ उनके कपड़े रखने से इन्कार कर दिया तो उन्होंने खीझकर अपनी ही खुदरा दुकान शुरू कर ली। आगे चलकर जब आधुनिक खुदरा और बड़े खुदरा मॉलों ने भारत में अपनी उपस्थिति दर्ज़ की, तब एक बड़े मॉल डेवलपर ने उन्हें अपने मॉल में पैण्टालून ब्रांड के लिए जगह देने से इन्कार कर दिया। उस एक झटके ने किशोर बियानी को ऐसे मॉल बनाने के लिए एक कोष तैयार करने को प्रेरित किया जो ऐसे मॉलों में निवेश करे जहां सिर्फ़ उनके अपने ही नहीं बल्कि सभी बड़े खुदरा ब्राण्डों के सामानों की बिक्री हो।

बियानी सबसे ज़्यादा जाने जाते है 'सबसे सस्ता दिन', के विचार को जन्म देने वाले व्यक्ति के रूप में। 'सबसे सस्ता दिन' वह दिन है जब करोड़ों मध्यवर्गीय लोग धैर्यपूर्वक भारत की सबसे बड़ी सुपर मार्केट श्रृंखला बिग

बाज़ार के दरवाज़े खुलने का इन्तज़ार करते हैं क्योंकि उस दिन सभी तरह के सामान जिसमें टेलीविज़न और फ्रिज जैसे मंहगे उपकरणों के अलावा भी सभी सामान एकदम कम दामों पर मिलते हैं। बियानी ने भारतीयों को 26 जनवरी मनाने का एक और कारण दिया - सेल का दिन। उन्होंने ख़रीददार को कबाड़ के बदले नए सामान लेने के लिए अपने स्टोर में आमंत्रित करके हमें अपने कबाड़ को सार्थक सामान में बदलने का मौका दिया। बढ़िया सौदा या मुफ़्त में सामान पाना किसे नहीं भाता?

बियानी के व्यावसायिक साम्राज्य की जड़ें, काम करने के भारतीय तरीके पर उनके विश्वास और अपने विचारों से किसी की भी सहमति ढूंढने से उनके इन्कार पर टिकी हैं। उन्हें याद है कि 10 साल की उम्र में वह थार के रेगिस्तान की सीमा पर स्थित अपने छोटे से गाँव निम्बी के नज़दीक नागौर में वार्षिक पशु-मेला देखने गए थे। उन्होंने देखा कि ग्रामीण बैलों, गायों, घोड़ों आदि के बढ़िया सौदे करने के साथ ही ऊंटों की दौड़, मुर्गों की लड़ाई और कठपुतलियों के नाच का मज़ा भी उठा रहे थे, खोमचों पर चाट-पकौड़ी-जलेबी खा रहे थे, स्थानीय शिल्पकारों से गहने ख़रीद रहे थे और लोक-संगीत की धुन पर नाच रहे थे। बियानी का अपना खुदरा ब्राँड आज उस ग्रामीण मेले की याद को प्रतिबिम्बित करता है जो उन्होंने दशकों पहले देखा था, इसीलिए उनके खुदरा स्टोर सिर्फ़ सामान ही नहीं बेचते, वे ग्राहकों को मिलने-जुलने तथा मज़ा लेने के लिए एक जगह भी देते हैं।

जीवन और व्यवसाय में बियानी की सफलता का मन्त्र है : सीमित मापदण्डों पर प्रश्न करो, नियम दोबारा लिखो और उनकी दोबारा व्याख्या करो। इस मामले में उनके सबसे बड़े आदर्श, ज़्यादातर अमरीकियों का 'खुदरा का मक्का', वॉलमार्ट के संस्थापक सैम वॉलटन हैं जिन्होंने उल्लेखनीय रूप से सफल खुदरा मॉडल स्थापित किया है। वह रिलायन्स समूह के संस्थापक धीरूभाई अम्बानी को भी अपनी मूल प्रेरणा मानते हैं जिन्होंने इन्हें कॉलेज के दिनों से ही बहुत आकर्षित किया। बियानी मुम्बई के ओबेरॉय होटल के बाहर चक्कर लगाते रहते थे ताकि होटल के हेल्थ क्लब में आते-जाते अम्बानी की एक झलक पा सकें।

वह लड़का जिसकी जन्मकुण्डली में असीमित सौभाग्य की भविष्यवाणी की गई थी, उसने आखिर एक ऐसा व्यापार साम्राज्य स्थापित

करके जो राशन, उपभोक्ता बिजली का सामान, फ़र्नीचर, प्रसाधन, किताबें, बीमा और मनोरंजन और यहां तक कि सपने भी बेचता है, साबित कर दिया कि गणना सही थी।

यह पत्र उन्होंने अपनी दो बेटियों अशनी और अवनी को लिखा है जिनके साथ उनका सम्बन्ध पिता से ज़्यादा दोस्त का है। अशनी समूह में नवाचार और उसे पोसने वाले प्रकोष्ठ फ़्यूचर आइडिया की डायरेक्टर हैं। वह समूह के किसी भी नए व्यवसाय को शुरू करने से पहले, पुराण कथाओं, मानवशास्त्र और समाजशास्त्र की अपनी जटिल समझ का उपयोग उपभोक्ताओं का व्यवहार समझने में करती हैं। छोटी बहन अवनी एक अथक यात्री हैं, उन्होंने संसार के आश्चर्यचकित कर देने वाले हिस्सों की यात्रा की है और उनकी संस्कृति और आदतें सीखी हैं। समूह की नई आहार श्रृंखला फूडहॉल एक अमरीकन यूनिवर्सिटी की समाजशास्त्र स्नातक अवनी की सोच का परिणाम है।

प्रिय अशनी और अवनी,

यह उन सब चीज़ों से अलग है जो मैंने ज़िन्दगी में पहले कभी की हैं। इस पत्र में मैं कुछ ऐसे विचार दर्ज़ कर रहा हूँ, जो सिर्फ़ तुम दोनों के लिए ही नहीं बल्कि उन सभी के लिए हैं जिन्हें लगे कि वह इनसे लाभ उठा सकते हैं।

अशनी, तुमने एक वैचारिक डिज़ाइनर बनने का प्रशिक्षण लिया है। और तुमसे मैंने सीखा है कि सभी चीज़ों का स्त्रोत चिन्तन है। चिन्तन से विचार और विश्वास उपजते हैं जो हमारे व्यवहार, जीवन, और व्यवसाय को आकार देते हैं। तुम और मैं दोनों ही व्यवसाय में मानविकी के अध्ययन को जोड़ने में विश्वास करते हैं। हमें मानवशास्त्र, समाजविज्ञान, पुराण कथाओं और भारत की सांस्कृतिक विभिन्नता की गहराइयों में उतरना और इन सभी विषयों से प्रेरणा लेकर हमारे व्यवसाय में रणनीतिक विचारों का निर्माण करना भी पसन्द है। अवनी, तुम भी लिबरल आर्ट्स में प्रशिक्षित हो।

तुमने समाजविज्ञान, समाजों और राजनीति की पढ़ाई की है। मैं मानता हूं कि तुम्हारी शिक्षा और तुम्हारी रूचियां तुम्हें नए उपाय विकसित करने और उन्हें व्यवसाय में कार्यान्वित करने की अनूठी मज़बूती देती है।

पिछले कुछ दशकों में मुझसे कई बार पूछा गया है कि मेरी सफलता की कुन्जी क्या है, जैसा मैं हूँ वैसा मुझे किस चीज़ ने बनाया, और किन गोपनीय व्यवसायिक मन्त्रों ने हमारे बड़े व्यवसायिक समूह को खड़ा करने में मदद की है?

मुझे सभी से बस यही कहना है : व्यवसाय, और ज़िन्दगी के बारे में भी, जो कुछ भी मैंने सीखा है, उस बड़े संयुक्त परिवार में सीखा है जिसमें मैं पला-बढ़ा। मैंने हमारे घर के बड़े लोगों को देखकर लोगों और व्यक्तियों के आपसी सम्बन्धों के बारे में कुछ दिया सीखा। हमारे घरों में बच्चों की देखभाल एक सामूहिक ज़िम्मेदारी होती थी और हमारी ज़िन्दगी के विभिन्न पड़ावों में जो भी बड़े लोग हमारे आस-पास होते थे, बच्चे उन्हीं से मूल्य सीख लेते थे।

मुझे यक़ीन है कि व्यवसायिक शिक्षा लोगों को पूरी तरह से खांचों में बांध देती है। मैंने तुम दोनों को अकाउण्ट्स और बैलेन्स शीट्स के मामले में प्रशिक्षित नहीं किया लेकिन मैं खुश हूँ कि मैंने तुम्हारी रूचि मानविकी में बढ़ाई। फ़ाइनैन्स के सूक्ष्मभेद जानना बहुत ज़रूरी है लेकिन मैं जानता हूँ कि यह सब तुम जब व्यवसाय में रूचि लोगी तो यूं भी सीख लोगी। अगर तुमने पहले कक्षा में फ़ाइनैन्स और व्यवसाय सीखा होता तो मुझे यक़ीन है कि तुम ज़िन्दगी के नाज़ुक पहलुओं को समझने का हुनर नहीं सीख पाती। मनुष्यों, समाज, सामाजिक रीत और संस्कृति को समझने का हमारे उपभोक्ता व्यवसाय में बहुत ही महत्त्व है।

सतही स्तर पर, तुम पाओगी कि संसार ऐसे लोगों को महत्त्वपूर्ण मानता है जो बैलेन्स शीट्स और संख्याओं के बारे में चिकनीचुपड़ी बातें कर सकते हैं। लेकिन यह मेरा विश्वास और अनुभव है कि लम्बी अवधि में तो लोग ही मायने रखते हैं। यह इस पर निर्भर करता है कि तुम लोगों को कैसे समझते हो, तुम उनके साथ कैसा व्यवहार करते हो और कैसे

उन्हें प्रेरित करते हो, और कैसे तुम उनका नेतृत्व कर सकते हो और उन्हें चुनौती दे सकते हो, यही बातें तय करती हैं कि तुम कितने सफल और खुश हो। कक्षा में लिया गया प्रशिक्षण एक सीमा तक ही मदद कर सकता है। ज़िन्दगी मेरी सबसे बढ़िया अध्यापक रही है।

अशनी, अवनी, तुम दोनों मानवीय मूल्यों के महत्त्व के बारे में मेरी बातें सुनते हुए बड़ी हुई हो। मेरा विश्वास है कि ज़िन्दगी में कुछ दिया का मूल विचार है। मेरे लिए, व्यवसाय और निजी ज़िन्दगी के लिए कोई अलग-अलग मूल्य नहीं है। मेरे सभी मूल्य एक-दूसरे से गुंथे हुए हैं और जैसा मैं घर में करता हूँ वैसा ही काम के समय मेरा अपनी टीम से व्यवहार होता है।

मेरे लिए, मनुष्य के व्यवहार के बारे में जानना सब से अधिक आवश्यक है। एकबार अगर तुम जान लो कि मनुष्य जैसा व्यवहार करते हैं वैसा क्यों करते हैं, तो व्यवसाय सीखना आसान हो जाएगा। लेकिन यह बात इतनी आसान नहीं है जितनी सुनने में लगती है क्योंकि मनुष्यों और उनके रहस्यमय व्यवहार को जानना आसान नहीं है। तुम्हें यह जान लेना चाहिए कि मनुष्यों के मामले में चरम जैसा कुछ नहीं होता। हर सत्य परिस्थिति-सापेक्ष होता है। यह जान लो कि ज़िन्दगी सिर्फ़ सफेद या काली नहीं है - और सफ़ेद और काला, इन दो छोरों के बीच में बहुत कुछ होता है। यदि हम अपने चारों और देखें तो हम देख पाएंगे कि संसार भर में लगातार चरम सत्य की खोज़ चल रही है लेकिन असलियत में, मैं सोचता हूँ कि ऐसा कुछ भी नहीं है। हममें से प्रत्येक अपने अलग तरीके से सूचना को प्रसंस्कृत करता है। यह प्रसंस्करण हमारी पृष्ठभूमि और हमारे पालन पोषण पर निर्भर करता है और हमारा सत्य हमारी परिस्थितियों के अनूठे संयोग पर निर्भर होता है। अगर हम यह साधारण तथ्य स्वीकार करने में समर्थ होते हैं तो ज़िन्दगी चुनौती कम और सीखने की यात्रा ज़्यादा हो जाती है।

मैं जानता हूँ कि मैं एक सामान्य से हटकर पिता हूँ और हमारा पिता-पुत्री का सम्बन्ध असाधारण है। मैं तुम्हारे इशारों और पुकार पर ज़्यादा नाचता हूँ, बजाय एक अधिकारपूर्ण

पिता की तरह तुम्हारी ज़िन्दगी पर अपने नियम थोपने के मैं तो तुम दोनों से ही अज्ञा पाता हूँ!

अशनी, मुझे अभी भी याद है कि जब तुम किशोरी ही थी तो एक बार मेरे पास आई थी और यह पूछ कर मुझे दंग कर दिया था कि मैं तुम्हारी पहचान के बाकी पिताओं से अलग क्यों हूँ, मैं इस बात की निगरानी क्यों नहीं करता कि तुम दोनों अपने समय, अपने जेब ख़र्च का क्या करती हो, और अपने मित्रों के साथ बाहर कहां गई हो? तुम्हारा बचपन अलग तरह का रहा है और मुझे ख़ुशी है कि यह वैसा रहा क्योंकि तुम दोनों ने अपनी ज़िन्दगी का नक्शा वैसा ही बनाया है जैसे तुम अपनी ज़िन्दगी जीना चाहती थी।

ज़िन्दगी, भारतीयों की मन:स्थिति, अपनी पुराण कथाओं से सीखे जा सकने वाले पाठों पर हमारी लगातार बातचीत के परिणामस्वरूप तुम दोनों बहुत ही स्पष्ट विचारों वाली एकदम अलग तरह की मनुष्य बनी हो। और इससे मुझे बहुत ख़ुशी मिलती है।

अवनी, यह बात मुझे ख़ुशी से भर देती है कि तुम एक ऐसी व्यक्ति बनी हो जिसने बहुत यात्राएं की हैं और जो दुनिया भर के आश्चर्यजनक रूप से विविध उन लोगों का बहुत स्वागत करती है जिन्हें उसने विदेश में पढ़ाई के दौरान अपना मित्र चुना। आज, ऊर्जा और गतिशीलता की जो भावना तुम अपने कार्य में लगाती हो उसे देखकर मैं बहुत गर्वित होता हूँ। मुझे पूरा विश्वास है कि जैसे-जैसे तुम बड़ी होगी और अपनी ज़िन्दगी और काम में नई ऊंचाइयों को छुओगी, यह गुण तुम्हारे साथ बना रहेगा।

अशनी, तुम गहराई से सोचती हो। इतने सालों में तुम्हारे गहरे शोध और मैं कहूँगा कि भारतीय समाजों, उनके त्योहारों-रीति-रिवाज़ों, धार्मिक अनुष्ठानों और विश्वासों के तुम्हारे अनूठे अध्ययन ने, हमारे व्यवसाय में ज़बर्दस्त मूल्य-निवेश किया है। तुमने ग्राहक के व्यवहार के बारे में जो सामग्री जुटाई है और जिस तरीके से तुमने हमारे व्यवसाय के नवाचार और उसे पोसने वाले प्रकोष्ठ की अगुवाई की है उसने मुझे विश्वास दिला दिया है कि तुम जो भी व्यवसाय

करोगी उसमें तुम हमेशा सबसे श्रेष्ठ और आगे रहोगी। बल्कि, कभी-कभी जिस तरीके से तुम परिस्थितियों को संभालती हो और जिस तरह तुम काम के बारे में नए विचार देती हो उससे मुझे महसूस होता है कि तुम ज़िन्दगी और हमारे व्यापार को मुझसे बेहतर ढंग से समझती हो।

लेकिन मैं यह भी मानता हूँ कि यह एक लम्बी यात्रा की शुरूआत है। मैं यक़ीन करता हूँ कि जब तुम और बड़ी हो जाओगी, और ज़्यादा उपलब्धियां पाओगी, और ज़्यादा ज़िम्मेदारियाँ लोगी तब तुम्हें अपने आस-पास के लोगों की भावनाओं के प्रति और संवेदनशील होना होगा। मेरा निजी सिद्धान्त रहा है कि लोग मेरे बारे में क्या सोचते हैं इससे डरना नहीं चाहिए और कभी भी दूसरों से उम्मीदें नहीं बांधनी चाहिए। किसी से कुछ चाहने में तुम न सिर्फ़ ख़ुद को निराश करोगी बल्कि किसी और पर अपनी ज़रूरतों का बोझ लाद दोगी।

हालांकि मैंने तुम दोनों को अलग तरीके से सोचने और अलग होने को लेकर ख़ुश रहने के लिए प्रोत्साहित किया है लेकिन कभी- कभी सोचता हूँ कि कहीं मेरा तुम्हें यूं प्रोत्साहित करना अपनी ही तरह की चुनौतियाँ तो नहीं लाया? भले ही तुम अलग तरह से सोचती हो लेकिन तुम्हें हमेशा ही उन लोगों के प्रति खुलेपन और स्वागत का भाव रखना चाहिए जो तुम्हारी उम्मीदों पर खरे नहीं उतरते। कभी भी ख़ुद को मनुष्यों से अलग नहीं करना चाहिए, भले ही वे तुम्हारे बौद्धिक स्तर के न हों। दूसरों के साथ समय बिताना कभी भी तुम्हारे समय और ऊर्जा की बर्बादी नहीं होता। हर समय ही बौद्धिक रूप से प्रेरित होना सम्भव नहीं होगा लेकिन यह भी ठीक नहीं है कि तुम हर किसी से अपने ही जैसा होने की उम्मीद करो! प्रकृति की योजना में हमेशा ही सन्तुलन बना रहता है।

मैं शिक्षाविदों, डिज़ाइनरों, व्यापारिक लोगों के बीच वयस्क हुआ और उनमें से हर एक ने अपना ही खास प्रभाव मुझ पर छोड़ा, मुझे कुछ न कुछ सिखाया। मेरा लक्ष्य लगातार विभिन्नता को खोजना है और मैं उम्मीद करता हूँ कि यही तुम भी खोजोगी क्योंकि तब ज़िन्दगी तुम्हारी सबसे बड़ी

अध्यापक बन जाएगी। ज़िन्दगी में विभिन्नता का ही मज़ा है। मेरी बात का यक़ीन करो।

प्यारी अशनी और अवनी, सबसे महत्त्वपूर्ण पाठ जो मैंने ज़िन्दगी के शुरू में सीखा वह यह है कि दिमाग़ को विभिन्न विचारों, दृष्टिकोणों, संवेदनाओं के लिए खुला रखो; ऐसा करने से यह संकेत मिलता है कि हम लोगों और उनके उन विचारों को स्वीकार करते हैं जो हमारे अपने नहीं है और जब हम यह करने के योग्य होते हैं तो बाकी सब कुछ अपने आप ठिकाने पर आ जाता है। सबसे महत्त्वपूर्ण है अपने विचारों और कार्यों में लचीलापन रखना और दूसरे लोगों के विचारों और राय का आदर करने की क्षमता पाना।

मेरे लचीले व्यवहार के कारण ही हमारा बन्धनमुक्त सम्बन्ध सम्भव हो पाया है। हमने अपने बीच पीढ़ियों का अन्तर कभी भी महसूस नहीं किया क्योंकि मैं किसी भी व्यक्ति की कोई भी राय सुनने, उस पर विचार करने के लिए तैयार रहता हूं।

क्या मैं कोई विरासत तुम्हारे लिए छोड़ना चाहता हूँ? हाँ! लेकिन यह विरासत वह व्यवसाय नहीं है जो हमने खड़ा किया है। मैं तुम्हारे लिए जो छोड़ना चाहता हूँ वह यह विचार है कि जीवन सीखने की एक यात्रा है और धरती पर हमारा हर दिन कुछ नया सीखने का प्रयास होना चाहिए। जब तुम अपनी यात्रा इस विश्वास के साथ शुरू करोगी तो जीवन का तुम्हारा तरीका मेरे तरीके से अलग होगा। मैं यह कामना और आशा करता हूँ कि तुम जीवन की यात्रा का आनन्द लोगी। खुद सीखने का अपना ही मज़ा है।

प्यार और शुभकामनाओं के साथ,
डैड

के.वी. कामत

भारत के सबसे मशहूर बैंकर, कुण्डापुर वामन कामत को धन प्रबन्धन का सबसे महत्त्वपूर्ण पाठ उनकी माँ ने उन्हें तब सिखाया जब वह छोटे से तटीय शहर मंगलौर में इंजीनियरिंग कॉलेज के बेपरवाह जवान छात्र थे।

वह गृहस्थिन, जिसने अपनी सारी ज़िन्दगी उस छोटे से शहर में बिता दी थी, उन दिनों अपने बेटे को सिगरेट पीते देखकर भी उसे नहीं डांटती थीं। इसके बजाय उन्होंने उसे पैसे के बारे में एक साधारण सा पाठ पढ़ाया जिसे उन्होंने जीवनभर के लिए मन्त्र की तरह ग्रहण किया।

'क्या तुम जानते हो कि जितने पैसे तुम सिगरेट के धुएं में उड़ा देते हो उतना ब्याज कमा पाने के लिए किसी आदमी के बैंक खाते में कितने रूपए होने चाहिए? सिगरेट की जो डिब्बी तुम ख़रीदकर धुएं के छल्लों में उड़ा देते हो, उस की कीमत के बराबर ब्याज पाने के लिए कोई व्यक्ति कठिन परिश्रम करके पैसों का निवेश करता है।' उन्होंने अपने बेटे से कहा जो आगे जाकर भारत के निजी क्षेत्र के सबसे बडे बैंक, आईसीआईसीआई का वास्तुकार बना।

आज, कुण्डापुर वामन कामत भारत की तीसरी सबसे बड़ी आईटी कम्पनी इन्फ़ोसिस लिमिटेड के चेयरमैन हैं। वह आईसीआईसीआई बैंक के साथ भी उसके गैर-प्रबन्धक चेयरमैन के रूप में लगातार बने हुए हैं। कामथ का जीवन मंगलौर के एक छोटे-से गाँव में शुरू हुआ जहाँ वे अपनी दादी की निगरानी में बड़े हुए। उनकी दादी ज़बर्दस्त ढंग से आत्मनिर्भर स्त्री थीं जिन्होंने कामत को अनुभव करवाया कि लगन से भरी स्त्री चाहे तो क्या कुछ प्राप्त कर सकती है। इस मेकैनिकल इन्जीनियर ने बाद में सरकार समर्थित विकास वित्त संस्था का कायाकल्प कर के उसे भारत का सबसे बड़ा निजी ऋणदाता बनाया लेकिन उसने अपनी ज़िन्दगी के शुरूआती पाठ अपनी माँ से पाए। वह अपने परिवार में एक अग्रगामी स्त्री थीं जिन्होंने उन दिनों मंगलौर में स्थानीय निकाय के चुनाव में भाग लिया, और जीतीं, जब कम ही औरतें अपने घर और चूल्हे से बाहर की दुनिया के बारे में कुछ करती-कराती थीं। उनकी दृढ़ता को देखकर ही कामत ने औरतों की वास्तविक सम्भावनाओं की झलक पाई।

वह युवक आज भारत के कॉरपोरेट जगत के पथप्रदर्शकों में से एक है। उनकी ख्याति उन के आगे-आगे चलती है। वह एक ऐसे आदमी हैं जिन्होंने लगभग अकेले ही भारत की आधा दर्जन सबसे ज़्यादा पसन्दीदा स्त्री अगुवाओं का मार्गदर्शन किया। नई राह दिखाने वाली इन अगुवाओं ने अपना करियर तत्कालीन आईसीआईसीआई में एक्ज़ीक्यूटिव के रूप में शुरू किया था। 1990 के दशक में आईसीआईसीआई केवल परियोजनाओं के लिए ही वित्त उपलब्ध करवाने वाली विकास वित्त संस्था न रह कर विविध वित्तीय सेवाएं उपलब्ध करवाने वाले ऐसे समूह में बदल गया जो खुद और आईसीआईसीआई बैंक जैसे सहयोगी संस्थानों के माध्यम से वित्त उत्पादों और सेवाओं की एक बड़ी श्रंखला उपलब्ध करवा रहा था।

उनके लिए यह गर्व का विषय है कि उनके द्वारा तैयार की गई टीम की एक अधिकारी चन्दा कोचर आज सीईओ और मैनेजिंग डायरेक्टर के रूप में बैंक का संचालन कर रही हैं, जबकि अन्य महिलाएँ प्रतियोगी बैंकों और आर्थिक संस्थाओं का नेतृत्व कर रही हैं। उस स्नेही माँ की तरह जो अपने बच्चों के घोंसले में से उड़ जाने पर थोड़ी देर के लिए दुःखी होती है लेकिन यह सोच कर गर्व करती है कि वे अपनी व्यक्तिगत यात्राओं पर निकले हैं, कामत भी स्पष्ट गर्व के साथ अपनी तैयार की हुई अधिकारियों को उनके पसन्द के क्षेत्रों में बड़े क़दम उठाते देखते हैं।

सौम्यता से बात करने वाले जिन भद्रपुरूष से मैं मुम्बई स्थित आईसीआईसीआई मुख्यालय में मिली, वह अपनी अनेक उपलब्धियों को सामान्य मानते हैं और जोर देकर कहते हैं कि जिन स्त्रियों को उन्होंने तराशा है, अगर खुद उन में निरन्तर अपनी सीमाओं को तोड़ने की लगन न होती, तो उनकी यात्राएं और उपलब्धियाँ बिल्कुल सम्भव नहीं हो पातीं। उन छह अगुवाओं में से हर एक में चुनौती लेने और उसे ऐसी एकाग्र प्रतिबद्धता से निपटाने का माद्दा था जिससे उन्हें कुछ भी, कोई भी, नहीं डिगा सकता था।

शायद यह जीवन की मज़ेदार विडम्बना है कि उनकी अपनी बेटी, एक बहुत ही पढ़ी-लिखी युवती जिसने पढ़ाई और अपनी रूचियों के सन्धान में किशोरावस्था में ही घर छोड़ दिया था, पिटी-पिटाई लीक छोड़कर अब घर पर रहती अपने तीन बच्चों व बेहद व्यस्त डॉक्टर पति की देखभाल करती है। एक बहुत दृढ़ विश्वासी व्यक्ति ही यह कह सकता है कि उसे इस बात

से कोई फ़र्क नहीं पड़ता कि एक अमेरिकी शहर में गृहस्थिन की ज़िन्दगी जीने के कारण उनकी बेटी की सम्भावनाओं का शायद पूरा उपयोग नहीं हो पाया है। कामत को इस बात का श्रेय मिलना चाहिए कि वह अपनी बेटियों को पूरी तरह से समर्थन देते हैं।

वह बेटी अज्ञा को लिखे इस पत्र में लिखते हैं, 'सफलता का मतलब अलग-अलग लोगों के लिए अलग-अलग होता है और यदि आपने यह निर्णय ले लिया है कि जब तक आप अपना परिवार पूरा करते हैं और अपने बच्चों को उन्हें जितनी ज़रूरत है, उतना ध्यान दे रहे हैं, तब तक आपका करियर आपका इन्तज़ार कर सकता है; तो ऐसा कर पाना अपने आप में तुम्हारी सफलता का पैमाना है।'

प्रिय अज्ञा,

तुम सोचोगी कि यह अपनी बेटी के लिए एक स्नेही पिता का लाड़ भरा पत्र होगा। लेकिन मेरे लिए यह एक वार्तालाप है खुद के साथ, उन सभी चीज़ों के बारे में जो इतने सालों में पता नहीं मैं तुम से कह पाया या नहीं कह पाया।

बेशक, तुम जानती हो कि, जब तुम पैदा हुईं, वह बहुत ही महत्त्वपूर्ण समय था न सिर्फ़ तुम्हारी माँ और मेरे लिए बल्कि हमारे पूरे कुटुम्ब के लिए क्योंकि तुम अपनी ननिहाल और ददिहाल में अपनी पीढ़ी में पहली लड़की थी। हालांकि हम तुम्हारे भाई को पहले से ही प्यार करते थे, तुम्हारा हमारे जीवन में आना अद्भुत अनुभव था - सिर्फ़ इसलिए नहीं क्योंकि हम सभी गलतियां और प्रयोग करते हुए एक शिशु-कन्या को पालना सीख रहे थे, बल्कि इसलिए भी क्योंकि तुमने मुझे जीवन के बारे में बहुत कुछ सिखाया। तुम अब भी यही करती हो, बल्कि तीन बच्चों की माँ होने और शायद उसी भूमिका के कारण आई अक्लमन्दी के बाद तो और भी ज़्यादा।

अक्सर, मुझसे तुम्हारे सन्दर्भ में पूछा जाता है, 'आप

भारत की कुछ सबसे ज़्यादा सफल, महिला अगुवाओं को तराशने और उनके पथप्रदर्शन के लिए ज़िम्मेदार रहे हैं। आपकी अपनी बेटी ने घर में रहकर अपने बच्चों को पालना तय किया। कैसा महसूस होता है?'

और मेरा उत्तर हमेशा स्पष्ट रहता है। मैं बताता हूं कि मैं सकारात्मकता के साथ लिए तुम्हारे इस निर्णय की प्रशंसा करता हूँ, यह तुम्हारा अपने ऊपर आत्मविश्वास दिखाता है। सफलता का मतलब अलग-अलग लोगों के लिए अलग-अलग होता है और यदि आपने यह निर्णय ले लिया है कि जब तक आप अपना परिवार पूरा करते हैं और अपने बच्चों पर जितना ज़रूरी है, उतना ध्यान दे रहे हैं, तब तक आपका करियर आपका इन्तज़ार कर सकता है; तो ऐसा कर पाना अपने आप में तुम्हारी सफलता का पैमाना है।

अब तुम दूर अमेरिका में रहती हो। लेकिन वहाँ की अपनी हर यात्रा पर, मैं तुम्हें बहुत ही आत्मविश्वास के साथ तुम्हारे बच्चों को पालते हुए देखता हूँ और तुम्हारे चरित्र की उल्लेखनीय ताक़त और जिन्हें तुम मूल्यवान मानती हो, उन सब चीज़ों के प्रति तुम्हारी धुन की पक्की वचनबद्धता को देखकर चकित होता हूँ।

तुम्हें, तुम्हारे बच्चों के साथ देखकर मुझे अपने बचपन की याद आती है और मैं तुम्हारे साथ वे स्मृतियाँ और पाठ बांटना चाहता हूँ, जो मैंने अपने माता-पिता से सीखे। आशा करता हूं कि भले ही आज एकदम अलग ही दौर है, फिर भी अपने बच्चों को पालने में तुम इन्हें उपयोगी पाओगी।

मैं आज से कहीं ज़्यादा सरल संसार में पला-बढ़ा। हमारे गाँव में मेरे पिता की बहुत इज्ज़त थी - इसलिए नहीं कि हमारा मशहूर मंगलौर टाइल्स बनाने का पारिवारिक व्यवसाय था, बल्कि उनकी पढ़ाई की वजह से। उस ज़माने में लोगों का बहुत ज़्यादा पढ़ा-लिखा होना कुछ असाधारण-सी बात थी। मेरे पिता उन शुरूआती कुछ लोगों में से थे जो *1940* के दशक में स्नातकोत्तर पढ़ाई करने इंग्लैण्ड गए थे और आख़िर कुछ सालों बाद, पारिवारिक व्यवसाय को सम्भालने के लिए वापस घर आ गए।

सभी किशोरों की तरह मैं भी अपनी पढ़ाई को लेकर गम्भीर नहीं था और अक्सर दोस्तों के साथ यूं ही समय बिताता था। मेरे पिता मुझे बताते कि किसी भी मनुष्य को अगले स्तर तक और उसकी तत्कालीन परिस्थितियों से परे शिक्षा ही ले जाती है, धन नहीं। वह यह भी कहते कि हमें अपने जीवन के शुरूआती समय में ही नेतृत्व की स्थिति ले लेनी चाहिए; और इस बात पर ज़ोर देते थे कि बाकी सभी कुछ की ही तरह नेतृत्व भी सीखना पड़ता है।

मैं नेतृत्व के बारे में अपने पिता के प्रेरक वाक्यों से बिल्कुल भी प्रभावित नहीं था और हाईस्कूल के बरसों में मैं अपने समूह के उन दूसरे लड़को को उत्साहित करके ही खुश रहता था जो चीज़ों का नेतृत्व करते थे। फिर इन्जीनियरिंग के आख़िरी साल में मैंने अचानक निर्णय लिया कि छात्र परिषद के अध्यक्ष का चुनाव लड़ूंगा। 2,500 विद्यार्थियों द्वारा जिताया जाना बहुत से लोगों की उम्मीदों, कई समूहों की गतिशीलता को संभालने का अभ्यास था और इसमें मज़ेदार चुनौतियां थीं। ख़ैर जब मैं सचमुच अध्यक्ष चुन लिया गया तो मैंने अपने आपको गम्भीरता से लेना शुरू किया और मान पाया कि मैं सचमुच नेता बन सकता हूँ।

नेतृत्व कौशल के महत्त्व में अपने विश्वास के कारण मेरे पिता ने मुझे ऐसी परिस्थितियों में डाला जिनमें मैं सीख सकता। हर दोपहर, कक्षाओं के बीच के अन्तराल में मैं अपनी मोटरसाइकिल से मीलों दूर हमारी फैक्ट्री जाता और वहाँ तीन घण्टे कामकाज देखकर कॉलेज लौटता। उन दिनों मैं उस सब को लेकर बहुत उत्सुक नहीं था, लेकिन आज सोचता हूँ तो समझ पाता हूँ कि ज़िन्दगी में इतनी जल्दी ऐसा मौका पाना कितना मूल्यवान था।

वह अक्सर मुझसे कहते थे, 'तुम्हारी सच्ची सम्पत्ति तुम्हारी शिक्षा है। और बस यही वह चीज़ है जो मैं तुम्हारे लिए छोड़ जाऊंगा। पैसा नहीं, शिक्षा, तुम्हें संसार में हर जगह सहारा देगी'।

इन्जीनियरिंग की डिग्री पाने के बाद, जब मैंने उन्हें बताया कि मैं मैनेजमेण्ट की पढ़ाई आईआईएम, अहमदाबाद से करना चाहता हूँ तो वह तुरन्त मान गए, जबकि वह जानते थे

कि मेरे निर्णय का अर्थ शायद यह है कि मैं उनका व्यवसाय सम्भालने गाँव वापस नहीं जाऊंगा। यह उनका बड़प्पन्न था। वह इस हद तक शिक्षा का आदर करते थे। मैंने जो उनसे पाया वह है शिक्षा की विरासत, अगुवा बनने की प्रेरणा।

हालांकि मैं अपने पिता का आदर करता था लेकिन मेरी नज़दीकी अपनी माँ से थी और मैंने उनसे कई मूल्यवान पाठ पढ़े। आज, मुझे अक्सर आईसीआईसीआई में कुछ ऐसी काबिल औरतों का पथप्रदर्शक होने का श्रेय दिया जाता है, जो अब विभिन्न संगठनों का संचालन कर रही हैं। मैं इस बात पर तो ज़ोर देता हूँ कि इन औरतों में वह जो चाहती थीं, एकदम वही बनने का माद्दा था, लेकिन औरतों और नेतृत्व से मेरा शुरूआती साबका, माँ के माध्यम से पड़ा। वह एक निर्वाचित राजनीतिज्ञ थीं, - ज़िला परिषद की सदस्य पहले वह चुनी गईं, मेरे पिता बाद में। बाद में जब मेरे पिता ने अपना व्यवसाय सम्भालने और राजनीति में अपनी भूमिका बढ़ाने का निर्णय लिया (वे बाद में मंगलौर के मेयर बने थे) माँ ने अपनी अभिलाषाएं छोड़ी और क़दम पीछे खींच लिए।

औरतों और उनके कैसी भी नेतृत्वपूर्ण भूमिकाएं संभालने को लेकर मां के विचार स्पष्ट थे। अपने परिवार में वह विचार के स्तर पर नेता थीं। जब भी कोई निर्णय लेना होता था, तब सभी उन्हीं की राय मांगते। मुझे लगता है कि वह अपनी माँ, तुम्हारी परनानी, से प्रेरित थीं जिन्होंने मुझे चार साल की उम्र तक पाला। मुझे आज भी उनके साथ बिताए समय की धुंधली स्मृतियाँ याद हैं। मुझे याद है कि उनका मज़बूत व्यक्तित्व था और परिवार में फ़ैसले वही लेती थीं।

मैं वह बात कभी-कभी तुम में भी देखता हूँ। क्योंकि तुम्हारे पति डॉक्टरी में अपना करियर बना रहे थे इसलिए अपने बच्चों को पाल सकने के लिए तुम्हारा कानून और माइक्रोफ़ाइनैन्स में अपना करियर स्थगित करना, मुझे मेरी माँ के निर्णय की याद दिलाता है। लेकिन तुम्हारे मामले में, मुझे यक़ीन है कि तुम्हारा करियर ख़त्म नहीं हुआ है। हम अपनी पढ़ाई को लेकर तुम्हारी कोशिशों के बारे में जानते हैं और हमें मालूम है कि एक दिन उन सभी का बढ़िया उपयोग होगा।

मैंने अपनी माँ से कुछ और भी चीज़ें सीखीं हैं। तुम जानती हो कि यही चीज़ें हमारी जीवनशैली की नींव हैं। एक सबसे महत्त्वपूर्ण बात जो उन्होंने मुझे सिखाई, वह है बुरे समय के लिए बचत करने और सादा जीवन जीने का महत्त्व।

वह पैसे के मामले में बहुत समझदार थीं। इन्जीनियरिंग कॉलेज की पढ़ाई के दौरान और उसके बाद भी, मैं सिगरेट पीता था। एक बार उन्होंने यूं ही मुझसे पूछा कि सिगरेट कितने की आती है और जब मैंने उन्हें उसकी कीमत बताई तो वे बोलीं, 'क्या तुम जानते हो कि जितने पैसे तुम सिगरेट के धुएं में उड़ा देते हो उतना ब्याज कमा पाने के लिए किसी आदमी के बैंक खाते में कितने रूपए होने चाहिए? सिगरेट की जो डिब्बी तुम खरीदकर धुएं के छल्लों में उड़ा देते हो, उस की कीमत के बराबर ब्याज पाने के लिए कोई व्यक्ति कठिन परिश्रम करके पैसों का निवेश करता है'। मां का और मेरा यह वार्तालाप उस समय हुआ था जब लोगों की वार्षिक आय *10,000* रूपए से भी कम होती थी। तो कुल मिलाकर वह जो कह रही थी वह यह था कि यदि वह *3,000* रूपए बचा लें, तो वह *300* रूपए ब्याज़ में पा लेंगी, और वह मुझसे कह रही थीं कि मैं सोचूँ कि मैं ब्याज़ के कितने रूपए धुंएं में उड़ा देता हूँ।

मेरे सिगरेट पीने के विषय में यही एक वार्तालाप माँ के और मेरे बीच हुआ था। इसका सीधा सा गणित यह था कि मैं कितना कमा रहा हूँ और उसमें से कितना धुंए में उड़ा देता हूँ। वह सरल सिद्धान्त बहुत लम्बे समय तक ख़र्च के बारे में मेरे हर निर्णय की कसौटी बना रहा।

तुम्हें याद होगा तुम्हें और तुम्हारे भाई को, तुम्हारी माँ और मैंने कितने साधारण तरीके से पाला। तुम्हें सिर्फ़ वही मिलता जो हमारे बूते के अन्दर होता था और बाकी चीज़ों के बारे में हम तुम्हें समझाते थे कि तुम्हें उनके बिना ही रहना होगा। मुझे खुशी है कि तुम अपने बच्चों को उन्हीं मूल्यों के साथ पाल रही हो। वैसे कभी-कभी मुझे लगता है कि तुम उनके साथ कुछ ज़्यादा ही कठोर और दृढ़ हो!

परिवार में एक और अलिखित लेकिन हम सभी के मन में पक्के तौर पर अंकित नियम था, ईमानदारी से जीने और उन आदर्शों से समझौता न करने का जिन पर हम विश्वास

करते हुए बड़े हुए थे। राजनीति में मेरे पिता का करियर खास ऊँचाई तक नहीं पहुँचा पाया क्योंकि वह भ्रष्ट नहीं थे। वह इतने ज़्यादा ईमानदार थे कि व्यवस्था का हिस्सा नहीं बन सकते थे। उन्होंने उस व्यवस्था से बाहर रहने का निर्णय लिया जो उन्हें वह इन्सान नहीं बना रहने देती जैसे वह थे। हमारे घर का आधारभूत नियम ईमानदारी और अपने विश्वासों को निष्कपट रूप से व्यक्त करने की स्वतन्त्रता था। इसी नियम ने मेरी निजी और व्यवसायिक उन्नति का पथ प्रकाशित किया।

तुम्हारी माँ और मैंने, बिना डरे अपने विचार व्यक्त करने की तुम्हारी योग्यता की झलक तब देखी थी जब तुम कुल *13* साल की किशोरी थीं और हम मनीला चले गए थे, जहाँ मैंने कुछ काम लिया था। तुम्हें याद है इसके कुछ ही साल बाद जब मैंने एक दूसरे प्रोजेक्ट के लिए इण्डोनेशिया जाने का निर्णय लिया और तुमने हमारे साथ जाने से इन्कार कर दिया था? हमें बड़ा धक्का लगा और हम सदमे में आ गए थे। तुम अड़ी हुई थी कि तुम इण्टरनैशनल बैकालॉरिएट (आई.बी.) की पढ़ाई पूरी करने के लिए मनीला में ही रूकोगी क्योंकि यह तुम्हारा आखिरी साल है। तुमने कहा कि तुम पारिवारिक मित्रों के साथ रूक कर अपना कोर्स खत्म करना चाहोगी।

16 साल की उम्र में ही तुमने हमें दिखा दिया था कि न केवल तुम्हारे अपने विचार हैं बल्कि तुम में नेतृत्व करने की क्षमता भी है। तुमने खुद ही पहल करके पता लगा लिया था कि इण्डोनेशिया में तुम्हारा कोर्स किस तरह पढ़ाया जाता है। तुमने हमें बताया कि अगर हमने तुम्हें साथ ले जाने पर ज़ोर दिया तो यह तुम्हारी शैक्षिक उन्नति के लिए ठीक नहीं होगा।

यह तुम्हारी यात्रा की शुरूआत ही थी। कुछ सालों बाद जब मैं और तुम्हारी माँ वापस भारत आ गए, तुमने अपनी रूचियों को पूरा करने का निर्णय लिया। तुम इंग्लैण्ड में, ऑक्सफोर्ड के एक कम अवधि के समर स्कूल में पढ़ने गईं, और फिर अमेरिका में स्वयं अपनी रूचियों का सन्धान शुरू किया। मुझे लगता है कि तुम्हारी उग्र स्वाधीनता ने तुम्हें जीवन के बहुत से पाठ पढ़ाए जो भूले नहीं जा सकते और जिन्होंने नेतृत्व की तुम्हारी योग्यता को उभारा।

तुम्हारी माँ को और मुझे वह दौर याद है जब तुम अमेरिका में स्मिथ कॉलेज के महिला छात्रावास में डेप्यूटी थीं और तुमने हॉस्टल की कुछ निवासियों द्वारा अक्सर दावतें करने और नियमों के उल्लंघन पर कड़ा रूख अपनाया था। तुम इस विषय में कदम उठाने को लेकर बहुत चिन्तित थी। मुझे याद है कि तुम मुझे फोन करके इस विषय पर बात करती थीं, लेकिन जब तुमने दोषी निवासियों के विरूद्ध कार्रवाई की तो फ़ैसला पूरी तरह तुम्हारा अपना था। सभी लोगों ने इसे बहुत पसन्द नहीं किया था लेकिन तुम अपनी लोकप्रियता के अस्थाई रूप से कम होने से डगमगाई नहीं। दीर्घावधि में तुम कैम्पस की विश्वसनीय और प्यारी अगुवा बन गई थी। एक नेता को अक्सर ऐसे निर्णय लेने पड़ते हैं जो उसे लोकप्रिय नहीं बनाते, लेकिन उसे वही करना होता है जो उसे लगता है कि संगठन और वृहत् समाज के लिए उचित है। मैंने सीखा है कि किसी स्थिति का प्रभार लेना और उग्रता बढ़ाए बिना उसका हल निकालना सम्भव है। तुम्हें बस अपने निर्णय पर दृढ़ व कठोर बने रहना होगा।

यह बात मुझे फिर से तुम्हारे कानून या माइक्रोफ़ाइनैन्स, जिसे तुमने थोड़े समय के लिए अपनाया था, में करियर बनाने के बजाय गृहस्थिन बनने के निर्णय पर ले आई है। अक्सर दुनिया में, पूर्णकालिक गृहस्थी सम्भालने वाली औरतों को समाज में वह स्थान नहीं मिलता जो कामकाजी औरतों को मिलता है। कभी-कभी लिंग असमानता के विषय पर वाद-विवाद कार्यस्थल पर हावी हो जाते हैं।

मेरे लिए, एक ऐसे संगठन का मुखिया होने का अनुभव, जो देश की कुछ सबसे ज़्यादा तेजस्वी कामकाजी औरतों का घर ही था, सीखने की एक यात्रा रहा है। शायद एक ऐसे परिवार में पले-बढ़े होने के कारण, जिसमें औरतें लगभग नहीं थीं, मैं कार्यस्थल पर औरतों को लिंग भेदविहीन दृष्टि से देखता हूँ। मैं सोचता हूँ कि चलन के मुताबिक सही दिखने के चक्कर में हमने अपने कार्यस्थलों पर बहुत से पूर्वाग्रह बना दिए हैं और यह बात समझ तक नहीं पाए। ज़्यादातर तो ऐसा इसलिए होता है क्योंकि हम किसी परिस्थिति को औरतों के नज़रिये के बजाय अलग नज़रिये से देखते हैं।

मुझे शक है कि बहुत बार किसी औरत को अलग तरह की ज़िम्मेदारियाँ उसके उन्हें पूरा करने में असमर्थ होने के कारण नहीं, बल्कि किसी व्यक्ति के इस विश्वास के कारण नहीं सौंपी जातीं कि उसे ऐसा करने के लिए कहना उचित या उस औरत के प्रति सही नहीं रहेगा।

मैंने यह समझने का पहला पाठ, कि एक औरत कुछ अलग तरह से देखती है, आईसीआईसीआई में, *1996* में, सीखा। उस समय मैं चीफ एक्ज़ीक्यूटीव ऑफ़िसर था और स्त्री कर्मचारियों का घर लौटने के लिए देर रात की उड़ानें लेना या उनका देर रात तक ऑफ़िस में काम करना मुझे चिन्तित करता था। अपनी टीम के साथ एक मीटिंग में, जिसमें काफ़ी संख्या में औरतें भी मौजूद थीं, मैंने इस सरोकार पर बात की और उनसे पूछा कि वे कितना सुरक्षित महसूस करती हैं। इस के जवाब में मुझे खाली नज़रें मिलीं, किसी ने भी मेरे प्रश्न का उत्तर नहीं दिया। तब मुझे समझ में आया कि बजाय अपनी महिला सहयोगियों की सामर्थ्य को सीमित करने के, बेहतर होगा कि हम कल्पित जोखिमों को लेकर खुद की चिन्ताओं को कम करें।

जोखिम और अपनी नौकरियों को लेकर औरतों का अलग नज़रिया है और हम (समाज अथवा संगठन के पुरूष) इन के बारे में अनावश्यक रूप से रूढ़-छवियों का निर्माण न करें।

आईसीआईसीआई में हमने लिंग समानता का लक्ष्य पाने के लिए अलग से कुछ नहीं किया। हम भर्ती के चरण से ही लिंग-निरपेक्ष थे। लेकिन सच्चाई यह है कि सभी पुरूष इस तरह नहीं सोचते, इसलिए कभी-कभी सन्तुलन डगमगा जाता है। कहीं न कहीं हम पूर्वाग्रहों को जगह दे देते हैं; लगातार सतर्क रहकर ही हम इससे बच सकते हैं। समस्या का हल हमारे अन्दर ही है, बाहर नहीं।

मेरिट प्रक्रिया लागू हो जाने के बाद आईसीआईसीआई में लिंग-असमानता का सवाल ही नहीं रह गया। हम योग्यता और काम की गुणवत्ता के आधार पर कर्मचारियों का मूल्यांकन करते थे। मूल्यांकन की हर साल समीक्षा होती और लोग जिस ज़िम्मेदारी को उठाने योग्य होते थे, वह उन्हें दे दी

जाती थी। यह कर लेने के बाद आप ऐसी स्थिति में पहुंच जाते हैं जब आप सोचते ही नहीं कि आप के सामने मौजूद कर्मचारी स्त्री है या पुरूष। और तभी आप कह सकते हैं कि आपका संगठन सही अर्थों में लिंग-निरपेक्ष है। हमें इस स्थिति तक पहुँचने में 3-4 साल लगे, लेकिन हमारे प्रयास रंग लाए। कार्यस्थल पर सकारात्मक कार्यवाही की ज़रूरत पर चलने वाली बहस के बावजूद मुझे पूरा विश्वास है कि 'सकारात्मक कार्यवाही नहीं' ही सबसे बढ़िया तरीका है। बहरहाल, हमें भी यह सुनिश्चित कर लेना चाहिए कि यह करते हुए हमारा चित्त भी निरपेक्ष रहे।

अक्सर, जल्दी से की गई सकारात्मक कार्यवाही बहुत जोख़िम भरी होती है और इस से कार्यस्थल पर महिला सहकर्मियों के प्रति शत्रुता का भाव तैयार होने का ख़तरा पैदा हो जाता है। मैं कह सकता हूँ कि दीर्घावधि में सिर्फ़ योग्यता ही काम करती है।

अन्ना, तुम्हें तुम्हारे बच्चों के साथ देखकर मैं कई बार अपने बचपन को याद करता हूँ। कभी-कभी मैं बच्चों को पालने-पोसने के तुम्हारे कुछ कठोर तरीके से भले ही सहमत न रहूँ, लेकिन मैं जानता हूँ कि बच्चों से ज़रा सख़्त बनना तुम्हारे लिए ठीक है। बस मेरे अन्दर का नाना मुझसे कुछ ऐतराज़ करवाता है।

जब तुम बड़ी हो रही थी तो तुम्हारे दादा-दादी और तुम्हारे माता-पिता तुम्हें नेतृत्व के गुण अपनाने को प्रेरित करते रहते थे। और कई तरह से तुमने यह गुण अपनाए भी। तुमने बहुत सी चीज़ों के साथ प्रयोग करने का शौक ज़ाहिर किया, जैसे उस दौर में जापानी भाषा सीखना जब ऐसा करना फ़ैशनेबल नहीं था। तुम्हारी माँ बहुत मज़बूत मानस की स्वामिनी हैं लेकिन उन्होंने हमारे परिवार में सहायक भूमिका लेने का निर्णय लिया। उन्होंने तुम्हें और तुम्हारे भाई को पाला और शायद तुम उन पर ही गई। उन्होंने हमारे बच्चों के पालन-पोषण को अपना पूर्णकालिक कार्य बनाया और अब तुम ऐसा कर रही हो। मैं देखता हूँ कि तुम्हारे पति और बच्चे जो कुछ भी करते हैं उस सबमें तुम कितनी सहायता करती हो। और घर चलाने की ज़िम्मेदारी के सन्दर्भ में बहुत स्पष्ट

सीमा रेखाएं तय करके तुमने जिस तरह चीज़ों को सरल बनाया है, उस की मैं प्रशंसा करता हूँ।

अन्ना, तुमने ज़िन्दगी की बहुत सी चीज़ें अपने माता-पिता और दादा-दादी को सिर्फ़ देखकर ही सीखी हैं और मुझे आशा है कि तुम यह बात समझोगी कि तुम्हारे बच्चे भी जीवन में अपने माता-पिता के व्यवहार को देखकर व्यवहार करना सीखेंगे। बच्चे अपने परिवार और आस-पास के समाज के साथ अपने सम्बन्ध और व्यवहार अपने माता-पिता के व्यवहार का अनुकरण करके तय करते हैं। तुम अपने आस-पास के लोगों से जैसा व्यवहार करते हो उसका तुम्हारे अपने बच्चों के मानस पर बहुत प्रभाव पड़ता है और मैं जानता हूँ कि तुम यह बाते हमेशा याद रखोगी। यह बात नैतिकता और ईमानदारी पर भी लागू होती है। बच्चे पथ-प्रदर्शन के लिए अपने माता-पिता की ओर देखते हैं और वह उन्हें जो करते देखते हैं वह उनके मन में पक्के तौर पर जम जाता है।

यह पत्र मैं इस विचार के साथ ख़त्म करना चाहता हूँ कि माता-पिता अपने बच्चों को जीवन के कई पक्षों के बारे में बताते हैं और बहुत से कारणों से उन्हें अन्य पक्षों से परिचित नहीं करवा पाते। मैं सोचता हूँ कि माता-पिता अगर अपने बच्चों को देखकर सीखने के लिए प्रोत्साहित करें तो वे बच्चों का बड़ा भला करेंगे। अपनी ज़िन्दगी वैसे जियो जैसी तुम चाहती हो कि तुम्हारे बच्चे जियें और समझदार बनें।

आख़िर में, मैं कहना चाहता हूँ कि अपना करियर न बनाने का जो निर्णय तुमने लिया उस पर मुझे खेद हो सकता था, लेकिन अपने परिवार पर ही पूरा ध्यान लगाने के तुम्हारे इस निर्णय की मैं सचमुच प्रशंसा करता हूँ। इससे ज़्यादा गर्व की बात कुछ नहीं हो सकती कि किसी में अपने दिल की बात पर अमल करने का साहस और दृढ़ निश्चय है। मुझे तुम पर गर्व है।

प्यार के साथ,
डैड

मल्लिका साराभाई

मल्लिका साराभाई के व्यक्तित्व के कई पहलू हैं, वह एक बैचैन, जीवन्त आत्मा हैं जो सामाजिक पाबन्दियों और सीमाओं में कैद नहीं होना चाहती। उनकी विविध रूचियाँ हैं। वह एक नृत्यांगना हैं, नृत्य निर्देशक, सामाजिक कार्यकर्त्ता, लेखक, प्रकाशक और टिप्पणीकार हैं। लेकिन सब से बढ़कर वह एक मनुष्य हैं जिसका हृदय हमारे देश की उन औरतों के लिए धड़कता और महसूस करता है जो भारत के गांवों में रहती हैं, जो चुपचाप एक बेपरवाह समाज द्वारा उन पर थोपा गया अपमान सहती हैं। कई बरस से अपने घुमन्तू नृत्य समूह द्वारा प्रस्तुत नृत्य नाटिकाओं के माध्यम से मल्लिका औरतों पर होनेवाले अन्याय का कठोरता से विरोध करती रही हैं। उनके कार्यों में भारत के ग्रामीण क्षेत्रों में यात्राएं करके कन्या-भ्रूण हत्या, बाल-विवाह और प्रसव सम्बन्धी समस्याओं के चलते माताओं की मृत्यु के बारे में लोगों को जागरूक करना भी शामिल है।

मल्लिका खुद एक ऐसे परिवार में पैदा हुईं जिस की स्त्रियाँ बहुत ही मज़बूत थीं - उनकी नृत्यांगना माँ मृणालिनी साराभाई; उनकी मौसी, स्वतन्त्रता सेनानी कैप्टन लक्ष्मी सहगल; और उनकी मज़बूत, इरादे की पक्की परनानी जिन्होंने 1921 में केरल के मोपला विद्रोह के दौरान केरल के मालाबार क्षेत्र में उनके घर पर हमला करने आए ज़मींदार के खेतों में काम करने वाले क्रोध में पागल हुए लोगों को प्यार से समझाकर उन्हें मित्र बना लिया था। उस नायर विधवा ने हमलावर भीड़ के आने का इन्तज़ार किया, उनके लिए खाना बनाया, और उन्हें उनके घरों को वापस भेज दिया - आराम से।

मल्लिका की ज़िन्दगी में सबसे ज़्यादा और निरन्तर प्रभाव उनके पिता विख्यात भौतिकीविद् और भारत के अन्तरिक्ष कार्यक्रम के जनक, डॉ. विक्रम साराभाई का रहा जिन से उन्होंने सतत् सकारात्मकता का उपहार पाया है। उनके ही ज़ोर देने पर मल्लिका ने आईआईएम, अहमदाबाद से बिज़नेस मैनेजमेण्ट की डिग्री ली ताकि एक ऐसी संस्था बनाने में अपने पिता की मदद कर सकें जो आय और लाभ के सीमित विचारों की चिन्ता किए बिना काम करे। वे अपनी बेटी को उनकी इच्छा को पूरा करते हुए नहीं देख पाए लेकिन पिछले तीन बरस से मल्लिका दर्पण संस्था का संचालन कर रही हैं जिस की स्थापना उनकी माँ ने की थी। मल्लिका ने सस्था को कला के माध्यम से

सामाजिक कुरीतियों को दूर करने का केन्द्र बना दिया है।

मल्लिका को पीटर ब्रुक द्वारा निर्देशित 'महाभारत' में द्रौपदी के प्रेरणादायी अभिनय के लिए भी याद किया जाता है। यह नाटक पाँच बरस तक मंचित हुआ - पहले फ्रेंच में, फिर अंग्रेज़ी भाषा में। इसका प्रदर्शन फ्रांस, उत्तरी अमेरिका, ऑस्ट्रेलिया, जापान और स्कॉटलैंड में भी हुआ। उस के बाद उन्होंने 'शक्ति : द पावर ऑफ़ विमेन' सहित बहुत सी कठिन एकल-अभिनीत मंच प्रस्तुतियाँ दी हैं जो औरतों की अन्तर्निहित मज़बूती की बात करती हैं।

यह कविता लगभग दो दशक पहले उनकी अजन्मी बेटी के लिए लिखी गई थी। अनाहिता अब एक उत्कट नृत्यांगना हैं और दर्पण का हिस्सा हैं। वह मंच पर अपनी माँ का, और कभी-कभी अपनी नानी का भी, साथ देती हैं।

अनाहिता के लिए

एक लोरी

माँ पालने को झुलाती गुनगुना रही है। वह रूकती है, उस में झाँकती है और गाती है :

अभी न सोओ मेरी बिटिया रानी
तुम्हें सुनानी है एक कहानी।
लम्बी कहानी, कठिन कहानी
एक बहुत अच्छी कहानी
जो चाहो तुम अपनी बिटिया को सुनानी।

चारों ओर एक संसार है -
मूर्खों और गुलामों का

डरे हुए आदमियों
और निर्बुद्ध औरतों का संसार।
वे हमें बस औरतों की तरह देखते हैं,
लोग नहीं, मनुष्य नहीं, सामान्य नहीं;
बस लड़की, औरत, गुस्ताख़, वेश्या,
दूसरों की सम्पत्ति, बोझ,
जिनसे छुटकारा पाना है
जल्द से जल्द।

वे कहेंगे कि तुम अभिशाप हो
खाने के लिए एक मुँह
जो कुछ पैदा नहीं करता।
वे कोशिश करेंगे
तुम्हें भूखा रखने की, जलाने की,
तुम्हें विद्यालय से दूर रखने की।
वे तुम्हें डराने की कोशिश करेंगे
और ज्ञान व शक्ति से दूर रखेंगे।

लेकिन वे नहीं जानते, रहस्य
जो मैं तुम्हें बता रही हूँ।
दुनिया बदली है
उनके आस-पास भी
लेकिन डर से अन्धे हैं वे
उसे देख नहीं पाते।

लेकिन तुम जान लो –
तुम कर सकती हो

तुम काम कर सकती हो,
और लड़ाई और बातें
और नाच, और सीखना, और गाना।
सब अपने आप
उनकी मदद के बिना
उनकी इजाज़त के बिना
आशीर्वाद, मार्गदर्शन के बिना।

और तब, अगर तुम चाहो तो
हाथ बढ़ाकर चुन सकती हो
वह साथी, जो तुम्हें समझ सके।

उनकी पाबन्दियों पर ध्यान न दो
तुम उड़ सकती हो, कूद सकती हो
दौड़ सकती हो, लिख सकती हो
क्योंकि तुम एक औरत हो
एक ऐसी दुनिया में
जहाँ हम अकेली खड़ी हो सकती हैं।

वे लड़ेंगें, पत्थर फेंकेंगे, देंगे गालियाँ
तुम वह रोशनी बनोगी
जो उनकी ताकत को शिकस्त देगी
वे तुम्हें भूखा रखेंगे, तुम्हें नीचे फेंकेंगे,

लेकिन तुम पहचानोगी
भीतर की रोशनी को
जो देगी तुम्हें सच्चाई, मज़बूती और साहस

और सबसे बढ़कर
ख़ुशी
जो वो कभी नहीं दे पाएंगे
और रोक भी नहीं पाएंगे।

तुम्हें एक राज़ बता रही हूँ बिटिया
जो तुम्हें सभी बिटियाओं को बताना है
आनन्द से भरा
भविष्य हमारा है
इतिहास की औरतों से
और आज की कुछ बहादुर औरतों से
चिंगारी ले लो
दिये जलाने के लिए
करोड़ों दिये
कल की उन औरतों के लिए
जो होंगी आज़ाद।

नारायण मूर्ति

ज़्यादातर भारतीयों के लिए इन्फ़ॉर्मेशन टेक्नोलॉजी कम्पनी इन्फ़ोसिस लि. के सह-संस्थापक नारायण मूर्ति एक बुद्धिमान राजनेता हैं। वह ऐसे व्यक्ति हैं जिनका उनके ज्ञान की वजह से सम्मान होता है और जिनका आदर उनके औद्यौगिक जगत के मित्र और व्यवसायिक सहयोगी, दोनों ही करते हैं।

लेकिन दो छोटे बच्चों की माँ अपनी बेटी अक्षता को लिखे इस मज़ेदार, हृदयस्पर्शी और आश्चर्यजनक रूप से ईमानदार पत्र में मूर्ति का एक आनन्ददायी रूप से सौम्य और अति संवेदनशील पक्ष सामने आता है। कुछ दिन पहले ही मूर्ति ने पत्र लिख कर मुझे बताया कि अक्षता ने 25 अक्टूबर को अपनी दूसरी संतान, बेटी अनुष्का को जन्म दिया है।

'यह काफ़ी जानीमानी सच्चाई है कि जब एक बेटी का विवाह होता है तो इसे लेकर पिता के मन में मिले-जुले भाव होते हैं। वह इस बात से नफ़रत करता है कि उसकी बेटी की ज़िन्दगी में कोई और है जिसे वह अपना प्यार देगी; एक सजीला, आत्मविश्वास से भरा, जवान आदमी बेटी का वह ध्यान पाएगा जो अब तक सिर्फ़ उसे ही मिला करता था। जब तुमने हमें बताया कि तुम्हें अपना जीवनसाथी मिल गया है, तब मैं भी थोड़ा उदास और ईर्ष्या से भरा था। लेकिन जब मैं ऋषि से मिला और उसे वैसा ही पाया जैसा तुम उसका बखान कर रही थी - बुद्धिमान, सजीला, और सबसे महत्त्वपूर्ण बात, ईमानदार - तो मैं समझ गया कि तुमने उसे अपना दिल क्यों चुराने दिया।' मूर्ति अपने ख़ूबसूरत पत्र में बेटी को ये बातें लिखते हैं।

मूर्ति का अपना दिल भी तब चोरी हो गया था जब वह अपनी बेटी से उसकी नानी के घर हुबली में उसके जन्म के कुछ दिनों बाद पहली बार मिले। तब वह नौजवान थे और मुम्बई में काम करते थे। मूर्ति कहते हैं कि बेटी के आने से उनकी ज़िन्दगी हमेशा के लिए बदल गई।

'मेरी प्यारी बच्ची, तुम्हारा पिता बनने ने मुझे इस तरह बदल दिया कि मैं जैसा पहले था, वैसा इन्सान नहीं बना रह सकता था। तुम्हारा मेरी ज़िन्दगी में आना इतनी ख़ुशियां लाया कि उनकी कल्पना भी नहीं की जा सकती, साथ ही एक बहुत बड़ी ज़िम्मेदारी मेरे कन्धों पर आ गई। अब मैं सिर्फ़ एक पति, एक बेटा और भारत में बहुत तेजी से बढ़ती हुई कम्पनी का एक ज़िम्मेदार कर्मचारी ही नहीं था, मैं एक पिता भी था जिसे अब अपनी बेटी के हीरो के रूप में बढ़ना था। एक ऐसा आदमी बनना था जो उसकी

नज़र में कभी ग़लत नहीं हो सकता। और अब मेरे पास कोई और विकल्प नहीं था, मुझे अपनी ज़िन्दगी में रोज़ ही अपनी बेटी की उम्मीदों पर खरा उतरना था। तुम्हारे जन्म ने मेरी ज़िन्दगी के हर पहलू के लिए कसौटी को और कड़ा बना दिया, यहां तक कि मेरी कामकाज़ी ज़िन्दगी के लिए भी। मेरे कार्यस्थल पर दूसरों के साथ मेरा व्यवहार अब और ज़्यादा सोचा-विचारा और नपा तुला हो गया। बाहर की दुनिया के साथ मेरा काम करने का तरीका और भी ज़्यादा विचारशील, शालीन और ज़्यादा समझदारी भरा होना चाहिए था मुझे हर मनुष्य से अधिक संवेदनशीलता और सौजन्य के साथ व्यवहार करना था। आखिरकार, किसी दिन तुम बड़ी हो जाओगी और अपने आस-पास की दुनिया को समझोगी और मैं नहीं चाहता था कि तुम कभी भी यह सोचो कि मैंने कुछ भी ऐसा किया है जिसे ग़लत कहा जा सके।'

मैं मूर्ति से बैंगलोर में पेड़ो से भरे, ख़ूबसूरत रिहायशी इलाके में स्थित उनके नए कार्यालय में मिली। कुछ ही दिन बाद उनके बेटे रोहन की शादी भारत के सबसे प्रतिष्ठित उद्योगपतियों में से एक, वेणु श्रीनिवासन की बेटी लक्ष्मी से होने वाली थी लेकिन उनके व्यवहार में ऐसा कुछ भी नहीं था जिससे लगता कि वह तनाव में हैं, क्योंकि दूल्हे के पिता होने के नाते उन्हें हज़ारों काम करने हैं। इसके बजाय छोटी कदकाठी के, चश्माधारी इन सज्जन ने जो सूचना प्रौद्यौगिकी के क्षेत्र में भारत की तीव्र प्रगति के मार्गदर्शक हैं, मुझे अपने बच्चों के बचपन के मज़ेदार किस्से सुनाए - उन्हें बिस्तर में लेटाना, उन्हें इतनी बेतुकी कहानियां सुनाना कि हंसते-हंसते उनकी आंखों से आंसू आ जाएं। और दबी हंसी के साथ अतीत को याद करते हुए मुझे ढेरो चाय पिला दी। मूर्ति को कठोर, पुराने ज़माने के प्रोफ़ेसर समझने की ग़लतफहमी हो सकती है, लेकिन उनसे साक्षात्कारों से मैंने जाना कि उनमें विकट हास्यबोध है और उनकी स्मृति ज़बर्दस्त है।

प्रिय अक्षता,

1980 में मुम्बई की अप्रैल की एक औसत आम शाम अचानक मेरे लिए खास बन गई - मुझे तुम्हारे जन्म की बहुप्रतीक्षित सूचना मिली।

उन दिनों हम घर में टेलीफ़ोन रखने में समर्थ नहीं थे, और मेरे तब के सहकर्मी, अरविन्द खेर, नरीमन पॉइण्ट के हमारे ऑफ़िस से बान्द्रा में हमारे घर यह बताने कि लिए आए कि तुम्हारी मां ने अपने पैतृक शहर, हुबली में तुम्हें जन्म दिया है।

'पिता बन कर कैसा लग रहा है?' अरविन्द ने पूछा।

मैंने बताया कि अपनी ज़िन्दगी में पहली बार मुझे बेहतर इन्सान बनने की सख्त ज़रूरत महसूस हो रही है।

क्योंकि अब कोई थी जिसकी निगाह में मैं कुछ भी ग़लत नहीं कर सकता था, जिसके लिए मैं हमेशा एक नायक रहूंगा, जिसका जीवन मेरे कार्यों से आकार पाएगा। मैंने उन्हें बताया कि मैं बहुत भारी ज़िम्मेदारी का अनुभव कर रहा हूं। मुझे लगता है कि, अरविन्द समझ रहे थे कि पिता बनने ने मुझे पूरी तरह अभिभूत कर दिया है।

अक्षता, पिता बनने ने मुझे इस तरह बदला कि मैं सोच भी नहीं सकता था कि यह सम्भव हो पाएगा। मैं जैसा पहले था, वैसा इन्सान नहीं बना रह सकता था। तुम्हारा मेरी ज़िन्दगी में आना इतनी ख़ुशियां लाया कि उनकी कल्पना भी नहीं की जा सकती, साथ ही एक बहुत बड़ी ज़िम्मेदारी मेरे कन्धों पर आ गई। अब मैं सिर्फ़ एक पति, एक बेटा और भारत में बहुत तेजी से बढ़ती हुई कम्पनी का एक ज़िम्मेदार कर्मचारी भर नहीं था। मैं एक पिता था जिसे अब अपनी बेटी के जीवन के हर चरण पर उसकी उम्मीदों पर खरा उतरना था।

तुम्हारे जन्म ने मेरी ज़िन्दगी के हर पहलू के लिए कसौटी को और कड़ा बना दिया।

मेरे कार्यस्थल पर दूसरों के साथ मेरा व्यवहार अब और ज़्यादा सोचा-विचारा और नपा-तुला हो गया, और बाहर की दुनिया के साथ मेरा काम करने का तरीका और भी ज़्यादा विचारशील, शालीन और ज़्यादा समझदारी भरा। मुझे हर मनुष्य से अधिक संवेदनशीलता और सौजन्य से व्यवहार करने की ज़रूरत महसूस होने लगी। आख़िरकार, किसी दिन तुम बड़ी हो जाओगी और अपने आस-पास की दुनिया को समझोगी और मैं नहीं चाहता था कि तुम कभी भी यह सोचो

कि मैंने कुछ भी ऐसा किया है जिसे ग़लत कहा जा सके।

मेरा मन अक्सर तुम्हारे जन्म के बाद के शुरूआती दिनों की ओर लौटता है। तुम्हारी मां और मैं तब जवान थे और अपने-अपने करियर में क़दम जमाने की कोशिश कर रहे थे। हुबली में तुम्हारे जन्म के दो महीने बाद हम तुम्हें मुम्बई ले आए, लेकिन जल्दी ही पता चला कि एक बच्चे के पालन-पोषण के साथ-साथ अपना करियर बनाना काफ़ी कठिन काम है। तब हमने निर्णय लिया कि तुम अपनी ज़िन्दगी के शुरूआती बरस हुबली में अपने नाना-नानी के साथ बिताओगी। निःसन्देह यह निर्णय लेना काफ़ी कठिन था, ऐसा करने में मुझे काफ़ी समय लगा। हर सप्ताहान्त मैं बेलगाँव के लिए हवाई जहाज़ लेता था और वहां से हुबली के लिए कार। यह बहुत ही महंगा था, लेकिन मैं तुम्हे देखे बिना नहीं रह सकता था।

मुझे जो बात हमेशा ही चकित करती थी वह थी तुम्हारा हुबली में अपनी एक छोटी सी, खुशियों से भरी दुनिया बना लेना, नाना-नानी, प्यार करने वाली मौसियों और रिश्तेदारों के बीच तुम अपने जीवन में हमारी अनुपस्थिति से बेख़बर थी।

मुझे अभी भी सप्ताहान्त में तुम्हारे नाना-नानी के घर के दरवाजे से भीतर आते, तुम्हें उठाते और खुद से सटाते मिली खुशी याद है। जैसे ही तुम मुझे देखती, तुरन्त पाला बदल लेतीं और बस हम जुदा न किए जा सकने वाली इकाई बन जाते। जितनी देर मैं वहां रहता, न तो तुम्हारे नाना-नानी और न ही ताची (तुम्हारी मौसी सुनन्दा) को हमारे आन्तरिक घेरे में आने की इजाज़त होती! यह देख कर सब लोग हैरान रह जाते और हम सब मिलकर खूब हंसते। बेशक, गोपनीय रूप से मैं तुम्हारी निष्ठा देख कर फूला न समाता। सब से बढ़कर, मैं अपने प्रति तुम्हारे विश्वास के लिए, ज़ो कि आज भी बना हुआ है, कृतज्ञ होता था।

जब तुम पांच साल की उम्र में वापस आईं, तो रात को तुम्हें और तुम्हारे भाई रोहन को बिस्तर में लेटाना एक रिवाज़ सा था। ज़्यादातर तुम्हारी मां ही तुम दोनों को बिस्तर में लेटातीं, लेकिन जब कभी मैं शाम को जल्दी आ जाता तो

मैं यह काम करना चाहता था। तुम्हें वह कहानियां याद हैं जो मैं तुम्हें उन रातों को सुनाता था? वे हमेशा बैंगलोर से हुबली तक की हमारी रेलयात्रा और जो भी स्टेशन रास्ते में पड़ते थे, उनके बारे में होती थीं। तुम पांच साल की थीं और रोहन डेढ़ साल का। हर बार मैं एक नया मनगढ़न्त किस्सा सुनाता था जो किसी स्टेशन पर हुआ होता था, और तुम दोनों बार-बार हैरत से भर उठते थे। तुम्हें कृष्णाराजसागर की हमारी सैर की कहानी याद है, वे मज़ाक, जो कई बार दोहराए जाने के बाद भी हंसा देते थे? हम तीनों हू-हू करते हंसते थे और तुम्हारी मां शयनकक्ष के दरवाज़े पर खड़ी हमारी खरमस्ती पर हैरान होती।

मुझसे अक्सर पूछा जाता है कि मैंने अपने बच्चों को क्या गुण दिये हैं। मैं उन्हें बताता हूं कि यह महान ज़िम्मेदारी तुम्हारी मां ने ही उठाई है और मैं सदा उनका शुक्रगुज़ार रहूंगा कि उन्होंने तुम्हें इतने बढ़िया लोगों के रूप में तैयार किया है। उन्होंने मूल्यों के बारे में ज़ुबानी तौर पर बताने के बजाय व्यावहारिक रूप से करके सिखाया। उन्होंने तुम्हें और रोहन को सादगी और आडम्बरहीनता का महत्त्व बताया। बैंगलोर का वाकया है, तुम्हें विद्यालय के नाटक में एक भूमिका के लिए चुना गया था जिसके लिए तुम्हें एक खास पोशाक की ज़रूरत थी। यह 80 के दशक में उन दिनों की बात है जब इन्फोसिस ने बस काम करना शुरू किया था, हमारे पास ग़ैर-ज़रूरी चीज़ें ख़रीदने के लिए पैसे नहीं थे। तुम्हारी मां ने तुम्हें बताया कि हम पोशाक नहीं ख़रीद पाएंगे और तुम्हें नाटक छोड़ देना चाहिए। बहुत बाद में, तुमने मुझे बताया कि तुम उस वाकये को पूरी तरह नहीं समझ पाई थी, और तुम्हें यह बात पसन्द नहीं आई थी। हम समझते हैं कि एक बच्चे के लिए यह थोड़ा कठिन काम था कि वह विद्यालय की खास घटना को भूल जाए, लेकिन हम जानते हैं कि तुमने उससे कुछ महत्त्वपूर्ण सीखा – आडम्बरहीनता का महत्त्व।

उसके बाद से हमारी ज़िन्दगी बदल चुकी है, अब हमारे पास पर्याप्त पैसा है। लेकिन तुम जानती हो कि हमारी जीवनशैली अब भी सादा है। मुझे याद है कि जब हमारे पास थोड़े पैसे आए तो मैंने तुम्हारी मां से बात की थी कि तुम

बच्चों को अब कार से विद्यालय भेजा जाए, लेकिन तुम्हारी मां ने ज़ोर दिया कि रोहन और तुम ऑटोरिक्शा में अपने सहपाठियों के साथ ही जाओगे। तुमने 'रिक्शा अंकल' से अच्छी दोस्ती कर ली थी और ऑटो में बाकी बच्चों के साथ मज़े करती थी। अक्सर ज़िन्दगी में होने वाली सबसे सरल चीज़ें सबसे सुखद होती हैं और वह मुफ़्त में मिलती हैं।

तुम अक्सर मुझसे पूछती थी कि हमारे घर में टेलिविज़न क्यों नहीं है जबकि तुम्हारे बाकी दोस्त टेलिविज़न पर देखी चीज़ों की चर्चा करते थे। तुम्हारी मां ने काफ़ी पहले ही यह तय कर लिया था कि हमारे घर में टी.वी. नहीं होगा ताकि हमारे पास पढ़ने, विचार-विमर्श करने और दोस्तों से मिलने का समय रहे। वह ज़ोर देती थीं कि घर पर सीखने के लिए प्रेरक वातावरण तैयार करना महत्त्वपूर्ण है। इसीलिए, हम हर रात *8* बजे से *10* बजे तक का समय ऐसी गतिविधियों में बिताते जिन्हें परिवार मिलजुलकर उत्पादक वातावरण में करता। जब तुम और रोहन विद्यालय का कार्य कर रहे होते थे, मैं और तुम्हारी मां इतिहास, साहित्य, भौतिकी, गणित और इंजीनियरिंग की किताबें पढ़ते या ऑफ़िस का कुछ काम करते थे।

यह काफ़ी जानी-मानी सच्चाई है कि जब एक बेटी का विवाह होता है तो इसे लेकर पिता के मन में मिले-जुले भाव होते हैं। वह इस बात से नफ़रत करता है कि उसकी बेटी की ज़िन्दगी में कोई और है जिसे वह अपना प्यार देगी; एक सजीला, आत्मविश्वास से भरा, जवान आदमी बेटी का वह ध्यान पाएगा जो अब तक सिर्फ़ उसे ही मिला करता था। जब तुमने हमें बताया कि तुम्हें अपना जीवनसाथी मिल गया है, तब मैं भी थोड़ा उदास और ईर्ष्या से भरा था। लेकिन जब मैं ऋषि से मिला और उसे वैसा ही पाया जैसा तुम उसका बखान कर रही थीं - बुद्धिमान, सजीला, और सबसे महत्त्वपूर्ण बात, ईमानदार - मैं समझ गया कि तुमने अपना दिल क्यों चुराने दिया। तब जाकर मैं इस बात को स्वीकार कर पाया कि अब तुम्हारा स्नेह उसे मिलेगा।

कुछ महीने पहले तुमने मुझे गर्व से भरा नाना बनाया। अगर तुम्हें पहली बार अपनी बाहों में लेने पर मुझे अवर्णनीय आनन्द मिला तो सैटा मोनिका के तुम्हारे घर में तुम्हारी

प्यारी बेटी कृष्णा को पहली बार देखकर मुझे एक अलग ही अनुभव हुआ। मैं सोचने लगा कि क्या अब से मुझे एक बुद्धिमान, शानदार बूढ़े की तरह व्यवहार करना होगा? लेकिन फिर मुझे बूढ़े होने और नाना बनने का लाभ समझ में आया। मुझे एक और बच्चे को जी भरकर लाड करने का सुख मिलेगा। और तुम जानती ही हो न कि कहा जाता है कि दादा-दादी, नाना-नानी और बच्चों के साझे शत्रु हैं - माता-पिता! मुझे पक्का पता है कि कृष्णा और मैं आखिर में मिलकर तुम्हारे बारे में बातें करेंगे, तुम्हारे बारे में शिकायतें करेंगे और एकमत हो कर तुम्हारी आलोचना करेंगे!

मज़ाक अपनी जगह है अक्षता, कृष्णा के होने से तुम्हें समझ में आएगा कि तुम पर कितनी बड़ी ज़िम्मेदारी आ गई है। कुछ मायनों में तुम यह बात पहले से ही जानती हो। याद है जब तुमने मुझे लिखा था कि ज़िन्दगी में पहली बार तुम समझ पा रही हो कि मैं पूरी तरह से पागल नहीं था कि जब तुम पढ़ने के लिए विदेश गईं थी तब यह जानने के लिए कि तुम ठीकठाक हो, तुमने ठीक से खाया और आराम किया और तुम हर तरह से आराम से हो, तुम्हें लगभग रोज़ फ़ोन करता था। जब तुमने मुझे बताया कि तुम भी अपनी नवजात बेटी के साथ वैसा ही करती हो - उसे थोड़ी-थोड़ी देर बाद देखती रहती हो, डरती हो कि उसने ठीक से दूध पिया है या नहीं, ठीक से सोई है या नहीं, जबकि तुम जानती हो कि वह पूरे दिन और पूरी रात सोती ही रहती है! मेरी प्यारी बच्ची, माता-पिता होने का यही मतलब है।

अक्षता, अब जब तुम्हारी ज़िन्दगी का अगला पड़ाव शुरू हो रहा है; मैं चाहता हूं कि तुम उस समय को याद करो जब तुम और रोहन बड़े हो रहे थे। तुम्हारी मां ने जब यह महसूस किया कि एक कॉरपोरेशन में इंजीनियर होने के कारण वह तुमसे और रोहन से बहुत समय तक दूर रहती है, तो उन्होंने वह नौकरी छोड़ दी और कॉलेज प्रोफ़ेसर बनने का फ़ैसला लिया। वह चाहती थीं कि जब तुम दोनों स्कूल से लौटो तो वह घर में हों।

तुम्हें घर आने और ठाठ से अपनी मां को विद्यालय की दिनभर की कहानियां सुनाना, गर्म नाश्ता करना और बाद

में शाम को उनके साथ अपना होमवर्क करना की याद है? मैं जानता हूं कि इस प्रतियोगी संसार में करियर पर ज़्यादा ध्यान दिया जाता है। लेकिन, भले ही जिस दुनिया में तुम रहती हो वह बहुत अलग है, फिर भी जो तुम्हारी मां के समय में महत्त्वपूर्ण था वह आज भी महत्त्वपूर्ण है।

बच्चे का होना एक बड़ी ज़िम्मेदारी है अक्षता। और बच्चा पालने के साथ ही अपने काम को शतप्रतिशत कर लेना तनी हुई रस्सी पर चलने के समान है। तुम भाग्यशाली हो कि अपने करियर से थोड़े समय के लिए छुट्टी लेकर अपने बच्चे की देखभाल कर सकती हो। इस देश की लाखों औरतों के पास यह विकल्प नहीं है। इन्फ़ोसिस में मेरी उन मांओं से बात हुई है जो अपने नन्हें बच्चों को घर पर छोड़ कर आती हैं और कार्यस्थल पर उन्हें लगातार बढ़िया काम करना होता है। उन से बात करते मुझे याद आता है कि तुम भी अपने जीवन में सन्तुलन बना रही हो, यह बात उनकी स्थिति को समझने और उनके प्रति विचारशील हो पाने में मेरी मदद करती है। संसार उस औरत की प्रशंसा करता है जो तीनों ज़िम्मेदारियों के बीच सन्तुलन बना पाती हैं - प्रिय पत्नी बनना, ध्यान देनेवाली मां और समर्थ कामकाजी। मुझे इस बात में ज़रा भी सन्देह नहीं है कि तुम इन सभी ज़िम्मेदारियों को अच्छी तरह सन्तुलित कर पाओगी, तुम सभी चीज़ों में सन्तुलन बना लेती हो।

कृष्णा को ढेरों कहानियां सुनाओ और उनसे उसमें अच्छे मूल्य डालो। जैसे मैंने तुम्हें उपलब्धियों, साहस, त्याग, दया और साहसिकता, तुम्हारी मौसियों-मौसाओं, मामाओं और नाना-नानी की कहानियां सुनाईं, वैसे ही तुम भी उसे कहानियां सुनाओ ताकि वह अपने पूर्वजों को अच्छी तरह जाने और उनके जीवन से प्रेरणा पाए। इस तरह वह तुम्हारे बुज़ुर्गों का आदर करना, उन से प्यार करना सीख जाएगी और अतीत और वर्तमान के साथ जुड़ना भी सीख लेगी।

अपने लक्ष्य को पाते और सन्तुष्ट ज़ीवन जीते हुए यह भी याद रखना कि हमारे पास रहने के लिए एक ही ग्रह है और वह ग्रह अब ख़तरे में पड़ता जा रहा है। याद रखना कि इस ग्रह को जैसा तुमने हमसे पाया, उससे बेहतर स्थिति

में इसे कृष्णा को सौंपना तुम्हारी ज़िम्मेदारी है।

यह दुनिया तुम्हारी है, इसका सन्धान करो। एकदम शुरू से, तुम्हारी मां और मैं सोचते थे कि तुम अपना भविष्य खुद बनाओ, यह तुम्हारे लिए बहुत ही अच्छा रहेगा। तुम, जैसा कि तुम चाहती थी, उद्यमी बन चुकी हो। अपने व्यवसाय के माध्यम से तुम भारतीय शिल्पों और कपड़ों की परम्परा को वैश्विक नक्शे पर दर्शा रही हो।

तुम्हारे लिए मेरा सपना है कि तुम जिस भी समाज को रहने के लिए चुनो, उसकी आदर्श नागरिक बनो और अपने आप को उस देश का एक ईमानदार, हैसियतमन्द, ज़िम्मेदार और उत्पादक नागरिक बनाओ। तुम कितनी भी अन्तर-देशी या अमेरिकन (तुम वहां सत्रह साल की उम्र से रह रही हो) क्यों न हो जाओ, तुम्हें हमेशा एक भारतीय के रूप में देखा जाएगा। इसलिए अपने हर काम में भारत की छवि को बनाए रखना।

सफल बनो। मेरे लिए सफलता का मतलब है कि जब तुम किसी कमरे में प्रवेश करो तो वहां मौजूद लोगों के चेहरों पर मुस्कान खिल उठे। ऐसा बनने के लिए तुम्हें लोगों का ध्यान रखना होगा। मैं जानता हूं कि यह तुम्हारी मूलभूत मज़बूती है। समाज के हितों को अपने परिवार के हितों से पहले रखो और अपने परिवार के हितों को अपने हितों से पहले रखो। मेरी बच्ची, इस दुनिया को अपने बच्चों और नाती-पोतों के लिए बेहतर बनाने का यही एक रास्ता है।

'दूसरों के साथ वैसा ही व्यवहार करो जैसा कि तुम चाहती हो कि वे तुम्हारे साथ करें' इस सुनहरे नियम का पालन करने, हम जो भी करें उस में न्यायसम्मतता के आग्रह की, दूसरे लोगों की इच्छाओं को समझने के लिए खुद को दूसरों की स्थिति में रख कर देखने की तुम्हारी खूबी की मैं तारीफ़ करता हूं। कई बार लोग मुझसे पूछते हैं कि मैं कैसे याद रखा जाना पसन्द करूंगा। हर बार मेरा उत्तर यही होता है कि मैं अच्छे नहीं, एक न्यायी मनुष्य के रूप में याद रखा जाना चाहता हूं। दूसरों की भावनाओं को समझने के लिए खुद को नके स्थान पर रखकर सोचना चाहिए।

हमारे परिवार में एक मज़ाक चलता है कि मैं एक ही इन्सान से डरता हूं, जो मुझ पर लगाम लगा सकती है, और वह है मेरी बेटी। अपने पूरे कामकाजी जीवन में – इण्डियन इंस्टीट्यूट ऑफ़ मैनेजमेण्ट, अहमदाबाद में, पैरिस के पाटनी कम्प्यूटर सिस्टम्स में, और आख़िर इन्फ़ोसिस में, मेरा कोई बॉस नहीं था। क्योंकि जो भी मुझे करना होता था, उस काम को मैं समय पर, तय बजट के अन्दर और वांछित गुणवत्ता के साथ करने के लिए कड़ी मेहनत करता था इसलिए मेरे अधिकारी मेरी ख़ास निगरानी नहीं करते थे। इन्फ़ोसिस की तो मैंने स्थापना ही की थी इसलिए मेरा कोई बॉस नहीं था। इसलिए मैं तो बस एक ही बॉस को जानता था, तुम्हें। मुझे मेरी खाने की आदतों के लिए, मेरी नींद के लिए, मेरी लगातार यात्राओं के लिए, और नियमित मेडिकल चेकअप के लिए जाने से इन्कार कर देने के बारे में हुक्म कौन दे सकता है? रोहन मेरा दोस्त है, लेकिन तुम ही हो जो मेरे जीवन को अनुशासित बनाती है।

अपना ध्यान रखना, मेरी बच्ची!

प्यार के साथ,
अप्पा

इस क़िताब की प्रकाशन प्रक्रिया के दौरान ही नारायण मूर्ति दूसरी बार दादा बने और अक्षता अब कृष्णा और अनुष्का सहित दो बेटियों की माँ हैं।

प्रदीप भार्गव

कमिन्स इण्डिया के डायरेक्टर और कॅन्फ़ेडरेशन ऑफ़ इण्डियन इंडस्ट्री के पश्चिमी क्षेत्र के चेयरमैन प्रदीप भार्गव चीज़ों को अलग ढंग से करने में यक़ीन करते हैं। कॉरपोरेट व्यवस्था में जहाँ शीर्षस्थ अधिकारियों को ढेरों सुविधाएं मिलती हैं, इन्होंने अपना ज़्यादा से ज़्यादा काम ख़ुद करने की मिसाल कायम की। जब वह कमिन्स जेनरेटर टेक्नोलॉजीज़ में मैनेजिंग डायरेक्टर थे तो अपने स्टाफ़ को अचम्भे में डालते हुए उन्होंने स्टाफ़ कैण्टीन में भोजन करना तय किया। वह अपना खाना खुद लेते और बचे हुए खाने को एक तरफ़ रख कर, अपनी प्लेट ख़ुद धोते। हर बार खाना ख़त्म होने के बाद, जूठे बचे खाने को तोला जाता और एक चार्ट पर लिखकर बताया जाता कि कितना खाना छोड़ा गया ताकि सभी कर्मचारी जान लें कि रोज़ कितना खाना बर्बाद किया जाता है। बर्बाद खाने को फ़ैक्ट्री के अन्दर ही खाद बना दिया जाता। यह पर्यावरण के संरक्षण के लिए एक प्रतीकात्मक सन्देश था और ऐसे में जब संसार में हज़ारों बच्चे भूख से मर जाते हैं, उनके सहकर्मियों के लिए खाने की बर्बादी को रोकने के महत्त्व के बारे में एक ज़बरदस्त सन्देश भी था।

अपने लम्बे करियर में उन्होंने यूएनडीपी और वर्ल्ड बैंक सहित सार्वजनिक के साथ ही निजी क्षेत्र में भी काम किया है। वह हमेशा अपनी अन्तरात्मा से निर्देशित होते रहे हैं जो उन्हें उनकी नौकरी की मांगों से आगे जा कर अपने आस-पास के समाज के लिए कुछ करने को प्रेरित करती है। यह प्रेरणा उन्हें अपने पिता से मिली जो राजस्थान सरकार में पब्लिक हेल्थ इन्जीनियर थे। प्रदीप को याद है कि वह जब भी लोगों के लिए समाज को पीने का सुरक्षित पानी उपलब्ध कराने जैसा कुछ काम कर पाते थे, तब उनके पिता की आँखें कैसे ख़ुशी से चमक उठती थीं। वह अपने पिता और उनके विचारों को पूजते हुए बड़े हुए और तब से ही समाज के लिए अपने बूते का काम करते रहे हैं, जैसे कि एक अनूठी निजी व सामाजिक क्षेत्र सहभागिता के माध्यम से पुणे शहर को, जो उनका अपनाया हुआ घर है, बिजली की कमी और बिजली न आने की मुसीबत से मुक्त करना।

सी.आई.आई. के फ़िनिशिंग स्कूल प्रोजेक्ट के पीछे भी भार्गव का ही दिमाग़ है। यह पुणे के सिम्बायोसिस कॉलेज के सहयोग से शुरू किया गया एक अनूठा प्रकल्प है जिसके अन्तर्गत इन्जीनियरिंग कॉलेजों के अनुसूचित

जाति और अनुसूचित जनजाति के तीसरे वर्ष के विद्यार्थी, अपने व्यक्तित्व को निखारने और रोज़गार मिल पाने की अपनी सम्भावनाएं बढ़ाने के लिए व्यावसायिक आचार-व्यवहार के तौर-तरीके सीखते हैं। भार्गव बताते हैं : 'उनके पास अपने कामकाज से जुड़े कौशल थे ही, हमने बस यह किया कि उन्हें ऐसे और भी अधिक आत्मविश्वासी व्यक्ति बनाया जो अपने शहराती, प्रांजल सहपाठियों से प्रतियोगिता कर पाएं। इन बच्चों को मौक़े नहीं दिए गए और इन्हें इतने लम्बे समय से कमतरी का अनुभव करवाया जाता रहा है कि हमें उन्हें यह विश्वास दिलाने की ज़रूरत पड़ी कि वे यह कर सकते हैं'। फ़िनिशिंग कॉलेज का प्रयोग अब सी.आई.आई. की अन्य शाखाओं में भी दोहराया जा रहा है। प्रदीप शैक्षिक जगत से भी अन्तरंग रूप से जुड़े हैं, वह शैक्षणिक संस्थाओं के विकास और पाठ्यक्रम में मदद करते हैं। इस के अलावा वह टीएमटीसी, वायएएसएचडीए, आईआईएम अहमदाबाद, आईआईएम बैंगलोर और सिम्बायोसिस इंस्टिट्यूट में विज़िटिंग फ़ैकल्टी के रूप में जुड़े हैं।

यह उनका सेवानिवृत्ति का दौर है, लेकिन कई सारे काम उन्हें अब भी व्यस्त रखते हैं। भार्गव ने अपना सबसे बड़ा पाठ दो दशक पहले तब सीखा जब वह घर में घुस आए डकैतों की मारपीट के बाद अपने घर में खून में नहाए मिले थे। एक अस्पताल के सघन चिकित्सा कक्ष में अकेले और डरे हुए बिताए गए दिनों में भार्गव ने वह सबसे महत्त्वपूर्ण सच जाना जिसे जानने से लगता है कि हम में से ज़्यादातर लोग चूक जाते हैं : कार्यस्थल पर हमारी जगह, पूरी तरह, कोई और ले सकता है लेकिन घर में हमारी जगह कोई और नहीं ले सकता।

भार्गव एक आईटी संस्था में कार्यरत और एक छोटे बेटे की माँ अपनी बेटी पूजा को लिखते हैं : 'मैं अस्पताल तक पहुंच पाया और संकट से बाहर निकल आया लेकिन सघन चिकित्सा कक्ष के उन अकेलेपन और अनिश्चितता से भरे दिनों में, मैंने महसूस किया कि मेरे जीवन की सबसे महत्त्वपूर्ण चीज़ मेरा परिवार है। मैंने महसूस किया कि अगला प्रमोशन या नया पद ज़िन्दगी में मायने नहीं रखते। तब से, कई मायनों में, यह सभी बरस मेरे लिए 'बोनस' हैं। लेकिन उस घटना ने मेरी यह समझने में मदद की कि ज़िन्दगी में क्या सचमुच महत्त्वपूर्ण है और हमें रोज़मर्रा की ज़िन्दगी में ढेरों महत्त्वहीन और ओछी चीज़ों में ही नहीं फंसे रहना चाहिए'।

मेरी प्यारी पूजा,

तुम्हारी और मेरी मशहूर 'आमने-सामने' की बातें हुए अरसा बीत चुका है। जब तुम किशोरी थी, और तुम्हें सिर्फ़ मुझ से ही कोई बात साझा करनी होती थी तो तुम कोहनी मारकर संकेत देती थीं। तब से हमारी ज़िन्दगियों में बहुत कुछ हो चुका है। तुम ने अपना जीवनसाथी पा लिया है, और अब तुम एक माँ हो। मैं भी अपने करियर में व्यस्त रहा और यह बरस मैंने पूरी तरह तल्लीन होकर कॉरपोरेट 'गृहस्थ' के तौर पर बिताए। कई बार सोचता हूँ कि क्या मैं अपने परिवार के साथ कुछ और समय बिता सकता था?

40 से कुछ ज़्यादा बरसों के अपने उत्साह भरे करियर के बाद, मैं 'वानप्रस्थ' की ओर बढ़ रहा हूँ और सोचता हूँ कि यह हमारी 'आमने-सामने' की बातों के लिए एकदम सही समय है। मेरा कामकाजी जीवन एक यादगार यात्रा रहा है जिसकी शुरूआत सार्वजनिक क्षेत्र वाले करियर से हुई, फिर बरास्ता यूएनडीपी और वर्ल्ड बैंक, भारत में कॉरपोरेट जगत और निजी क्षेत्र के ऊँचे पदों तक पहुंची। मैं अभी भी कॉरपोरेट विज़िटिंग कार्ड तो रखता हूँ लेकिन मैंने अपना समय और ऊर्जा ऐसे कामों में लगाना तय किया है जिनमें मुझे सचमुच मज़ा आता है। मैं उस सेवानिवृत्त जीवन का आदी हो रहा हूँ जिसमें मजबूरियां कम और स्वतन्त्रता ज़्यादा है। यह पिछले दिनों को याद कर के सीख लेने और भविष्य के बारे में सोचकर जीवन के बचे हुए दिनों के लिए दिशा तय करने के लिए सही समय है। और मेरी यात्रा को साझा करने और साथ सीखने के लिए तुमसे बेहतर और कौन हो सकता है?

प्यारी बिटिया, शुरूआत मैं तुम्हें वह बताकर करना चाहता हूँ जो हमेशा ही मेरे ख़्यालों में है। मैं जानता हूँ कि तुम पहले भी यह सुन चुकी हो लेकिन फिर भी मैं तुम्हें बताना चाहूंगा कि तुम और तुम्हारा भाई अमित और तुम्हारी माँ मेरी ज़िन्दगी की सबसे बढ़िया देन हो। जब साहस और दृढ़ विश्वास से भरे शानदार मनुष्यों के रूप में तुम दोनों को देखता हूँ तो मेरे करियर के सारे पद और उपलब्धियाँ तुम्हारे सामने फीकी पड़ जाती हैं।

पीछे के बरसों के बारे में सोचता हुए, सबसे पहले मैं कामकाजी स्तर पर ली गई सीखों को याद करना चाहूँगा और उस प्रश्न का उत्तर देने की कोशिश करूंगा जो हम आत्मविश्लेषण के क्षणों में खुद से करते हैं : 'अगर मैं अपनी ज़िन्दगी दोबारा शुरू करूँ तो क्या मैं इसे अलग तरीके से चलाऊँगा!'

पूजा, हम सभी अपनी ज़िन्दगी का आधार उस मनुष्य को बनाते हैं जो हमें इतना प्रेरक लगता है कि हम उसका अनुसरण करना चाहते हैं। मेरे आदर्श मेरे पिता थे। मेरे मन पर उनका इतना प्रभाव था कि प्रतिष्ठित आईआईएम, अहमदाबाद से स्वर्ण पदक लेकर जब मैं पास होकर निकला तो मैंने भारत सरकार के साथ काम करना स्वीकार किया और लगातार 11 लम्बे सालों तक मैंने वह नौकरी की जबकि मुझे बढ़िया से बढ़िया नौकरी मिल सकती थी। मेरे पिता ने जीवनभर राजस्थान सरकार में काम किया जहां पब्लिक हेल्थ इन्जीनियरिंग डिपार्टमेण्ट में प्रमुख अभियन्ता के रूप में वह लोगों के जीवन में बड़े परिवर्तन लाए। मैं उनकी आँखों की वह चमक देखता बड़ा हुआ हूँ जो तब दिखती थी जब वह प्यासे रेगिस्तानी राज्य के लोगों को पीने का पानी उपलब्ध कराने की योजनाएं संचालित कर रहे होते थे। कैसी वह खुशी और कैसा वह सुख! मेरे भी वही सपने थे और उतना ही जोश था। और ईमानदारी से कहूं तो अगर आज मैं आईआईएम, अहमदाबाद से ग्रेजुएट बनूँ और हम में से कई को 1971 में आईआईएम अहमदाबाद से परमाणु ऊर्जा और अन्तरिक्ष शोध संगठनों के लिए चुनने वाले डॉ. विक्रम साराभाई जैसे आकर्षक नेता हों, तो मैं आज भी उनके साथ और उसी उद्देश्य के लिए काम करना चाहूँगा। यह सब एक बड़े सामाजिक पटल पर काम करने जैसा था, और तब मैं महसूस करता था कि यदि मैं राज्य सरकार के साथ काम करता, तो वो ज़्यादा आसान होता। लेकिन बाद में मैंने महसूस किया कि सार्वजनिक कार्य करने के लिए आपका 'जन सेवक' होना ज़रूरी नहीं है। लेकिन बाद में जब एक निजी संस्था के लिए काम करते हुए मैंने सार्वजनिक जीवन में प्रवेश किया, तब सार्वजनिक क्षेत्र का अनुभव और उस से परिचय बेहद

उपयोगी सिद्ध हुआ। और ऐसा होता भी कैसे नहीं? मुझे डॉ. विक्रम साराभाई और प्रो. एम.जी.के. मेनन जैसे भारत के कुछ सबसे बड़े दूरदृष्टिसम्पन्न लोगों के साथ काम करने का सौभाग्य मिला जिससे मेरे व्यावसायिक पालन-पोषण और मूल्यों के निर्माण में मदद मिली।

एक दशक बाद, मैं निजी क्षेत्र में दाखिल हुआ और पिछले 27 साल देश के सबसे ज़्यादा जाने-माने कॉरपोरेट घरानों (कल्याणी-शार्प, जनरल इलेक्ट्रिक, और अब कमिन्स इण्डिया) के मैनेजिंग डायरैक्टर के रूप में बिताए। इस दौरान मैंने औद्योगिक से लेकर घरेलू और अन्तर्राष्ट्रीय व्यापार के लिए उपभोक्ता सामग्री जैसे विभिन्न प्रकार के बाज़ारों और क्षेत्रों के लिए कम्पनियां शुरू करने और उन्हें चलाने, कम्पनियों का विलय करने, नई कम्पनियां हासिल करने जैसे कई क्षेत्रों में दक्षता प्राप्त की। तुम जानती हो कि तुम्हारे पिता 'दौड़ के घोड़े' नहीं हैं और दौड़ में बने रहने के कारण उन्हें काफ़ी परेशानी भी हुई। मैं मानता हूँ कि कई मायनों में, मेरा पद और मुझे सामर्थ्य सम्पन्न बनाने वाले मेरे उच्चाधिकारियों ने मुझे सार्वजनिक जीवन में जन कल्याण के लिए 'तांगा' खींचने के मौक़े उपलब्ध करवाए। कॉरपोरेट एक्सप्रेस-वे पर अपनी गाड़ी चलाते हुए नियमित रूप से साथ की पगडंडियों पर जाने के यह मौक़े मेरी सबसे बड़ी ख़ुशी थे।

मेरे दिल के किसी कोने में हमेशा ही कॉरपोरेट जगत की उम्मीदों और कर्त्तव्यों से परे जाकर कुछ करने की तीव्र इच्छा बनी रहती थी और इसी ने मुझे ऐसे कार्य करने की प्रेरणा दी जो मुझे समाज के नज़दीक ले गई। ऐसा कॉरपोरेट जगत से जी उचट जाने के कारण नहीं बल्कि इस सबसे आगे जाकर कुछ करने की एक सकारात्मक इच्छा के कारण हुआ। सच बात है कि मैंने अपनी कॉरपोरेट भूमिका में बहुत मज़ा लिया - उसका जुनून और दबाव, ऊंच-नीच, प्रगति का उत्साह और नीचे आने का दु:ख, नौकरियाँ और सम्पत्ति बनाना, और समाज और पर्यावरण में उसके अपने योगदान से जुड़ना। द कनफ़ेडेरेशन ऑफ़ इण्डियन इंडस्ट्री एक बढ़िया मंच था जिसने मुझे एक ऐसी जगह से ख़ुद के लिए इच्छापूर्ति पाने और दूसरों के लिए उसे सम्भव कर पाने का मौका दिया

जिस पर ज़्यादातर कॉरपोरेट व्यवसाय ध्यान ही नहीं देते। सी.आई.आई. ने मुझे सबसे अधिक काम कर पाने के योग्य बनाया, और मैंने इस देश के कुछ बेहतरीन और ख़्याल रखने वाले कॉरपोरेट लीडर्स के साथ काम करके बहुत कुछ सीखा।

गुड़िया, मैं अपनी एक ऐसी यात्रा के बारे में बताना चाहूँगा जिसने मेरे व्यक्तित्व पर और हमारे आस-पास के लाखों लोगों की ज़िन्दगी पर भी गहरा प्रभाव डाला। लगभग एक दशक पहले, पुणे शहर, जो कई सालों से हमारा घर है, बिजली की भयंकर कमी से जूझ रहा था (पूरा महाराष्ट्र ही इससे प्रभावित था) परिणामस्वरूप रोज़ ही बहुत देर तक बिजली गुल रहती थी। मुझे उस जनआक्रोश की याद है जब सरकार ने हाथ खड़े कर दिए थे और कहा था कि बिजली की कमी अगले कुछ साल लगातार बनी रहेगी। तब मुझे समझ में आया कि सरकार को दोष देने अथवा शिकायत करने के बजाय हम सभी के पास परिस्थिति पर नियन्त्रण पाने और मुसीबत का हल ढूंढ़ने का विकल्प है। मैंने पुणे शहर को बिजली की कमी से मुक्ति दिलाने की ठानी जिसे सभी अवास्तविकतापूर्ण ज़िम्मेदारी मान रहे थे। यह एक कठिन काम था क्योंकि न तो कोई ऐसा ढांचा मौजूद था जिस पर मैं काम कर सकूं और न ही सरकार कोई पेशकश कर रही थी। सी.आई.आई के मंच पर, हमने एक अद्भुत और नवाचारी हल पर कार्य किया - शहर की औद्योगिक इकाइयाँ सहयोग करेंगी और जिस समय बिजली की सबसे ज़्यादा खपत होती है उस समय अपनी ज़रूरतों के लिए अपने जेनरेटर चलाएंगी, इस से नागरिकों को बिजली की कमी नहीं रह जाएगी। एक नया ढांचा तैयार हुआ जिस में नियामक संस्थाएं, राज्य बिजली बोर्ड, सरकार, उद्योग, गैर-सरकारी संस्थाएँ और उपभोक्ता शामिल हुए। यहाँ विस्तार में जाना महत्त्वपूर्ण नहीं है लेकिन तीन सालों के अनथक प्रयास के बाद, 6 जून, 2006 को पुणे शहर कम बिजली के आने की समस्या से मुक्त हो गया और आज तक है। यह लगभग चमत्कार ही था और यह सिर्फ़ राज्य पर निर्भर रहकर नहीं बल्कि एक नागरिक-औद्योगिक आन्दोलन से सम्भव हो

पाया। हमें मुश्किलों को विस्तार से समझने और सलाह देने से आगे बढ़ना होगा ...हमें खुद हल का एक भाग बनना चाहिए। उनकी ज़िन्दगी से रोज़ का झंझट दूर करने के लिए मुझे अनजान लोगों से आज भी ई-मेल और फ़ोन मिलते हैं। यही वह सबसे बढ़िया पुरस्कार हैं जिनकी मैं आकांक्षा रख सकता हूं। मेरे लिए यह इस विश्वास की पुष्टि भी है कि दृढ़ निश्चय व लगकर काम कर के हम सभी सकारात्मक बदलाव ला सकते हैं।

हमारे परिवार में, हम सभी, संकल्प और लगन का मूल्य जानते हैं। और जानें भी कैसे नहीं? इन्हीं दो गुणों के कारण तो तुम्हारा भाई अमित, जो *11* साल पहले चिकित्सा सम्बन्धी कठिनाइयों के चलते महीनों बिस्तर पर रहा, फिर से उठ खड़ा हुआ। अमित छोटा ही था, ज़िन्दगी से भरपूर था, टेनिस के अपने जुनून और अन्य खेलों में भी बहुत रूचि लेता था। अपने युवा बेटे को अस्पताल के बिस्तर पर देखने और इस झटके और झुलसा देने वाले दर्द को मैं कभी नहीं भूल पाया हूं जब डॉक्टर कह रहे थे कि उसे ठीक होने में लम्बा समय लगेगा। हम जैसे उजड़ ही गए थे, और तुम्हारे लिए यह बहुत ही बुरा था क्योंकि तुम अपने मन की बात उसे ही बताती थीं, वह तुम्हारी आत्मा का सहचर था। हम सब अमित की ज़बर्दस्त इच्छाशक्ति पर आश्चर्यचकित होते हैं- वह अड़ा हुआ था कि वह लिखने वाले सहायक की मदद से इन्जीनियरिंग के अन्तिम वर्ष की परीक्षा देगा; उसके विजयोल्लास के उस क्षण पर हम आश्चर्यचकित होते हैं जब उसने अपनी परीक्षा विशेष योग्यता के साथ पास की, और उस के बाद की उसकी हर सफलता पर पर आश्चर्यचकित होते हैं। उस वाकये के बाद 'शहर का सबसे फिट लड़का' 'शहर का सबसे मज़बूत लड़का' बन गया है। तब से अब तक, अमित एक भरपूर ज़िन्दगी जीता है और उसका शानदार करियर है। अमित, उसकी स्नेही पत्नी मीनू और फ़रिश्ते जैसी बेटी, सुहानी को देख कर हम बस मनुष्य की जिजीविषा को सलाम ही कर सकते हैं।

पूजा, तुम्हारी माँ को और मुझे याद है कि इस दौरान तुमने कैसे जी-जान से अपने भाई की देखभाल की। *24* साल

की उम्र में तुम्हारा एक बढ़िया करियर और सम्भावना से भरपूर ज़िन्दगी थी लेकिन तुमने सब कुछ एक तरफ़ रखकर खुद को, अपने भाई को पूरी तरह ठीक हो कर अपने पैरों पर खड़ा होने लायक बनाने में झोंक दिया। तुम्हारा प्यार, देखभाल और लगन दिल छू लेने वाले थे और उसके स्वस्थ हो जाने की बहुत बड़ी वजह भी। एक परिवार के रूप में हमारे लिए यह एकजुट होने का, एक-दूसरे के प्रति वचनबद्ध होने का और सकारात्मक विचारधारा और दृढ़ता की ताकत के बारे में जानने का समय था।

अपनी निजी ज़िन्दगी की ही तरह अपनी कामकाजी ज़िन्दगी में भी मैं कॉरपोरेट सेक्टर को आस-पास के समाज की भलाई के लिए प्रोत्साहित करता रहा हूँ। मेरे पुणे पावर मॉडल की सफलता और उसका अन्य शहरों में भी अपनाया जाना मेरे इस विश्वास पर मोहर लगाता है कि लक्ष्यों की स्पष्टता, उद्देश्य की ईमानदारी, और उसे करने के लिए डटे रहना हमेशा ही आपको फल देते हैं।

प्यारी पूजा, आज जैसा मैं हूँ, मुझे वैसा मौन आन्दोलनकारी बनाने में और भी कई चीज़ों का हाथ है। मेरे बचपन में, और बाद में जब मैं स्कूल में था, तब राजस्थान में हमारे घर में मेरे जो भी मित्र आते दादा-दादी उनके कुलनाम पूछकर मुझे उलझन में डाल देते थे। कभी मैं इस बात को हानि रहित जिज्ञासा मान कर नज़रअन्दाज़ करता और कभी एक खिझा देने वाली आदत मान कर। बरसों बाद मैं उनके प्रश्नों के पीछे का शर्मनाक रहस्य जान पाया : लोगों का उनकी जाति के आधार पर वर्गीकरण।

अपनी कॉरपोरेट ज़िन्दगी में मैंने समाज के किसी ख़ास वर्ग से, जाति से और जनजाति से आए युवा स्त्रियों और पुरूषों को वृहत् समाज में अपना स्थान पाने के लिए संघर्ष करते देखा है। वे पिछड़ी आर्थिक और सामाजिक पृष्ठभूमि से आते हैं लेकिन अपनी ज़िन्दगी को बेहतर बनाने के लिए कठोर परिश्रम करते हैं। लेकिन सालों से, बल्कि पीढ़ियों से चल रहे भेदभाव ने उन्हें अपने आस-पास की दुनिया से प्रतियोगिता में, नुकसान की स्थिति में ला छोड़ा है। अक्सर, वे अपनी वास्तविक पढ़ाई और योग्यता से काफ़ी नीचे के

स्तर पर नौकरी कर रहे होते हैं और एक समय पर मुझे महसूस होने लगा कि हमें अपने पूर्वजों के द्वारा किए गए पापों का प्रायश्चित करने की ज़रूरत है। मैं न तो समाज सुधारक हूँ और न ही राजनीतिज्ञ हूँ लेकिन मुझे विश्वास था कि मैं सामाजिक रूप से पिछड़े वर्गों के उन बच्चों के लिए उनकी पूरी सम्भावनाओं के साथ, आत्मसम्मान से भरी ज़िन्दगी जीना सम्भव बनाने में एक भूमिका निभा सकता हूँ। मैं जानता था कि इन युवाओं में आत्मविश्वास की, खुद पर यकीन करने की भावना की, कमी है। हम शहरी लोगों की तरह अपनी बात को न कह पाना अथवा विनम्रता के साथ ज़ोरदार तरीके से न कह पाना और प्रशिक्षण की कमी उन्हें उन बढ़िया नौकरियों से दूर रखती हैं जो उनकी योग्यताओं और कौशल के बूते उन्हें मिलनी चाहिए थीं। मेरे मन में एक सपना था कि उनको ज़िन्दगी में निष्पक्ष मौका मिलना चाहिए और यह साकार हुआ अनुसूचित जाति व जनजाति के बच्चों के आज मशहूर 'फिनिशिंग स्कूल' के रूप में। यहाँ हम उन्हें कुछ सॉफ्ट स्किल्स, लोगों के साथ रोज़मर्रा के व्यवहार के तौर-तरीके सिखाते हैं ताकि यह युवा नौकरी पाने के लिए, अपने उद्यम शुरू करने के लिए मज़बूत उम्मीदवारों के रूप में उभर सकें। सी.आई.आई. और सिम्बायोसिस संस्थानों के मिलकर काम करने से सम्भव हो पाए इस शक्तिशाली प्रकल्प ने सैकड़ों बच्चों की ज़िन्दगियां बदल दी हैं और अब कई जगहों पर इसके अलग-अलग संस्करण चल रहे हैं जिन में आईटीआई, पॉलिटेक्निक, इंजीनियरिंग और यहाँ तक की एमबीए के विद्यार्थियों तक को प्रशिक्षण दिया जाता है।

कुछ महीने पहले, एक कॉन्फ्रेन्स के लिए निकलने से पहले मैं अपने होटल के कमरे के लिए रजिस्टर में विवरण भर रहा था कि तभी रिसेप्शन डेस्क पर तैनात युवती ने मुझे उसकी ज़िन्दगी बदलने के लिए धन्यवाद दिया। मैं हैरान रह गया और क्षमा मांगते हुए उससे कहा कि मैं याद नहीं कर पा रहा हूँ कि हम लोग पहले कभी मिले हैं। खुशी भरी मुस्कुराहट के साथ उसने बताया कि वह हमारे फिनिशिंग स्कूल से निकली थी और लगभग उसी के बाद योग्यता के आधार पर नौकरी के लिए चुन ली गई। वह हमेशा से ही

किसी पाँच सितारा होटल में काम करना चाहती थी और जो सॉफ्ट स्किल्स उसने सीखी थीं उन्होंने उसे अपनी प्रतिभा दिखाने का आत्मविश्वास दिया। पूजा, उस लड़की की बात सुन कर मिली खुशी और संतुष्टि को मैं बयान नहीं कर सकता। मैं कॉरपोरेट लीडर और सी.आई.आई. के अधिकारी के रूप में अपनी स्थिति का उपयोग करके, उद्योग जगत के अगुवाओं और शैक्षणिक संस्थाओं को प्रभावित करके समाज के उस वर्ग को फायदा पहुँचाने के लिए जो पारम्परिक रूप से नकारा गया था, एक मंच का निर्माण कर पाया। बिना किसी चीज़ का राजनीतिकरण किए या कोटा और योग्यताओं की बहस में पड़े बिना, समाज की काफी समय से खड़ी मुसीबत को कम कर पाया। ईश्वर सभी को बराबर बनाता है और बच्चों को उनके जातिसूचक नाम के आधार पर आइ क्यू (बुद्धिमत्ता सूचकांक) नही देता। हमने बाद में जातिसूचक नाम दिए और उन्हें लांछन बना दिया। हर बच्चे को निष्पक्ष अवसर पाने का अधिकार है और मैं जानता हूँ कि मैंने जो आन्दोलन शुरू किया है वह कइयों की ज़िन्दगी में बदलाव लाएगा।

मेरे बहुत से दोस्त पूछते हैं कि मैं पूर्णकालिक आन्दोलनकारी क्यों नहीं बन गया? सामाजिक चेतना की अलख जगाने या सक्रिय राजनीति में योगदान क्यों नहीं किया? मेरा उत्तर एक प्रश्न है... 'भक्ति के लिए पुजारी होना अथवा मन्दिर में जाना ज़रूरी है क्या?' हममें से प्रत्येक जहाँ है वहीं से भक्ति कर सकता है, यदि सचमुच चाहे। शायद मुझमें इतना साहस नहीं था कि मैं वह क्षेत्र छोड़ सकूं जिस में मैं सहज महसूस करता हूं, लेकिन महत्त्वपूर्ण बात यह है कि मैंने अपने दिल की बात सुनी और वही किया जिससे मुझे खुशी मिलती।

कॉरपोरेट जगत के मेरे बहुत से मित्र अक्सर मुझे अपनी उन योजनाओं के बारे में बताते हैं जिनके माध्यम से बाद में कभी जब वे अपने व्यवसायिक लक्ष्यों को प्राप्त कर लेंगे, बच्चों को व्यवस्थित कर देंगे आदि-आदि, तब सामाजिक कार्यों में अपना बहुत सा समय और संसाधन लगाने वाले होते हैं। मेरी उनके लिए यही राय है कि, ज़िन्दगी में 'व्यवस्थित' होना कभी सम्भव नहीं हो पाता और सामाजिक उत्तरदायित्वों

का रोज़मर्रा की ज़िन्दगी में सम्मान होना चाहिए। बदकिस्मती से हम में से कई लोग समाज के प्रति हमारे कर्त्तव्य को एक विकल्प के रूप में लेते हैं जिसे अपनी सुविधा के अनुसार, यदि और जब सही लगे, करना होता है। अक्सर हम अपनी निजी ज़िन्दगी में ऐसे मगन हो जाते हैं कि हम भूल ही जाते हैं कि हमारे छोटे परिवारों के बाहर एक वृहत् समाज है जिससे हम सभी ने कुछ न कुछ पाया है। जब मैं हमारी जाति व्यस्था के कुपरिणामों को कुछ कम करने में व्यस्त था, उसी दौरान मैं पर्यावरण के लिए कुछ करने से भी जुड़ा।

पिछले कुछ बरसों में, मैं बार-बार सोचता रहा हूं कि जैसे हमारे पूर्वजों ने जातिप्रथा की ग़लत परम्परा हमारे समाज में छोड़ी, अगर वर्तमान पीढ़ी के लापरवाह व्यवहार को ठीक नहीं किया गया तो वह भी अगली पीढ़ी के लिए एक खाली और भयावह ग्रह छोड़कर जाएगी। और हमें कोई अधिकार नहीं है कि हम विकास की आड़ में ऐसा कुछ करें। बहुत से लोगों की तरह, मैं भी यक़ीन करता हूँ कि विकास को विनाश का कारण नहीं बनना चाहिए। इस तरह मैंने अपनी हरित यात्रा शुरू की और पुणे के पास देश का पहला हरित कारखाना लगाया। सुमेलन की इस मोहक खोज ने न केवल विकास का तरीका बदला बल्कि देश की कई संस्थाओं को राह दिखाने का काम कर रही है। मेरे नियोक्ता कमिन्स ने मेरी पहल को ज़बर्दस्त समर्थन दिया और उन्होंने इस परियोजना को, पूरी दुनिया में, अपने श्रेष्ठ प्रचलनों में शामिल किया है। इस से व्यवसाय में पर्यावरण सहज तौर तरीके अपनाए जाने के पक्ष में एक आश्चर्यजनक उदाहरण स्थापित हुआ है। मैं सबको लगातार याद दिलाता रहता हूँ कि अब पर्यावरण सहज तौर तरीके अपनाना सिर्फ़ बढ़िया चीज़ ही नहीं रह गई है, स्थिति यह हो चुकी है कि अगर आप पर्यावरण सहज तौर तरीके नहीं अपना रहे तो आप बेवकूफ़ साबित होंगे। इस हरित कारखाने की इमारत की सफलता के बाद, अब मैं सी.आई.आई. के माध्यम से 'हरित कम्पनियों' के लिए एक राष्ट्रीय आन्दोलन चला रहा हूँ ताकि संगठन अपने तमाम कार्यव्यापारों में स्वस्थ, पर्यावरण के प्रति संवेदनशील आचरण अपनाएं। पूजा, एक बार फिर मैं ज़रा घूम कर जा रहा हूं - एक

ऐसा काम कर रहा हूं जो समाज को प्रभावित करेगा लेकिन कॉरपोरेट जगत की रूपरेखा और सन्दर्भ में। इसने मेरे इस विश्वास को और मज़बूत किया है कि सामाजिक मुद्दों को अलग-अलग मंचों से सम्बोधित किया जा सकता है और सामाजिक मुद्दों को सम्बोधित करना राज्य या सामाजिक या राजनीतिक संगठनों का विशेष अधिकार क्षेत्र नहीं है। आप बोर्डरूम में आन्दोलनकारी हो सकते हैं और जनता या धरती के मुद्दों को सम्बोधित करने के लिए काम से छुट्टी लेने की ज़रूरत नहीं है।

अक्सर हमारे निजी मूल्य ऐसे मूल्य बन जाते हैं जिनकी नकल हम अपने कार्यस्थल पर भी करते हैं। बड़े होते हुए मैंने अपने पिता को, जिस संगठन में वह काम करते थे उस से मिला प्यार और सम्मान देखा। सरकारी नौकरियाँ करने वाले लोगों को अक्सर किसी से कृतज्ञता का भाव नहीं मिलता और उन्हें मिलने वाले प्रतिकार भी सीमित ही होते हैं। लेकिन मेरे पिता ऐसे व्यक्ति थे जिन्होंने बहुत ही प्यार, सम्मान और प्रशंसा पाई। याद करता हूँ तो, समझ पाता हूँ कि यह सब उन्हें इसलिए मिला क्योंकि वह अपने काम में शालीनता, गरिमा और सद्भावना के गुण लाए थे। मैंने उन्हीं से अपने आस-पास के लोगों से, कार्यस्थल पर, समाज में और परिवार में अपने समीकरण बनाना सीखा। जब समय खराब होता है तो अक्सर देखा जाता है कि व्यापारिक निगम लोगों से पीछा छुड़ाकर परिस्थिति को ठीक करने की कोशिश करते हैं। बहुत साल पहले, जब मैं एक नया संगठन हासिल करके उसे हमारे संगठन में विलय करने की कठिन परिस्थिति में था, मुझे याद है कि मेरे बॉस ने मुझे लोगों को 'बदलने के' ख़ासतौर पर अग्रणी स्तर पर, स्पष्ट 'निर्देश' दिए थे ताकि कम्पनियों का एकीकरण ज़ल्दी और बिना किसी परेशानी के हो जाए। एक बरस बाद, मैंने एकीकरण के नतीजे बहुत ही बढ़िया सफलता के साथ प्राप्त किए। लेकिन मेरे बॉस ने महसूस किया कि उन के निर्देश और आशा के विपरीत मैंने अग्रणी स्तर पर लोगों से पीछा नहीं छुड़ाया था। उन्होंने मुझसे पूछा तो मैंने बताया कि मैंने लोगों को 'बदल' दिया है - लेकिन उनमें सांगठनिक संस्कृति/प्रक्रियाओं आदि के सन्दर्भ

में बदलाव करके। इस के मूल में शालीनता और सद्भाव हैं। पूजा, ये विशेषताएं हमारी सेहत की तरह हैं – तुम उसका महत्त्व तब महसूस करते हो जब वह खराब हो जाती है। हम सभी खुशी और पीड़ा, उत्तेजना और टूटना, पसन्द और पूर्वाग्रह सब से बढ़कर आश्चर्य का, जब हम उसके लिए तैयार नहीं होते, अनुभव कर चुके होते हैं। लेकिन हम सबसे ज़्यादा भावुक होकर जो याद करते हैं, वो है जब हमारे साथ बेहद प्यार से व्यवहार किया गया या जब सद्भावना और प्रतिष्ठा को दरकिनार कर दिया गया। वेतनवृद्धि और पदोन्नति भी महत्त्वपूर्ण होते हैं लेकिन समय के साथ-साथ उन का महत्त्व धुंधला होने लगता है। हमारे मन में जो यादें बसी रह जाती हैं, वह होती हैं उन लोगों से मिली उदारता और शालीनता और दोस्ती की, जिनसे हमें उनकी आशा नहीं थी।

कहते हैं कि ज़िन्दगी के हमारे अनुभव, हमें वह बनाते हैं जो हम हैं। निश्चित रूप से सामाजिक सरोकारों के कारण काटे चक्करों ने मुझे कार्यस्थल पर एक अधिक संवेदनशील, ध्यान रखनेवाला तथा ज्ञानी अगुआ बनाया। इतना ही महत्त्वपूर्ण यह भी है कि इन्होंने मुझे कॉरपोरेट उतार-चढ़ावों के प्रति भावनात्मक और मानसिक रूप से कम नाज़ुक बनाया। मेरे जीवन में कुछ न कुछ उत्तेजक होता रहा जिसने मुझे व्यापारिक चक्रों को कम दबाव महसूस करते हुए संभालने के लिए तैयार किया। लोग मुझसे अक्सर पूछते हैं कि पूरी कॉरपोरेट ज़िम्मेदारियाँ संभालते हुए भी यह सब काम करने के लिए मुझे ताकत कहाँ से मिलती है। सच कहूं, इन सभी कार्यों में मेरी ऊर्जा नहीं लगती – यह मुझे ऊर्जा देते हैं।

गुड़िया, हम में से हर कोई एक रास्ता चुनता है जिस का वह अपनी ज़िन्दगी में अनुसरण करता है। कुछ के लिए यह रास्ता कॉरपोरेट जगत की ऊँची सीढ़ियाँ चढ़ना और अपने काम में सन्तुष्टि का भाव पाना होता है। कुछ शैक्षिक जगत चुनते हैं और कुछ अन्य खेल को। मैंने अपना काम करते हुए समाज के लिए उपयोगी प्रकल्पों में जुटने का चक्करदार रास्ता चुना। खुद को सिद्ध कर पाने का मेरा यही तरीका रहा। ऐसा कोई सही नुस्खा नहीं है जो सब पर लागू होता हो। हर कोई अपनी तरह से ज़िन्दगी बनाने का तरीका ढूंढ सकता है,

और ढूंढता है। मेरी खुद की ज़िन्दगी का नुस्खा भी करीब बीस साल पहले, रात को हमारे घर में घुस आए डकैतों से लड़ते हुए बुरी तरह घायल होने के बाद बॉम्बे हॉस्पिटल के सघन चिकित्सा कक्ष में बिताए लम्बे, अकेले दिनों में बदल गया था। जब मुझे पता चला कि घर में डकैत घुस आए हैं और दूसरे कमरे में सो रहे मेरे बच्चों को नुकसान पहुंचा सकते हैं तो मैं फ़िक्र और गुस्से से भर गया। आज भी, उस के बारे में सोच कर मैं पसीने से भीग जाता हूँ। मैंने उनसे हाथापाई की ताकि उन्हें तुम दोनों से दूर रख सकूं। लेकिन उन्होंने मुझे निर्दयता से घायल कर दिया। पूजा, उस ख़तरे के बीच भी, मुझे एक बात सूझ रही थी - मेरे बच्चों की सुरक्षा। और मुझे याद है मुझे फ़र्श पर लहूलुहान पड़े देखकर तुम कितनी डरी हुई थी। मैं अस्पताल पहुंच और संकट से उबर गया लेकिन सघन चिकित्सा कक्ष के अकेलेपन में, उन अनिश्चितता भरे दिनों में मैंने महसूस किया कि मेरी ज़िन्दगी में सबसे महत्त्वपूर्ण मेरा परिवार है। मैंने महसूस किया कि अगली पदोन्नति या पद ज़िन्दगी में उतने मायने नहीं रखते। कुछ मायनों में, शायद तभी से यह सभी साल मेरे लिए बोनस हैं। लेकिन उस एक वाकये ने मेरी ज़िन्दगी में जो महत्त्वपूर्ण चीज़ें हैं उन्हें पहचानने में मेरी मदद की, समझाया कि हम रोज़मर्रा की ज़िन्दगी में मामूलीपन और ओछेपन में ही न उलझे रहें। जीवन की अनिश्चितता और मृत्यु की निश्चितता का सामना करके, मैंने अपनी ज़िन्दगी को, अपने मन में वह 'निधन की सूचना' लिख कर आकार दिया है जो मुझे अपने लिए चाहिए। वह लिख लेने से ज़िन्दगी में चुनाव करना बहुत ज़्यादा आसान हो गया है।

'ऊबड़खाबड़ तथा मज़ेदार' यात्रा से गुज़रने वाले हर पेशेवर कार्मिक की तरह मेरे पास भी विकल्प थे लेकिन मेरे दिमाग़ में, हमारी ज़िन्दगी के उस भयानक समय के बाद से, कभी भी परिवार और कार्य के बीच चुनाव करने में कोई दुविधा नहीं रही। जब मेरे सहयोगी घर में किसी ज़रूरी काम के लिए छुट्टी की अनुमति चाहते तो मैं अक्सर उन्हें यह बात बताता था : हमारे कामकाज की जगह पर, हमारे पास योजनाएं होती हैं कि किस की जगह कौन लेगा, किस काम

को कौन लोग मिल कर करेंगे; लेकिन घर में हमारी जगह संभालने के लिए कोई नहीं होता। काम हमारी अनुपस्थिति में भी होता रहता है (कभी-कभी यह हमें विनम्र भी बनाता है); लेकिन घर में हमारी जगह कोई नहीं ले सकता। तुम्हारी निजी ज़िन्दगी में महत्त्वपूर्ण समय और अवसर दोबारा नहीं आएंगे लेकिन कार्यस्थल पर तुम अगली तिमाही में अच्छा कार्य कर सकते हो या अगला सौदा बढ़िया कर सकते हो। इसीलिए, जब तुम्हारा नन्हा साहिल बहुत छोटा था तब मैं अक्सर बहुत लम्बे घुमावदार रास्ते से यात्रा करता था ताकि अमेरिका में दो दिन तुम्हारे साथ रह सकूं। मेरे दोस्त और तुम्हारे भी, बरास्ता अमेरिका मुम्बई से लन्दन की यात्रा की विचित्रता पर हैरान होते लेकिन मैं किसी भी कारण से उसके बोले पहले शब्दों को सुनने या उसके पहली बार चले कदमों को देखने से वंचित नहीं रहना चाहता था। मेरे लिए, अपने बच्चों, अद्‌भुत नाती-पोतों और उनके प्यारे जीवनसाथियों मीनू और असीम के साथ समय बिताना, काम और ज़िन्दगी में सन्तुलन का मामला नहीं है बल्कि ज़िन्दगी ही है। हम सभी के लिए आख़िर में मायने रखती है वह अमिट छाप जो हमने छोड़ी है। क्या वह दूसरों का ख़्याल रखने वाला, सहारा देने वाला और विनम्र मनुष्य था? क्या उसने अपने पीछे ईमानदारी की, काम के लिए लगन और प्रेम की विरासत छोड़ी है? यही है जो मायने रखता है ...

मेरे लिए सेवानिवृत्ति के साथ वह धीमापन नहीं आया जो कि ज़्यादातर लोगों के साथ होता है। मैं लगातार मेहनत करता हूं, बस अब मैं वही प्रोजेक्ट लेता हूँ, जिन्हें लेने में मुझे मज़ा आता है, जिनका असर मेरे आस-पास के लोगों पर पड़ता है। मैंने कई शैक्षणिक संस्थाओं के साथ जुड़ा हूं जैसे आईआईएम और सिम्बायोसिस, सिर्फ़ पढ़ाने के लिए नहीं बल्कि संस्था-निर्माण की यात्रा में भी। मेरे गैर-सरकारी संगठनों के साथ अच्छे सम्बन्ध हैं और हाँ, कई सी.आई.आई. पहलों को भी संचालित करता हूं। मेरे लिए यह बहुत बड़ी बात है कि मेरा पुणे पावर मॉडल और हरित कारखाना प्रयोग के बारे में क्रमशः आईआईएम, बैंगलोर और अहमदाबाद में पढ़ाया जाता है। और आज भी हालांकि मेरे काम के घण्टे

बहुत ज़्यादा और कामों की सूची कभी ख़त्म न होने वाली है, मैं जानता हूँ कि दिन के अन्त में मुझे अपने नाती-पोतों की संगत में तनावमुक्त होने का मौका मिलता है और यह मेरी थकान दूर करने के लिए काफ़ी होता है।

पूजा, जब मैं तुम्हें दिया का नन्हा-सा हाथ पकड़ कर हर सुबह बस स्टॉप पर खड़े हुए देखता हूँ तो मुझे तीस साल पहले दिल्ली में तुम्हें स्कूल के बस स्टॉप पर ले जाना याद आता है। जब मैं साहिल को टेनिस कोर्ट पर सीखते देखता हूँ तो जैसे कई साल पहले का अमित दिखता है। अगर मैं जानता कि बूढ़ा होना अपने नाती-पोतों में अपने बच्चों को देखने का मौका देता है तो मैं बुढ़ापे का बहुत पहले ही स्वागत करता। हमारी ज़िन्दगी की सबसे बड़ी खुशियों में से एक है तुम दोनों को अच्छे घरेलू संस्कार के साथ बढ़ते हुए देखना। इस बढ़िया देखभाल का श्रेय तुम्हारी माँ को जाता है, जिसने बिना किसी झिझक के, अपना आर्किटेक्ट का करियर तुम दोनों की देखभाल के लिए छोड़ दिया। उस के प्रयास का बहुत ही बढ़िया फल सामने आया है - और हम उसके जादू को उसके नाती-पोतों पर चलते हुए देख रहे हैं।

मैं इस पत्र को उस मज़ेदार प्रश्न के साथ समाप्त करना चाहता हूँ जिसे जब तुम बच्चे बड़े हो रहे थे तब हम सभी मज़े के लिए पूछते थे - भगवान ने दुनिया के सबसे बढ़िया बेटे और सबसे बढ़िया बेटी को एक ही माता-पिता के पास कैसे भेजा? गुड़िया, आज भी मैं भगवान से वही प्रश्न पूछता हूँ और उसे उसकी दयालुता के लिए धन्यवाद देता हूँ।

बहुत सारा प्यार और आशीर्वाद,
पापा

प्रकाश पादुकोण

प्रकाश पादुकोण से मिलना कई मायनों में मेरे लिए किसी सपने के सच होने जैसा था। यह एक ऐसा दुर्लभ अवसर था जब मेरे पास जैसे सचमुच ही शब्द नहीं थे, मैं कुछ बोल ही नहीं पाई। मुझे अभी भी वह स्कूली लड़की याद है जो अपने ड्रॉइंग रूम में सोफ़े पर बैठी अपने बैडमिंटन प्रेमी पिता के साथ टेलिविज़न देखती थी। वह स्कूली लड़की मैं थी। तब मैं खेल की जटिलताएं तो नहीं समझ पाती थी लेकिन शटल को मारना जानती थी। केरल में हमारे शहर में, गर्मियों की छुट्टियों में, अपने पिता के साथ मैं बैडमिण्टन खेलती थी।

तब मैं भले ही खेल के नियम नहीं जानती थी लेकिन मुझे टेलिविज़न पर दिखने वाले आकर्षक आदमी के चेहरे का खिंचाव और नेट के दूसरी ओर मौजूद अपने प्रतिद्वन्द्वी को हराने का उसका हठी संकल्प खूब याद है। मुझे उन टूर्नामेण्टों के नाम याद नहीं हैं जिन में उन्होंने भाग लिया था लेकिन मुझे उनमें से कई टूर्नामेण्ट देखना याद है। हर टूर्नामेण्ट को बड़ी वाहवाही मिलती थी, सिर्फ़ मुझ से और मेरे पिता से ही नहीं बल्कि सारे ही देश से। भारत में सत्तर के दशक के आख़िरी सालों में बहुत टेलिविज़न चैनल नहीं थे। सिर्फ़ एक खेल चैनल होता था जिसमें हम ज़्यादातर क्रिकेट, हॉकी और बैडमिण्टन ही देखते थे। बैडमिण्टन इसी नौजवान की प्रखरता के कारण प्रकाश में आया। इस बीच वह नौजवान व्यक्ति बैडमिण्टन के वैश्विक अखाड़े में एक दुर्जेय शक्ति बन कर उभरा। उस ने संसार के कोने-कोने से कई ईनाम और ट्रॉफ़ियां जीतीं और बैडमिण्टन में चीनी खिलाड़ियों का आधिपत्य ख़त्म कर दिया।

टाटा पादुकोण बैडमिण्टन अकादमी के अपने पुरानी तर्ज़ के ऑफ़िस में चाय का न्यौता देने वाले विनम्रता से बोलने वाले भद्र पुरूष अपनी उपलब्धियों पर बात करने के इच्छुक नहीं थे, लेकिन खेल में शिखर तक पहुंचने की अपनी यात्रा के बारे में खुशी-खुशी बता रहे थे। उन्होंने बताया कि कैसे वह बरसों बैंगलोर के मल्लेश्वरम् के एक छोटे से हॉल में जहां शादियां हुआ करती थीं, खेल का अभ्यास करते रहे थे। वह और उन के साथी बेचैनी से शादियों के सीज़न के ख़त्म होने का इन्तज़ार करते ताकि हॉल में अभ्यास करने को मिले और वे अपने खेल पर धार चढ़ा सकें। आज भी वह अपनी सफलता व अपने सपनों को पूरा करने का अवसर देने का श्रेय अपने पिता

को देते हैं। जिन दिनों मध्यवर्गीय परिवारों के लोग अपने बच्चों को डॉक्टर या इन्जीनियर बनाना चाहते थे ताकि वे अपने परिवार की देखभाल कर सकें, रमेश पादुकोण ने अपने बेटे को बैडमिण्टन के खेल की ऊंचाईयों को छूने के उसके सपने को पूरा करने की अनुमति दी। यह एक ऐसा खेल था जिसके बारे में भारत में कम ही जाना जाता था और जिसका सबसे ऊंचा ईनाम लकड़ी की एक सजावटी तख्ती हुआ करती थी।

और उस नौजवान ने अपना सपना पूरा किया। 1980 में उसने सीधे मुकाबले में बैडमिण्टन के सबसे सम्मानित खिलाड़ियों में से एक, इण्डोनेशिया के लिएम स्वी किंग को हरा कर ऑल इंग्लैण्ड बैडमिण्टन चैम्पियनशिप जीती और अपने देश का नाम विश्व के बैडमिण्टन मानचित्र पर अंकित कर दिया। अचानक, भारत इस खेल में एक महत्त्वपूर्ण शक्ति बनकर उभरा। बैडमिण्टन कोर्ट के 'जेंटल जाएँट' को एक नया नाम मिला - 'बैंगलोर टॉरपीडो'। वह एक आइकॉनिक खिलाड़ी के रूप में सामने आया जिसने भ्रामक रूप से सरल लेकिन कलाइयों के घातक काम से, अपने प्रतिद्वन्द्वी की योजना को भांप लेने की रहस्यमय योग्यता, डर पैदा करने वाली 'नेट-ड्रिबल' और नाजुक ड्रॉप शॉट्स के तालमेल से दुनिया के महानतम खिलाड़ियों को धूल चटा दी। जब वह आक्रामक स्मैश से नहीं जूझ पाते, तो अपने प्रतिद्वन्द्वी से दिमाग़ी स्तर पर लड़ते, शारीरिक मज़बूती के बजाय रणनीति का सहारा लेकर उन्हें पछाड़ते।

भारत ने अपने खेल नायक का अभूतपूर्व स्वागत किया - प्रशंसकों की भीड़ ने एयरपोर्ट से उनके घर तक के 15 कि.मी. के पूरे रास्ते शर्मीले नौजवान पर फूलों की बरसात की। उस ने इस जीत के साथ बैडमिण्टन को भी क्रिकेट और हॉकी जैसा ही मशहूर खेल बना दिया।

उन बरसों के बारे में उन्हे सब से ज़्यादा याद हैं अपने मध्यवर्गीय पिता की उदारता जिन्होंने उन्हें एक ऐसा खेल अपनाने की अनुमति दी जिसमें पैसे और सम्भावनाएं बहुत कम थे, उनका अपनी परिस्थितियों को लेकर झींकने से इन्कार, और बैडमिण्टन के लिए उन का ज़बर्दस्त जुनून। इन्हीं सब चीज़ों ने उन्हें प्रतियोगिताओं में खेल सकने के लिए रेल के बिना आरक्षण बाले डिब्बों में, फर्श पर सोते, और रेलवे प्लैटफ़ॉर्म पर रात बिताते अनगिनत यात्राएं करने की ताकत दी।

अपना सब कुछ खेल को समर्पित करने के बाद जब उन्होंने प्रतियोगिताओं में खेलना छोड़ा तो पादुकोण ने बैंगलोर में प्रकाश पादुकोण बैडमिण्टन अकादमी स्थापित की, जहां वे भविष्य के बैडमिण्टन नायकों को अभ्यास करवाते दिन बिताते हैं। बिलियर्ड्स चैम्पियन गीत सेठी के साथ मिलकर उन्होंने ओलम्पिक्स गोल्ड क्वेस्ट नाम की एक स्वयंसेवी संस्था स्थापित की है जो भारत के लिए ओलम्पिक खेलों के लिए सम्भावित स्वर्ण पदक जीतने वाले सबसे बढ़िया लोगों को चुनती है और उनके लिए सुविधाएं जुटाती है। पादुकोण कहते हैं : 'जब हम में से हर कोई अपनी सामर्थ्य के अनुसार योगदान देगा, चाहे वह रकम छोटी हो या बड़ी, तभी हम अपने ग़रीब लेकिन बहुत ही प्रतिभाशाली खिलाड़ियों की मदद कर सकेंगे। उनमें देश के सम्मान के लिए प्रतियोगिता जीतने की आग भरी है, लेकिन दुख की बात है कि उनके पास उस लम्बी यात्रा और कठिन अभ्यास के लिए साधन नहीं होते जिसके बूते वे दुनिया के बेहतरीन खिलाड़ियों से संघर्ष कर सकें।'

बैडमिण्टन के उस्ताद खिलाड़ी, अपनी फ़िल्म अभिनेत्री बेटी दीपिका पादुकोण और गोल्फ़ खिलाड़ी बेटी अनीशा को लिखे पत्र में जोर देते हैं कि वे अपने क़दम ज़मीन पर टिकाए रखें, आंखें लक्ष्य पर जमाए रहें और चुपचाप एकाग्र समपर्ण के भाव से अपना काम करती रहें।

प्रिय दीपिका, अनीशा,

आज, जब तुम जीवन की यात्रा की शुरूआत कर रही हो, मैं तुम्हारे साथ वे कुछ सीखें साझा करना चाहता हूं जो ज़िन्दगी ने मुझे दी हैं।

दशकों पहले, बैंगलोर में पलते-बढ़ते हुए मेरी बैडमिण्टन से भेंट हुई। तब, उत्तरी और पश्चिमी भारत के कुछ प्रदेशों को छोड़ कर, यह खेल हमारे देश में ज़्यादा नहीं जाना जाता था। मेरे पिता, तुम्हारे दादाजी रमेश पादुकोण, मुम्बई में रहते हुए इस खेल के प्रति आकर्षित हुए और जब वह बैंगलोर आए तो उन्होंने इसे यहां शुरू किया। उन्होंने हम छोटे लड़को का एक समूह बनाया और हमें शुरूआती बैडमिण्टन सिखाने लगे।

हमें खेल की बारीकियां सिखाने के लिए वह अक्सर खेल के नियमों की किताबें पढ़ते।

उन दिनों हमारे इलाके में स्टेडियम और खेल के मैदान नहीं थे जहां खिलाड़ी बिना किसी व्यवधान के खेल सकें। मल्लेश्वरम् में हमारे घर के पास स्थित केनरा यूनियन बैंक का शादी हॉल ही हमारा बैडमिण्टन कोर्ट था, वहीं मैंने खेल के बारे में सब कुछ सीखा।

हम रोज़ देखते कि आज वहां कोई कार्यक्रम है या नहीं। अगर वहां कोई कार्यक्रम न होता तो स्कूल की छुट्टी के बाद हम जी भर कर खेलने के लिए वहां दौड़ पड़ते। बैंगलोर में शादी का सीज़न अक्सर पांच-छः महीने चलता और तब ऐसा कम ही होता कि हम कुछ दिन लगातार खेल सकें। कभी-कभी तो हम महीने में सिर्फ़ नौ या दस दिन ही वहां खेल पाते थे, लेकिन हम उतने दिनों के लिए भी कृतज्ञ होते थे।

मुड़ कर पीछे देखता हूं तो समझ पाता हूं कि मेरे बचपन और किशोरवय के बरसों में सबसे महत्त्वपूर्ण बात थी ज़िन्दगी से जो मुझे मिला, उसे लेकर कभी शिकायत का भाव मन में न रखना। मैं हफ्ते में उन कुछ घण्टों के लिए कृतज्ञ होता जब हमें शटल से खेलने का मौका मिल पाता।

दरअसल, मेरे करियर और जीवन की आधारशिला यही है - किसी भी चीज़ के लिए रोने-झींकने से इन्कार। सात साल की उम्र में जब मैंने पहली बार बैडमिण्टन खेला, तब भी यह नियम मेरे साथ था।

मैं बहुत सी चीज़ों को लेकर शिकायत कर सकता था - बैडमिण्टन खेलने के लिए सही प्रतिद्वन्द्वियों की कमी, अभ्यास मैचों की कमी, प्रशिक्षकों और फिटनेस ट्रेनर्स का न होना, अभ्यास के लिए ख़राब आधारभूत सुविधाएं, और भी बहुत कुछ। लेकिन मैंने, बल्कि सत्तर के दशक की पूरी पीढ़ी के लोगों ने, उन परिस्थितियों को स्वीकार करना चुना जो हमें मिलीं और उन्हीं से सर्वश्रेष्ठ परिणाम निकाले।

और यही मैं तुम्हें बताना चाहता हूं मेरे बच्चों, कि जो भी तुम करना चाहो उसके लिए प्रयत्न करते रहने, कठिन परिश्रम, लगन और जुनून के अलावा कोई चारा नहीं है।

यदि तुम जो करते हो उससे तुम्हें प्रेम है, तो फिर किसी भी और चीज़ का ख़ास मतलब नहीं रह जाता - न अवॉर्ड्स का, न ही मुआवज़े का, यहां तक कि टेलीविज़न या अख़बार में अपना चेहरा दिखने की संतुष्टि का भी नहीं।

सोलह साल का हुआ तो मैं राष्ट्रीय बैडमिण्टन चैम्पियन था। मेरे प्रयास का ईनाम अक्सर एक मोमबत्ती रखने का स्टैण्ड, एक फ़ोटो फ़्रेम या एक लकड़ी की पट्टिका होती।

आख़िर जब मैंने ऑल इंग्लैण्ड चैम्पियनशिप जीती तब जाकर ईनाम के तौर पर 3,000 पाउण्ड मिले - उन दिनों यह बड़ी रकम होती थी। लेकिन तब भी मुझे ख़ुशी थी तो बस इस बात की कि मैं भारत को बैडमिण्टन के वैश्विक नक्शे पर ले आया हूं।

मैं सोचता हूं कि कुछ हद तक मेरा वह चैम्पियनशिप जीतना भारत में बैडमिण्टन के लिए एक महत्त्वपूर्ण बिन्दु था और इसने बाद में अन्य भारतीय चैम्पियनों के लिए राह खोली।

सफलता, प्रसिद्धि और यश, अर्जुन अवॉर्ड और पद्मश्री, सभी बैडमिण्टन से मेरे प्रेम के कारण ही सम्भव हो पाए हैं।

दीपिका, हम जानते हैं कि तुम फ़िल्म उद्योग में इसलिए हो क्योंकि तुम्हें फ़िल्मों से प्यार है। तुम बहुत छोटी थी, बस नौ या दस साल की, तभी हम जानते थे कि तुम मॉडलिंग और आर्क-लाइट्स के नीचे काम करने के लिए बनी हो। तुम एक सहज अभिनेत्री थी।

फिर भी, जब अठारह साल की उम्र में तुमने हमें बताया कि तुम मॉडलिंग में अपना करियर बनाने के लिए मुम्बई जाना चाहती हो तो हमारे लिए इस निर्णय को स्वीकार कर पाना काफ़ी कठिन था। हमें लगा कि एक बड़े शहर में अकेली रहने के लिए, एक ऐसे उद्योग में काम करने के लिए जिसके बारे में हम कुछ भी नहीं जानते, तुम काफ़ी छोटी और अनुभवहीन हो।

आख़िर हमने निर्णय लिया कि तुम्हें अपने मन का काम करने देना चाहिए। बरसों पहले मेरे पिता ने भी मुझे यही बताया था कि ज़िन्दगी को पूरी तरह जीने का बस यही तरीका है।

साठ के दशक में, अधिकतर मध्यवर्गीय परिवार अपने बेटों को इंजीनियरिंग या डॉक्टरी पढ़ाते थे क्योंकि इस से एक सुरक्षित और स्थिर भविष्य मिलना तय माना जाता था। तुम्हारे चाचा प्रदीप और मैं, दोनों एक साथ जूनियर नैशनल चैम्पियन थे, लेकिन उनकी रूचि इंजीनियरिंग में थी और वह अपना करियर बनाने अमेरिका चले गए। लेकिन मैं उस राह नहीं जाना चाहता था। और मैं सौभाग्यशाली था कि मेरे पिता ने मुझे एक ऐसे खेल के लिए मेरे जुनून को चुनने की स्वतन्त्रता दी जिसमें कभी भी पैसा कमा पाने की सम्भावना बहुत ही कम थी। उनकी सहमति ने मेरी ज़िन्दगी बदल दी। अगर उन्होंने मुझ पर दबाव डाला होता तो मैं एक साधारण-सा, बहुत दुखी इंजीनियर होता जो उत्साहहीन ढंग से जीवन जीता।

जब तुम्हारे अपने भविष्य के बारे में निर्णय लेने का समय आया तो हमने सोचा कि अपनी बच्ची को उस सपने को पूरा करने का मौका न देना जिसके लिए वह जीती और सांस लेती है, क्रूरता होगी। यदि तुम सफल होतीं तों हमें गर्व होता, लेकिन यदि तुम सफल नहीं भी होती तो तुम्हें इस बात का मलाल नं होता कि तुमने कोशिश नहीं की। अब विचार करने पर लगता है कि हमने यही सबसे बढ़िया काम किया है।

पिछले कुछ बरसों में, हमने तुम्हें ऐसी युवती में बदलते हुए देखा है जिसके क़दम मज़बूती से ज़मीन पर टिके हैं। यह शायद उन ज़िम्मेदारियों का नतीजा है जो कम उम्र में तुम्हारे ऊपर आ गईं, लेकिन हमें तुम्हारे एक आत्मनिर्भर, समझदार और अपने लक्ष्य पर केन्द्रित युवती होने पर गर्व है, एक ऐसी युवती जो बिना किसी प्रयास के उन सभी चीज़ों को व्यवस्थित करती है जो रोज़ ही उसका ध्यान मांगती हैं - एक करियर, घर की देख-रेख, अपने कामगारों का प्रबन्धन और परिवार के साथ सम्पर्क बनाए रखना।

कई बार माता-पिता अपने बच्चों की क्षमताओं को कम करके आंकते हैं। और इस सिलसिले में मेरा एक और विश्वास है : आप या तो अपने काम को पसन्द कर सकते हैं या फिर अपने काम के प्रति जुनूनी होते हैं। जब आप अपने काम को पसन्द करते हैं तो आप एक साधारण खिलाड़ी बन

जाएंगे लेकिन अगर आप अपने कार्य से प्रेम करते हैं तो इस बात की बहुत अधिक सम्भावना होती है कि आप इसमें सर्वश्रेष्ठ हों। क्योंकि तब अपने लक्ष्य को पाने के लिए कोई कठिनाई, कोई बलिदान, बहुत बड़ा नहीं होता। अनीशा, तुम पेशेवर गोल्फ़र बनना चाहती हो और मैं जानता हूं कि तुम किसी भी बाधा को अपने सपने को पूरा करने की राह में नहीं आने दोगी।

सोलह साल की उम्र में जब मैं बैडमिण्टन में देश का प्रतिनिधित्व कर रहा था, ट्रेनिंग कैम्प में शामिल हो कर अपने खेल को बेहतर बना सकने की चाहत में मैं अक्सर द्वितीय श्रेणी में रेल के अनारक्षित डिब्बों में सफर करता था, दो-दो दिन ट्रेन के गन्दे बदबूदार शौचालयों के बाहर बैठना, खाना और सोना। मैंने वही जनून तुम में भी देखा है। मैंने कम ही युवा देखे हैं जो दिन में सोलह घण्टे काम करते हैं और मैं देखता हूं कि उस जूनून का फल तुम्हें मिलने लगा है।

दीपिका, मैंने सीखा है कि आप ज़िन्दगी में हमेशा ही नहीं जीतते, ज़रूरी नहीं कि जो कुछ आप चाहते हैं वह आप को मिल ही जाए, और घटनाएं उस तरह नहीं होतीं जैसे आप चाहते हैं। कुछ पाने के लिए कुछ खोना पड़ता है। आप को ज़िन्दगी के उतार-चढ़ावों को झेलना सीखना पड़ता है। याद करता हूं तो पाता हूं कि मैंने अपने खेल में जितनी कोशिश पहले दिन की- पैसे, अवार्ड्स और पहचान, जीत या हार की चिन्ता किए बिना- उतनी ही कोशिश आखिरी मैच खेलने तक हमेशा लगाई। खेलने के अलावा जो कुछ भी मुझे मिला, वह बस अतिरिक्त बोनस था।

बेहद कठिन समय में भी मैं उस पर ही ध्यान केन्द्रित रखता था जो मेरे पास है, बजाय उसके जो मेरे पास नहीं था। मुझ में खराब परिस्थितियों में भी बेहतर परिणाम पा लेने और अपने लक्ष्य पर दृढ़ रहने की क्षमता थी। और इस तरह, मेरे करियर के अन्त में, मुझे कोई पछतावा नहीं रहा और न ही खेल में कभी दोबारा लौटने की इच्छा रही क्योंकि मैं जानता था कि मैंने पूरी लगन से अपने जुनून को सब कुछ दिया है।

तुम्हें याद है न कि मैं लगातार तुम दोनों को अपने

माता-पिता द्वारा कुछ तिकड़म भिड़ाकर तुम्हारे लिए चीज़ें जुटाने का इन्तज़ार किए बिना, खुद अपने ही बूते संसार में आगे बढ़ने का महत्त्व बताता रहता हूं? मैं मानता हूं कि बच्चों के लिए ज़रूरी है कि वे अपने सपनों को पूरा करने के लिए मेहनत करें, उनको चीज़ें यूं ही नहीं मिल जानी चाहिएं। और हमें यह देखकर बहुत गर्व होता है कि तुम दोनों ने ही हमारी सलाह मानी और अपने लिए चीज़ों को सम्भव किया।

दीपिका, जब तुम हमें मिलने घर आती हो तो अपना बिस्तर खुद लगाती हो, खाने के बाद मेज़ साफ़ करती हो और यदि घर में मेहमान टिके हों तो फ़र्श पर भी सो जाती हो। घर में तुम फ़िल्मी सितारा नहीं होती और ऐसा इसलिए है क्योंकि हमने तुम्हें हमेशा वास्तविकता से जुड़े रहना सिखाया है। फ़िल्मी दुनिया भ्रम पैदा करती है। जब आप शिखर पर होते हैं तो हर कोई आप के लिए कुछ करने के लिए दौड़ता है, आपकी हर इच्छा पूरी करता है। लेकिन हर जगह तुम्हारे पीछे घूमने वाले कैमरे आख़िर गायब हो जाएंगे और तब जो बचेगा वही असली दुनिया है। अगर तुम्हें कभी-कभी लगता हो कि हम तुम्हारे साथ एक सितारे की तरह व्यवहार क्यों नहीं करते, तो बात यह है कि तुम हमारी बेटी पहले हो और बाद में एक फ़िल्मी सितारा हो। और हम चाहते हैं कि तुम यह बात याद रखो कि आख़िर तुम्हें असली दुनिया में ही वापस आना है।

प्यारी दीपिका, तुम एक ऐसे उद्योग में हो जहां बहुत नकारात्मकता है, लेकिन मुझे उम्मीद है कि तुम बदलाव लाओगी। जैसाकि अन्य सभी उद्योगों में होता है, यहां भी हर किसी के लिए जगह है, और मैं मानता हूं कि काम पाने के लिए किसी और को नीचा दिखाने की ज़रूरत नहीं होती। यदि तुम बिना किसी को नुकसान पहुंचाए या किसी के लिए बुरा बोले बिना अपनी ज़िन्दगी जी सको तो तुम दूसरों के लिए एक उदाहरण पेश करोगी। सफल न होने, यहां तक कि अपना मज़ाक उड़ाए जाने का जोख़िम उठा कर भी नकारात्मकता के चक्र का हिस्सा बनने से इन्कार करती रहो। भले ही तुम बेहद नई और इतनी छोटी खिलाड़ी हो कि एक बड़ा बदलाव नहीं ला पाओगी फिर भी अपने आस-पास

सकारात्मकता पैदा करने की कोशिश करो। अक्सर तुम्हें ऐसे लोग मिलेंगे जो तुम्हारे बारे में झूठ बोलेंगे लेकिन याद रखना कि तुम्हें कभी पलटवार नहीं करना है और न ही उनकी भाषा बोलनी है। यदि वे जो कह रहे हैं वह गलत है तो उसे अनसुना कर दो। और यदि वे सही बात कह रहे हैं तो उनकी आलोचना का इस्तेमाल खुद को बेहतर बनाने और बदलने के लिए करो।

तुम एक ऐसे उद्योग में हो जहां हमेशा बहुत पैसा कमाया जाता है लेकिन मुझे आशा है कि फ़िल्मों में काम करने के पीछे यही तुम्हारी एकमात्र प्रेरणा नहीं है। मैं मानता हूं कि जो कुछ भी तुम करो, उससे कम पैसे मिलें या ज़्यादा, उसे सबसे बढ़िया ढंग से करने की कोशिश करना महत्त्वपूर्ण है। हमेशा इस बात पर ध्यान केन्द्रित रखो कि निजी तौर पर तुम क्या बनना चाहती हो, और अपने आप को उस लक्ष्य तक बिना किसी रूकावट के पहुंचने के लिए सक्षम बनाओ। बड़ी कार अथवा 'चीज़ें' बाद में खुद ही आ जाएंगी।

सम्बन्ध, ईमानदारी और अपने माता-पिता तथा बुज़ुर्गों का आदर करना वे चीज़ें हैं जो सचमुच ज़िन्दगी में मायने रखती हैं। भौतिक सफलता आवश्यक है लेकिन यह खुशी और दिमाग़ी सुकून का आधार बिल्कुल नहीं है।

मैं हमेशा ही एकदम सम्पूर्ण नहीं रहा हूं लेकिन इतने बरसों में मैंने जीवन को सन्तुलित दृष्टिकोण से देखना सीख लिया है। एक अच्छी ज़िन्दगी जी लेने के बाद आज मेरे लिए दिमाग़ी सुकून और अच्छी सेहत ज़्यादा महत्त्वपूर्ण हैं। तुम्हारी सेहत तुम्हारी सबसे महत्त्वपूर्ण सम्पत्ति है। उसका ध्यान रखो, उसका पोषण करो।

मैं तुम्हें प्रार्थनाओं और आस्था की कायाकल्पकारी शक्ति के बारे में जितना भी बताऊं, कम ही होगा। तुम यह बात बहुत अच्छी तरह जानती हो क्योंकि प्रार्थना हमारे परिवार में लम्बे समय से चली आ रही परम्परा है। अब तुम एक प्रोफ़ेशनल हो जिसके करियर की जबर्दस्त मांगें हैं, और हर बार तिरूपति की वार्षिक यात्रा में हमारे साथ आने का समय तुम शायद न निकाल पाओ। आंखें बन्द करके ध्यान

लगाने, भगवान के बारे में सोचने के लिए तुम अपने दिन में से बस बीस ही मिनट निकाल लो तो तुम पाओगी कि उसकी शक्तियों पर विश्वास करना तुम्हें कितनी मज़बूती देता है।

अन्त में, जब करियर गुज़रे दिनों की बात हो जाता है, तो तुम्हारे पास और तुम्हारे साथ वह परिवार, वे दोस्त होते हैं जो तुमने बनाए हैं।

मेरी बच्चियों, ऐसा जीवन जियो जो स्वस्थ हो और जो तुम्हें तुम्हारे अंत:करण के साथ रहने की मंजूरी दे। बाकी सब कुछ क्षणभंगुर है। और याद रखना, जो भी हो हम हर हाल में हमेशा तुम्हारे साथ होंगे।

प्यार के साथ,
पापा

पी.पी. छाबरिया

पी.पी. छाबरिया का जन्म स्वाधीनता से पहले कराची के एक अमीर व्यापारी परिवार में हुआ था जिसमें बच्चे बेहद विलासिता के बीच पलते थे। पहलाज, (जैसाकि उन्हें प्यार से कहा जाता है) और उनके नौ भाई-बहन हरे-भरे बगीचे और बेहद ऊंचे पेड़ों से घिरे एक बड़े-से बंगले में बड़े हुए। उन्हें अभी भी वह ख़ुशहाल दौर याद है जब वह सब बच्चे ख़ासतौर से उन्हीं के लिए बनवाई गई घोड़ागाड़ी में निष्ठावान कर्मचारियों की निगहबानी में सैर के लिए बाहर जाते थे।

लेकिन यह सुविधाभरी ज़िन्दगी अचानक एक दुःस्वप्न में बदल गई - एक दुखी पत्नी और छोटे-छोटे बच्चों को छोड़ कर उनके पिता अचानक एक बड़े हृदयघात से चल बसे। लगभग इसके तुरन्त बाद ही, उनके बड़े भाइयों ने नादानी से सट्टा खेला और हार गए। उधार चुकाने के लिए उन्होंने पारिवारिक सम्पत्तियां बेच दी। वह बताते हैं कि चुपचाप बड़ी मेहनत से अपने परिवार की देखभाल करने वाली उनकी मां ने कभी शिकायत नहीं की क्योंकि वह जानती थीं कि उनके लड़कों ने पारिवारिक सम्पत्ति इसलिए बेची है ताकि उनके पिता का नाम खराब न हो।

बारह बरस के पहलाज को कपड़े के एक थोक व्यापारी की दुकान पर झाड़ू-पोंछा, सफ़ाई और कई तरह के अलग-अलग काम करने पड़ते थे और व्यापारिक सौदे करने के लिए आने वाले लोगों को चाय-नाश्ता भी देना पड़ता था। एक ऐसे बच्चे के लिए जिसे नहलाने और कपड़े पहनाने के लिए भी नौकरों की मदद की आदत हो, यह सब एक बड़ा आघात था, उसे अपमानित करने वाला था और इसलिए वह भाग्य को कोसते थे।

मुश्किलों से भरे साल गुज़रते रहे, मामूली नौकरियों का सिलसिला चलता रहा, फिर उनके परिवार ने उनका बोरिया-बिस्तर बांध कर उन्हें बहुत दूर पूना उनकी चाची के घर नौकर के रूप में काम करने भेज दिया, जहां उन्हें 30 रूपए मासिक तनख्वाह और टिकने की जगह मिलने वाली थी।

पुणे की एक बेहद गर्म दोपहर में पिछली बातों को याद करते हुए पी. पी. साहब ने मुझे बताया कि ख़ुद को सम्मानहीन और गुलामी की ज़िन्दगी से मुक्त करने की उनकी गहरी इच्छा ने उन्हें एक ऐसी यात्रा करवाई जिस की शुरूआत बिजली का सामान बेचने वाले छोटे-मोटे सेल्समैन के तौर पर

हुई और जिसने उन्हें 4,000 करोड़ से ज़्यादा का कारोबार करने वाली कम्पनियों के समूह का शिखर पुरूष बना दिया। उनके अपनाए हुए शहर पुणे में उन्हें प्यार से पी.पी. साहब कहा जाता है, यहां उनकी हैसियत परिवार के एक स्नेही बुजुर्ग की है।

फ़िनोलेक्स ग्रुप ऑफ़ इण्डस्ट्रीज़ के 82 साल के प्रमुख कहते हैं, 'मेरा जीवन बहुत कुछ सीखने की एक यात्रा रहा है।' आज भी जब परिवार की युवा पीढ़ी ने व्यापार की देखभाल की ज़िम्मेदारी ले ली है, उनका जीवन पहले की ही तरह अनुशासित और मेहनत भरा है। छोटे-से पुणे शहर में सामान बेचने के लिए छोटी-छोटी दुकानों के चक्कर लगाते बिताए बरसों ने उन्हें धैर्य रखना, लगन से काम करना और दृढ़ रहना सिखाया है। अगर एक दुकानदार पहली पांच मुलाक़ातों में उनसे बात करने से इन्कार कर देता और उन्हें चले जाने के लिए कहता तो वह चुपचाप चले जाते और कुछ दिनों बाद बिक्री करने के लिए दोबारा लौटते थे। कोई ख़रीददार उन्हें पैसे देने के वायदे से मुकर जाता तो भी वह दुकान पर जा कर विनम्रता से पैसों की मांग करते रहते। आख़िर किसी दिन दुकानदार अपनी जेब में हाथ डालकर उनके बाकी बचे पैसे दे ही देता।

बिजली के स्विच और छत के सजावटी लैम्पों के सेल्समैन से शुरू हुई यात्रा में वह बिजली के तार बेचने वाले व्यवसायी और आख़िर सेना और सरकार को आपूर्ति करने वाले ठेकेदार बने। हर स्तर पर जो आत्मविश्वास उन्होंने पाया उसने उन्हें 1958 में फ़िनोलेक्स केबल्स के नाम से बिजली की तारें बनाने का अपना व्यवसाय शुरू करने का रास्ता सुझाया। आज फ़िनोलेक्स ग्रुप ऑफ़ कम्पनीज़ की सारे देश में कई कम्पनियां और बिजली की तारें बनाने की ग्यारह आधुनिक कम्पनियां हैं। इसने कई राष्ट्रीय व अन्तर्राष्ट्रीय अवॉड्र्स जीते हैं और आज यह गुणवत्ता के प्रति देश का सबसे संवेदनशील समूह और सम्पत्ति तैयार करने वाला व्यवसाय माना जाता है। इसे देश की केबल निर्माण करने वाली नम्बर एक कम्पनी होने का गौरव भी प्राप्त है।

ऊपर पहुंचने की उनकी कठिन, श्रमसाध्य यात्रा ने उन्हें दयालु होने और लोगों से जुड़ने का महत्त्व बताया, क्योंकि उन की खुद की ज़िन्दगी भी उन दूसरे लोगों से अनपेक्षित रूप से मिली दयालुता की वजह से बनी है जिनमें से कुछ अजनबी थे और कुछ उनसे भी ज़्यादा ग़रीब।

इसीलिए, आज भी उन के पास अपने कारखानों के अतिसाधारण कर्मचारियों तक से मिलने का समय रहता है। कभी-कभी वह उस चौकीदार अथवा चपरासी से भी फ़ीडबैक लेते हैं जिसने कई दशक उनकी सेवा में लगाए हैं। उनके लिए यह गर्व की बात है कि उनके कुछ वफ़ादार कर्मचारियों के बच्चे भी उनके समूह में अच्छी नौकरियों पर हैं।

उनके जीवन में यह पछतावा आज भी बना हुआ है कि वह 12 साल की उम्र के बाद विद्यालय नहीं जा पाए। पढ़े-लिखे न होने की वजह से ही उन्हें लम्बे समय तक कम पैसे वाली छोटी-मोटी नौकरियां करनी पड़ीं। घर-घर घूम कर सामान बेचने की उनकी नौकरी के लिए यह बहुत ज़रूरी था, इसलिए उन्होंने कड़ी मेहनत कर के अंग्रेज़ी बोलना और लिखना सीख तो लिया लेकिन उन्हें हमेशा इस बात का दुख रहता है कि मैं औपचारिक शिक्षा पूरी नहीं कर पाया।

उन का स्थापित किया शैक्षिक संस्थान द इण्टरनैशनल इन्स्टीट्यूट फ़ॉर इन्फ़ॉर्मेशन टेक्नोलॉजी (आईआईआईटी), पुणे, जिसे अब उन की इकलौती बेटी अरूणा चलाती है, शिक्षा की शक्ति पर उन के विश्वास का गवाह है। आईआईआईटी सूचना प्रौद्यौगिकी में आधुनिकतम विकास और अन्य उच्च प्रौद्यौगिकी विषयों में शिक्षा के क्षेत्र में बड़ा सम्मानित नाम है।

पी.पी. साहब से मेरी यादें नब्बे के दशक के शुरूआती बरसों से जुड़ी हैं जब मैं पुणे विश्वविद्यालय के पेड़ों से भरे उपनिवेशकालीन परिसर में उनके और उनके साथ सैर करने वाले उनके साथियों से टकरा जाती थी। मैं अपने नन्हें बच्चे की मांगों और पत्रकार के अपने मनचाहे करियर के बीच सन्तुलन बनाने की कोशिश करती एक युवा मां थी। रोज़ बहुत सुबह मैं विश्वविद्यालय के परिसर के भव्य जंगल में घूमने निकलती थी। दिनभर में एक वही घण्टा मेरा होता था जब मैं सुबह की ताज़ी हवा में सांस लेती, चिड़ियों की चहचहाहट के साथ अपना सुकून दोबारा पा लेती थी। कभी-कभी पी. पी. मिल जाते और उनसे खुशगप्पियां होतीं। कुछेक बार ऐसा हुआ कि हम दोनों एक ही समय पर विश्वविद्यालय की ओर जाते मिल गए, तब मैं उनके साथ घूमती और अक्सर उनकी तेज़ चाल से कदम मिलाने के लिए मुझे लगभग दौड़ना पड़ता। हम जीवन और कामकाज के बारे में विचारों का आदान-प्रदान करते थे।

82 साल की उम्र में भी पी पी जिस अनुशासन के साथ जीते और काम करते हैं, वह हम में से कुछ ही के बूते की बात है। वह आज भी सुबह की सैर के अपने नियम पर अटल हैं।

> 'पूरे जीवन मैंने सुबह जल्दी सैर करने के नियम का पालन किया है। सारा दिन काम किया और जल्दी सोया। जल्दी जगने से आत्मा की ताज़गी का अनुभव होता है। जब आप सुबह की ताज़ा हवा में अकेले घूम रहे होते हैं, प्रकृति आपके साथ चलती है। वह आप से बात करती है, उपाय सूझते हैं, तुरन्त निर्णय लेने की ताकत व साहस मिलता है। आकाश के साथ मेरा सम्बन्ध लगातार मुझे ऊर्जा, कल्पना करने और संघर्ष करने की शक्ति देता रहता है।'

(उनकी आत्मकथा
देयर इज़ नो सच थिंग एज़ अ सेल्फ़-मेड मैन से उद्धृत)

यह मर्मस्पर्शी, आश्चर्यजनक रूप से निष्कपट और असीम बुद्धिमत्ता से भरा पत्र उन्होंने अपनी बेटी अरूणा कटारा को लिखा है, जो आज खुद भी दो बच्चों की मां हैं। अरूणा उस आईआईआईटी की वृद्धि को संचालित करती हैं जो उनके किसी समय अनपढ़ रहे पिता का औपचारिक शिक्षा के लाभों को समर्पित भावगीत है।

प्यारी अरूणा,

मैं जानता हूं कि यह पत्र लिखने में बहुत लम्बा समय लगा है। यह पत्र मुझे तुम्हें बरसों पहले भेजना चाहिए था जब तुम सपनों, आशाओं व प्रेरणाओं के साथ बड़ी हो रही लड़की थी। अब तुम एक परिपक्व स्त्री हो। लेकिन मैं तुम्हें बताना चाहता हूं कि यह पत्र मैं तुम्हारे लिए बहुत-बहुत बरसों से अपने मन में लिखता रहा हूं। और जैसाकि कहा जाता है कि किसी भी काम को करने के लिए कभी भी बहुत देर नहीं हुई होती है। मैं जानता हूं कि तुम्हारी ज़िन्दगी के सबसे बढ़िया

दिन अभी आने बाकी हैं। जैसे तुम अपनी ज़िन्दगी अब जी रही हो, उस से दिखता है कि तुम्हारे सपने बस अब उड़ान भरने ही वाले हैं।

अरूणा, मैं नहीं जानता कि मैंने यह बात तुम्हें पहले कभी बताई है या नहीं लेकिन इस पत्र से मैं तुम्हें बता रहा हूं कि तुम जब पैदा हुईं उसी दिन से मेरे और अपनी मां के लिए कैसा अनमोल उपहार हो। तुम एक दयालु, सौम्य, अध्ययनशील बच्ची थी और जब मैं और तुम्हारी मां अपना पूरा ध्यान घातक बीमारी से लड़ती तुम्हारी बहन पर लगाए हुए थे, तब अकेली छोड़ दिए जाने पर तुम चुपचाप अपने आप बड़ी हो गईं। तुम्हारी ज़िन्दगी से उन तमाम बरसों अनुपस्थित रहने को लेकर जब हमने, तुम पर और तुम्हारे भाई की तरफ़ बहुत कम ध्यान दिया, तुमने कभी भी शिकायत अथवा विद्रोह नहीं किया। तुम्हारी बहन चली गई और जब हम अपने दुख से उबर पाए, तब तक तुम एक स्वपोषित मनुष्य बन चुकी थीं, जो ज़िन्दगी को अपने तरीके से जीना सीख चुकी थी।

प्यारी बच्ची, आज मुड़कर पीछे देखने पर, मैं यह स्वीकार करना चाहता हूं कि मुझे कभी पता ही नहीं चला कि तुम कब और कैसे बड़ी हो गईं। उन दिनों मैं एक संघर्षशील व्यवसायी था जो अपने व्यवसाय को बढ़ाने की कोशिश कर रहा था और जीवन गन्दी धूलभरी बसों और ट्रेनों में एक छोटे शहर से दूसरे छोटे शहर तक एक अन्तहीन यात्रा बन कर रह गया था। पैसा दुर्लभ था और घर पर अपने परिवार को फ़ोन करना ऐसी बेतुकी विलासिता थी जो हमारी सामर्थ्य से बाहर थी। तुम्हारी मां ने ही तुम दोनों को बड़ा करने की ज़िम्मेदारी अपने कन्धों पर ली क्योंकि मैं न तो पेरेण्ट्स-टीचर मीटिंग के लिए उपलब्ध होता था और न ही खेल दिवस के लिए। पीछे की चीज़ों के बारे में सोचता हूं तो सोचता हूं कि तुम्हें बड़ा होते देखने से वंचित रह कर मैंने अपनी ज़िन्दगी का एक बड़ा हिस्सा खो दिया। लेकिन ज़िन्दगी ऐसी ही है और हमेशा से मेरा विश्वास, जैसा दिन सामने आए, वैसे जीने में रहा है।

जब तुम्हारी उम्र शादी के लायक हुई तो मैंने तय किया कि मैं तुम्हें एक व्यापारी की पत्नी बनकर हमारे समाज की

पारम्परिक स्त्रियों जैसा नहीं बनने देना चाहता जो घर पर रहती हैं, अच्छी पत्नी और मां बनती हैं, और दावतों में जाने के अलावा और कोई काम नहीं करतीं। जब हमें तुम्हारे जीवनसाथी के रूप में एक प्रोफ़ेशनल डॉक्टर मिला तो वह हमारे लिए खुशी का मौका था क्योंकि हम जानते थे कि तुम अपने लिए जो कुछ भी करना चाहोगी वह उस में तुम्हें सहायता करेगा। उसके बाद बरसों तुमने अपने बच्चे पाले और अपने परिवार की देखभाल की, लेकिन मैं अपने पीछे ऐसी विरासत छोड़ जाने की ज़रूरत महसूस करता था जिसे तुम सम्भालो और चलाओ।

मैं कभी भी विद्यालय नहीं गया था तो मैंने सोचा क्यों न शिक्षा के क्षेत्र में ही कुछ किया जाए और इस तरह रत्नागिरी में हमारा पहला इंजीनियरिंग कॉलेज बना। इससे हमारे खूबसूरत कोंकण के तटीय क्षेत्र के सरल लोगों को फ़ायदा हुआ क्योंकि उनके क्षेत्र में कोई इंजीनियरिंग कॉलेज नहीं था। वह नन्हा परिन्दा अब बहुत पसन्द किया जाने वाला कॉलेज बन गया है और उस में चार हज़ार विद्यार्थी पढ़ते हैं। हालांकि तुम इससे शुरू से ही जुड़ी रहीं लेकिन पुणे में तुम्हारे घर से रत्नागिरी की लम्बी दूरी का मतलब था कि तुम इस परियोजना पर सक्रियता से काम नहीं कर पाओगी।

हमारे परिवारों में लड़कियों की छोटी उम्र में ही शादी कर दी जाती हैं और वे पारम्परिक गृहस्थिन का किरदार निभाने लगती हैं। और यही कारण था कि मैं चाहता था कि तुम्हारी शादी किसी व्यापारिक परिवार के लड़के के बजाय किसी प्रोफ़ेशनल से हो ताकि शादी के बाद भी तुम्हारे पास, जो कुछ भी तुम करना चाहो, वह करने का विकल्प मौजूद रहे। जब इंजीनियरिंग कॉलेज बन गया तो तुमने इसका प्रशासन सम्भालने का निर्णय लिया और अपनी ज़िन्दगी की यात्रा शुरू की। बाद में डॉ. रघुनाथ मशेलकर* और डॉ. विजय भटकर से हुई मुलाकातों ने मुझे अपनी ही तरह

---

*डॉ. मशेलकर काउन्सिल ऑफ़ साइण्टिफ़िक ऐण्ड इण्डस्ट्रियल रिसर्च के निवर्तमान डायरेक्टर जनरल हैं। डॉ. विजय भटकर भारत में सुपरकम्प्यूटिंग की उस राष्ट्रीय पहल में शामिल प्रमुख वैज्ञानिकों में से एक हैं जिसके परिणामस्वरूप **परम** सुपर कम्प्यूटर का निर्माण हुआ।

का एक ऐसा संस्थान शुरू करने के लिए सोचने पर मज़बूर किया जो विदेशों की अत्यधिक ख़र्चीली फ़ीस दे पाने में असमर्थ मध्यमवर्गीय विद्यार्थियों के लिए, वहनीय मूल्य पर वैश्विक गुणवत्ता वाली एडवान्स्ड टेक्नोलॉजी की शिक्षा उपलब्ध करवाए। मैंने तय किया कि यही तुम्हारे लिए मेरी विरासत होगी।

सन् 2000 में, जब मैंने यह प्रॉजेक्ट शुरू किया, तुमने पूरी तरह इसका भार उठा लिया और एक दशक बाद भी यह तुम्हारा जुनून बना हुआ है। मैं दंग रह जाता हूं कि तुम कितना समय और समपर्ण इस प्रॉजेक्ट को दे रही हो। अब जबकि तुम्हारे बच्चे बड़े हो चुके हैं, यही तुम्हारा प्रमुख काम बन गया है। मैं खुश हूं कि मैंने तुम्हें कुछ ऐसा दिया जो मेरे बाद भी लम्बे समय तक तुम्हारे साथ बना रहेगा।

अरूणा, मैं बेहद खुश हूं कि तुम इस संस्थान के प्रति समर्पित हो क्योंकि इस संसार में कुछ ऐसा छोड़ जाना महत्त्वपूर्ण है जिस के माध्यम से आप को याद किया जाता रहे। मैं चाहता हूं कि तुम नाम कमाओ, ग़रीबों और मध्यवर्गीय लोगों की सहायता करो। सुविधासम्पन्न लोगों के पास पैसा और सम्बन्ध होते हैं, लेकिन कम सुविधासम्पन्न लोगों को उन लोगों की मदद और मार्गदर्शन चाहिए होता है जिनकी ज़िन्दगी में बहुत कुछ है।

अपनी स्थापना के दस बरसों के अन्दर आईआईआईटी, विदेशी संस्थानों के साथ कई सारे संयुक्त उद्यमों में भागीदारी बना चुका है। जब तुम हाल में हुनान विश्वविद्यालय के निमन्त्रण पर चीन गईं तो मैं गर्व से भर उठा - विश्वविद्यालय चाहता था कि तुम वहां हमारे संस्थान की एक शाखा खोलो। मैं बता नहीं सकता कि मैं तुम पर कितना गर्व करता हूं। मैं एक ग़रीब, अनपढ़ आदमी के रूप में बड़ा हुआ और मुझे यह देख कर गर्व होता है कि तुम एक ऐसे काम में तल्लीन हो जो लोगों का जीवन बदलने की ताकत रखता है।

तुम्हारी शादी और तुम्हारे बच्चों के जन्म के बाद से मैं कई बरस इस उधेड़-बुन में डूबा रहा कि तुम्हारे लिए विरासत में क्या छोड़ूं। हमारे समाज में, लड़कियां ज़्यादा पढ़ाई नहीं

करतीं और अक्सर पार्टियों और ऐसी ही चीज़ों में अपना समय बिताती हैं लेकिन इस से विरासत छोड़ने में कोई मदद नहीं मिलती। मैं चाहता था कि तुम अपना ध्यान किसी ऐसी अर्थवान चीज़ पर केन्द्रित करो जो तुम्हारे आस-पास के समाज की मदद कर सके। और अरूणा, तुमने शानदार ढंग से यह काम किया। और इसके साथ ही अपनी पहचान भी बनाई है।

मुझे संतुष्टि मिली है कि मैंने तुम्हें एक अर्थपूर्ण राह दिखाकर अपना काम किया है। लड़कपन में मैं शिक्षा से वंचित रहा, लेकिन मैं चाहता था कि तुम पढ़ो और वह जादुई द्वार औरों के लिए भी खोल दो।

अरूणा, इस धरती पर इतने बरसों जी कर मैंने सीखा है कि ज़िन्दगी में सबसे ज़्यादा महत्त्वपूर्ण बात है अपनी जड़ों को, उस जगह को जहां से तुम अमीर और सफल होने से पहले आए, कभी न भूलना। मेरी ज़िन्दगी के शुरू के दिन ऐशो-आराम में बीते लेकिन जब मेरे पिता चल बसे तो सारा पैसा ग़ायब हो गया और हमारे परिवार को भारी ग़रीबी का सामना करना पड़ा। तुम्हें मालूम ही है कि यह व्यवसाय, जिसने मुझे अत्याधिक सम्पत्ति और सम्मान दिया, स्थापित करने से पहले मुझे सभी तरह के काम करने पड़े - कराची में कपड़े की एक छोटी सी दुकान पर सफाई करने वाला लड़का, घरेलू नौकर, और पैसा इकट्ठे करने वाला एजेन्ट। मैं अपने आपको कभी भी यह भूलने नहीं देता कि मैं कहां से आया हूं। अपनी रोज़मर्रा की ज़िन्दगी में, घर में और कार्यस्थल पर भी, मैं अपने आस-पास मौजूद ग़रीब और कम सुविधा सम्पन्न लोगों से मिलने के लिए हमेशा ही समय निकाल लेता हूं क्योंकि ऐसा करना मुझे ज़मीन से जोड़े रखता है और मुझे, मेरे शुरू के कठिन समय की याद दिलाता है।

जीवन में उन्नति करते हुए और सफलता की ओर जाते हुए अपने आस-पास के लोगों के प्रति संवेदनशील रहो। हमारे देश में ज़बर्दस्त असमानताएं हैं, इसलिए अपने पैसे का उपयोग बहुत से लोगों के लाभ के लिए करो। आख़िर में, इस दुनिया से जाते हुए आप अपनी अमीरी और दौलत साथ नहीं ले जा सकते। माटी का चोला माटी में मिल जाता है।

इसलिए समाज के लिए कुछ ऐसा छोड़कर जाओ जिसके लिए तुम्हें याद किया जाए।

क्योंकि मैं बिना शिक्षा के ही बड़ा हुआ, मैंने सीखा कि शिक्षा ही जीवन में अपनी स्थिति को बदलने का, खुद को ग़रीबी से बाहर निकालने का बेहतरीन ज़रिया है। शैक्षिक संस्थाओं के एक समूह की स्थापना करना समाज को कुछ लौटाने का मेरा तरीका है।

तुम जो भी काम कर रही हो, हमेशा ही अपने चुने हुए क्षेत्र में दूसरों से बहुत आगे की सोचो। सीखना एक अन्तहीन यात्रा है। एक दृष्टिकोण रखो, अपने लिए लगातार नए सपने देखो, बढ़िया और बहुत सारा काम करो, डरपोकपने से खुद के लिए सीमाएं मत रचो, कभी मत सोचो कि तुम ग़रीब हो और कुछ भी पा नहीं सकते। हम सभी इस धरती पर बिना कुछ लिए ही आते हैं। कठिन परिश्रम व लगन के साथ अपनी पहचान बनाओ। अक्सर ग़रीब होना भी फ़ायदेमन्द होता है क्योंकि यह तुम्हारे लिए एक अतिरिक्त प्रेरणा होता है - कठिन परिश्रम करने और सर्वश्रेष्ठ बनने के लिए। और यदि ईश्वर की कृपा और आशीर्वाद से तुम्हें एक अच्छी ज़िन्दगी मिली है तो विनम्र बनो और अपने आस-पास के लोगों की कठिनाइयों के बारे में जागरूक बनो।

अरूणा, जिस समय में तुम बड़ी हुईं, उन दिनों की तुलना में, आज की नौजवान पीढ़ी ज़्यादा आत्मनिर्भर है। अपने बच्चों को मुक्त रहने दो, अपने आस-पास के समाज में आते बदलावों को लेकर सावधान रहो। ज़िन्दगी जीने का नौजवानों का अपना तरीका है, उसमें दखलन्दाज़ी मत करो। हम जिस की क़द्र करते हैं उस संयुक्त परिवार व्यवस्था का समय गया। अब सबसे सही बात यह है कि चीज़ें जैसी हैं उन्हें वैसे ही स्वीकार करो। मैंने अपने लिए सबसे बढ़िया तरीका चुना है - चुप रहना। नौजवानों को उनका रास्ता ढूंढ़ने के लिए आज़ाद छोड़ दिया है। लेकिन मैं चाहूंगा कि जब तुम्हारे बच्चे तुम्हारा मार्गदर्शन और सलाह चाहें तो तुम उसके लिए राज़ी रहो।

जब तुम बड़ी हो रही थी, तो मेरे पास तुम्हें मूल्य देने

के लिए समय नहीं था लेकिन मैं जानता हूं कि यदि आप अपने बच्चों के साथ जुड़े हों तो वे आप को देखते हैं, आप के कार्यों को दोहराते हैं और तब उन्हें अलग से कुछ सिखाने की ज़रूरत नहीं रहती। बच्चे अपने आस-पास जो देखते हैं वही सीखते और अपनाते हैं, तो अपने जीने के तरीके से उन्हें बताओ कि सही रास्ता क्या है।

मैं तुम्हारे कठिन परिश्रम, वचनबद्धता और आज देश में सबसे ज़्यादा आधुनिक संस्थानों में गिने जा रहे एक संस्थान के प्रबन्धन में तुम्हारे पूरे लगाव की प्रशंसा करता हूं। तुमने इसे ट्रिपल आईटी (इण्डियन इंस्टिट्यूट फॉर इन्फॉर्मेशन टेक्नोलॉजी) का दर्ज़ा पाने वाली राज्य की इकलौती संस्था बनाया। काम शुरू करते हुए मैंने सोचा तक नहीं था कि एक दिन यह ऐसी संस्था बन जाएगी जहां लोग डॉक्टरेट प्रोग्राम के लिए अध्ययन करेंगे। अब मैं जानता हूं कि मेरे चले जाने के बहुत बाद तक भी तुम इस संस्थान को बहुत आगे ले जाओगी।

तुम जानती हो कि मैं स्वभाव से धार्मिक नहीं हूं, लेकिन मैं गहराई तक आध्यात्मिक हूं। मैं तुम्हें बताना चाहता हूं कि अपने आस-पास मौजूद लोगों से हमेशा सीखो - तुम्हारे विद्यार्थी और प्रोफ़ेसर तुम्हें वह सब सिखा देंगे जिसे सीखने का मौका तुम्हें कहीं और नहीं मिल पाएगा। मेरी तुम से विनती है कि मेरे न रहने के बाद भी तुम सदा अपनी चुनी राह पर बने रहने की प्रेरणा बनाए रखना।

अरूणा, मैं तुम्हारे लिए ढेर सारी खुशियां चाहता हूं। खुशी अक्सर आसानी से पकड़ में आने वाली चीज़ नहीं होती और इसकी तलाश भी आसानी से पकड़ में नहीं आती, इसलिए जो भी तुम्हें हासिल है उसी से खुश रहने की काबिलियत पैदा करो। अपनी खुशियां अपने परिवार और उन लोगों से पाओ जो तुम्हें, जैसी तुम हो, वैसी होने के कारण प्यार करते हैं। खुशी जीने का एक तरीका है, इसे तुम न तो ख़रीद सकती हो और न ही उधार ले सकती हो। तुम्हारी खुशी तुम्हारे अन्दर से ही आनी चाहिए। अपनी खुशी को किसी और व्यक्ति या किसी भी चीज़ पर निर्भर मत रहने दो।

अब जब तुम अपनी ही तरह से अगुवा बन रही हो, मैं तुम्हें बताना चाहता हूं कि एक अगुवा को अपनी आंखें हमेशा खुली रखनी चाहिए, अपने आस-पास की चीज़ों पर ध्यान रखना चाहिए और खुद उदाहरण प्रस्तुत करते हुए नेतृत्व करना चाहिए। अपनी टीम को खुश रखो क्योंकि यही लोग तुम्हें अगुवा बनाते हैं। तुम्हारी सफलता उन पर निर्भर करती है। यह समझ लो कि अक्सर तुम अपनी संस्था के सबसे मामूली कामगार से ही सच्चाई जान पाओगी क्योंकि ऊंचे पदों पर बैठे लोग तो बस तुम्हारी और तुम्हारे काम की तारीफ़ करेंगे। अपनी संस्था के साधारण लोगों से सम्पर्क बनाए रहो।

फ़िनोलेक्स में, मुझे उन कई लोगों से मिलकर खुशी होती थी जिन्होंने हमारी संस्था को बनाने में अपनी ज़िन्दगी के कई दशक लगा दिए। मैंने अपने कार्यालय के चपरासी से जिसने 39 बरस तक मेरे लिए काम किया, ज़िन्दगी के कई सबक सीखे, अत: यदि वह मुझसे कुछ मिनटों के लिए मिलना चाहता था तो मैं सुनिश्चित करता था कि उससे ज़रूर मिलूं।

एक अगुवा को अपने आस-पास जो कुछ हो रहा है उससे बाख़बर रहना चाहिए। जो तुम्हारे अधीन हैं उनके मार्गदर्शक बनो। अपने पद अथवा कुर्सी की माया से पागल मत बनो और खुद को महत्त्वपूर्ण मत समझो। हमेशा अपनी टीम के प्रयास में अपनी कड़ी मेहनत का योगदान करने को तैयार रहो। अपने काम और अपने व्यवसाय के क्षेत्र के बारे में पूरी जानकारी रखो क्योंकि मैं मानता हूं कि अपनी सहायता खुद करना समझदारी की बात है। अपने छोटे से व्यवसाय को इस स्तर तक बढ़ाते हुए मुझे शिक्षा से सहारा नहीं मिला, मुझे सहारा मिला मेरी समझबूझ से, योग्यता से, और यह जानने की प्रबल इच्छा से कि हमारे समूह में किसी भी चीज़ को बनाने के लिए क्या और कैसे किया जाता है। प्यारी बेटी, ज्ञान के उस स्तर को अपना लक्ष्य बनाओ।

मैं जानता हूं कि तुम डॉक्टरेट करने का चुनौती भरा दिखने वाला कठिन काम शुरू कर चुकी हो। यह तुम्हारे बच्चों के बड़े होने के बाद, तुम्हारी ज़िन्दगी में देर से लिया गया एक कठिन निर्णय है और तुम शायद थोड़ी डरी हुई हो, लेकिन जिस दिन तुम्हें डॉक्टरेट की डिग्री मिलेगी उस दिन

मैं एक बहुत खुश पिता होऊंगा। मेरी औपचारिक शिक्षा की कमी एक ऐसी चीज़ है जिसके लिए मुझे हमेशा दुख महसूस होता रहा। अब मैं खुश हूं कि मेरी बेटी उस कमी को पूरा करने से भी आगे तक बढ़ी है।

मुझे तुम्हें परिश्रम और तुम्हारी ज़िन्दगी में उसकी महत्ता के बारे में बताने की ज़रूरत नहीं है। तुम इतना ज़्यादा परिश्रम करती हो कि कभी-कभी मैं चिन्ता करता हूं कि तुम खुद को आराम करने का समय बिल्कुल नहीं देती। जब तक आप सचमुच परिश्रम न करें तब तक वह बस एक शब्द ही बना रहता है, मैं खुश हूं कि तुम परिश्रम कर रही हो। अपनी सफलता की बात करते हुए बहुत से लोग भगवान और भाग्य की बात करते हैं। यह अक्सर दिखाई न देने वाली चीज़ें होती हैं लेकिन अपना काम ईमानदारी और वचनबद्धता के साथ करके आप इन में अर्थ भर सकते हैं। मेरा विश्वास है कि परिश्रम से अपना भाग्य बनाना और भगवान का आशीर्वाद पाना सम्भव है।

अक्सर, अपनी रोज़मर्रा की ज़िन्दगी जीते हम इतने ज़्यादा भावुक हो जाते हैं कि अपनी कमज़ोरियों की ओर ध्यान देना बन्द कर देते हैं। मैं कभी विद्यालय नहीं गया इसलिए मैं लिख नहीं सकता, हिज्जे नहीं जानता, और यह बात मुझे लगातार परेशान करती है। तुम्हारी कमज़ोरी है अपने काम में बहुत ज़्यादा मगन हो कर काम करना। लोगों को ज़िम्मेदारियां देना सीखो। जैसे-जैसे तुम आगे बढ़ोगी, हर चीज़ को खुद ही नियन्त्रित करना असम्भव होता जाएगा। खुद को अनासक्त करना और छोटी से छोटी बातों को भी व्यवस्थित करने की आदत छोड़ना सीखो। बहुत ज़्यादा गतिविधियां शरीर और आत्मा को थका देती हैं, इसलिए जो भी तुम्हें पसन्द हो वह करके अपने आपको फिर से तरोताज़ा करना सीखो।

रोज़ जल्दी उठो, सैर के लिए जाओ। मैंने रोज़ यही किया है और कह सकता हूं कि सारा दिन काम करने और रात को जल्दी सो जाने का नतीज़ा बढ़िया होता है। सुबह जल्दी उठने पर आप आत्मा की ताज़गी महसूस करते हैं। मैं मानता हूं कि जब आप सुबह अकेले ही सैर करने जाते हैं

तो प्रकृति आपकी साथी होती है, वह आपके साथ चलती और संवाद करती है। दिन का यह समय बढ़िया उपाय सुझाता है, ऊर्जा देता है और आपको जो करने चाहिए उन कामों को करने का साहस भी। आख़िर में, मैं तुम्हें बस यह बताना चाहता हूं कि मैं तुम पर बेहद गर्व करता हूं।

ईश्वर का आशीर्वाद तुम पर रहे,
पापा

रेणुका रामनाथ

33 साल की उम्र में रेणुका रामनाथ का एक नामचीन बैंक में सफल करियर था, प्यार करने वाले पति, दो प्यारे बच्चे और सुखी परिवार की तस्वीर जैसी ज़िन्दगी। पर तभी एक दिन किस्मत ने बाज़ी पलटी और उनका संसार ताश के मकान की तरह ढह गया।

एक क्षण में ही पहाड़ के संकरे मोड़ पर ग़लत ओर से आते ट्रक ड्राइवर ने अपने बड़े वाहन को उनकी कार से टकरा दिया, जिस में रेणुका का ख़ुशहाल परिवार सुखद छुट्टियों से वापस लौट रहा था। इस हादसे में उनके पति नहीं रहे। भाग्य के एक क्रूर प्रहार ने अचानक वह आदमी छीन लिया जिस पर वह हर चीज़ के लिए निर्भर रहती थीं, जो उनका सहारा था।

'मैं सड़क के किनारे बुरी तरह टूटी उस कार से कुछ ही फ़ीट दूर बैठी हुई थी जिसमें मेरे पति मृत पड़े थे। ऊपर कहीं से सन्देश मिला कि मुझे अब इस दुख से उबरने का कोई रास्ता ढूंढना पड़ेगा और फिर से अपने पैरों पर खड़ा होना होगा। मेरी तीन साल की बेटी की डरी हुई चीखों को चीरता हुआ सन्देश मुझे मिला कि अब मेरे बच्चों को जो उनके पिता उन्हें देते, वह सब देने की ज़िम्मेदारी मेरी है। मैं उन के पिता को तो वापस कभी नहीं ला पाऊंगी लेकिन मैं जैसे भी सम्भव हो, सुनिश्चित करूंगी कि उन्हें ज़िन्दगी में कोई कमी न रहे।'

हम धुँधले-नीले पश्चिमी घाट पर काफ़ी ऊंचाई पर स्थित उनके विस्तृत फ़ार्महाउस की गुनगुनी आत्मीयता के बीच बतिया रहे थे। फ़र्श से छत तक पहुंचती खिड़कियों पर लगातार बौछार पड़ रही थी, रेणुका ने अपना दिल खोल दिया - उन्होंने अपनी ज़िन्दगी के उतार-चढ़ावों के बारे में बताया, उन चीज़ों के बारे में बताया जिन्होंने उन्हें वह व्यक्ति बनाया जो वह आज हैं, उन लोगों के बारे में बताया जिन्होंने उन्हें भावनात्मक सम्बल दिया और उस गहरे दुख के बावजूद, जिसमें बहुत से सामान्य लोग जड़ हो जाते, उन्हें उनके चुने हुए क्षेत्र में योगदान करने को वचनबद्ध रहने में उनकी सहायता की।

हमारी बातचीत में कोई अल्पविराम या पूर्णविराम नहीं था, और वह सभी विषयों पर खुल कर बोलीं। वह अपनी ज़िन्दगी भी ऐसे ही जीती हैं - बिना संकोच के, उन्हें उनके गंतव्य तक पहुंचने से कोई नहीं रोक सकता। रेणुका रामनाथ अद्‌भुत जीवट और लगन वाली महिला हैं। अगर आप उन्हें

एक खांचे में रखना चाहें - हालांकि उन्हें खांचों में रखने या रखे जाने से सख़्त नफ़रत है क्योंकि वह खांचों में विश्वास नहीं करतीं - तो उन्हें अत्यधिक सफल महिलाओं में से 'शक्तिशाली महिलाओं' वाले खांचे में ही रखा जाएगा। कुल दो बरस पहले तक वह भारत के दूसरे सबसे बड़े बैंक आईसीआईसीआई बैंक की प्राइवेट इक्विटी फर्म आईसीआईसीआई वेंचर की प्रमुख थीं। 23 बरस की नौकरी के बाद रेणुका ने बैंक छोड़ दिया, उनके मन में अपनी ही शर्तों पर कुछ अलग करने की बात थी। कुछ ही महीनों में वह मल्टीपल्स नाम के ऐसे इक्विटी फ़ण्ड की प्रमुख के तौर पर व्यवसाय में वापस लौटीं जो निवेशकर्त्ताओं की 450 मिलियन डॉलर की रकम का प्रबन्धन करता है। यह पूंजी काफ़ी हद तक बैंकिंग क्षेत्र में रेणुका की साख के आधार पर जुटी है।

लेकिन उनके लिए इस्तेमाल होने वाले सभी विशेषणों को दरकिनार कर दें तो आप के सामने जो स्त्री प्रकट होती है वह सरल, प्रेमल, अद्‌भुत रूप से सकारात्मक, अर्थहीन दौड़ में जुटे संसार में दुर्लभ जीवन के उल्लास से भरी है। उनसे मिल कर मैं कई मायनों में आश्वस्त हो गई कि मनुष्य का मस्तिष्क और उसकी अपराजेय आत्मा सचमुच ही जीवन के उतार-चढ़ावों पर विजय पा सकते हैं।

उस सुबह जब मैं उनके घर पहुंची तो सुबह की हवा की ठण्डक से मेरे दांत बज रहे थे। उनके वृद्ध माता-पिता ने गर्मजोशी से मेरा स्वागत किया। उनके पिता सुबह की पूजा में व्यस्त थे और मां हमारे लिए खाना बनाने के लिए दौड़-धूप कर रही थीं। साक्षात्कार ख़त्म हुआ तो मुझे उस खुले रसोईघर की ओर ले जाया गया जहां से गहरे मानसूनी बादलों के नीचे छुपी पहाड़ की चोटियां और दूर बल खाती हुई एक सुस्त नदी दिख रही थी। वहां बैठ कर वह साधारण दक्षिण भारतीय खाना खाना जो जीवन के सत्तरवें दशक में चल रही एक स्त्री ने बहुत प्रेम और अपनेपन से, अपनी उस बेटी की मदद से बनाया है जो अक्सर देश की सबसे शक्तिशाली स्त्रियों की सूची में शामिल रहती रही है, एक अतियथार्थ/सररीयल अनुभव था।

उन के माता-पिता से मिलने के बाद यह समझना मुश्किल नहीं होता कि रेणुका ने अपना प्रेमल स्वभाव और मोहित कर लेने वाली अपनी सादगी कहां से पाई है। आज वे जीवन में जिस स्तर पर हैं वहां रेणुका पैसे से

खरीदी जा सकने वाली हर चीज़ ख़रीदने में समर्थ हैं, सिर्फ़ अपने लिए ही नहीं बल्कि परिवार और अपने दोस्तों के बड़े नेटवर्क के लिए भी। लेकिन इसका प्रभाव उन्होंने खुद पर या अपने बच्चों पर नहीं पड़ने दिया। 'मेरे लिए, सबसे बड़ा धन मेरे बच्चों, मेरे माता-पिता व पूरी दुनिया में फैले मेरे दोस्तों का बेशुमार प्यार है। लोग मेरी ज़िन्दगी का सबसे बड़ा खज़ाना हैं।'

रेणुका ने यह सरल, दिल की गहराइयों से निकला पत्र अपनी बेटी के लिए लिखा है जो बहुत दूर न्यू यॉर्क में मनोविज्ञान और शिक्षा की पढ़ाई कर रही है ताकि मानसिक व भावनात्मक परेशानियों से जूझते लोगों की समस्याओं के समाधान का संवेदनशील तरीका तैयार हो सके।

प्रिय रम्या,

मुझे आज भी वे दिन याद हैं जब अप्पा चले गए थे और मैं उनके प्यार भरे मार्गदर्शन के बिना दो छोटे बच्चों को अकेले पालने-पोसने की बात सोचकर डरी रहती थी। अब लगता है कि वह बहुत पहले की बात है। तुम दोनों खरे मनुष्य हो और जो कुछ भी ज़िन्दगी में तुमने किया उस पर मुझे गर्व होता है। लोग मुझे अक्सर बताते हैं कि तुम्हें सन्तुलित और प्यारे बच्चों की तरह पाल कर मैंने एक शानदार काम किया है। मैं जानती हूं कि मैंने ऐसा किया है, मैं रोज़ ही ईश्वर को और साथ ही उन लोगों को भी धन्यवाद देती हूं जिन्होंने यह करने में मेरी मदद की।

मैं तुम्हें इस तरह के पत्र अक्सर नहीं लिखती, लेकिन जो कुछ भी मैं इस पत्र में कह रही हूं वे मात्र शब्द नहीं हैं बल्कि पिछले पचास सालों में मैंने जो अनुभव किया उसका निचोड़ है। तो कुछ मायनों में यह पत्र मेरा तुम से सीधा संवाद है!

प्यारी कन्नम्मा, तुम सम्भावनाओं से भरी ज़िन्दगी की दहलीज़ पर खड़ी हो। तुम्हारी लम्बी और फलदायी यात्रा की शुरूआत में मैं तुम्हें उन चीज़ों के बारे में बताना चाहती हूं जिन्होंने तब मेरी मदद की जब मैं भी तुम्हारी ही तरह एक

ऐसी युवा लड़की थी जो अपने बूते जीवन को अनुभव करना चाहती थी।

तुम्हारे नाना-नानी और मेरे भाई-बहन - तुम्हारी मौसियां और मामा और मेरे सभी चचेरे-तयेरे भाई-बहन कहते हैं कि जब मैं कुल तीन साल की थी तब भी अपने ही ढंग से सोचती थी और किसी को भी यह बात मानने से इन्कार कर देती थी कि कोई भी काम असम्भव है। जब हमारे संयुक्त परिवार में मेरे बड़े भाई-बहन और चचेरे-तयेरे भाई-बहन संगीत के अभ्यास के लिए बैठते हुए इसलिए दरवाज़ा बन्द कर देते थे ताकि वे शान्ति से अपना पाठ सीख सकें तो मैं रोज़ ही दरवाज़ा पीटती, अन्दर जाने के लिए चीखती थी क्योंकि मैं भी वह सब सीखना चाहती थी। मेरे परिवार का कहना था कि संगीत सीखने के लिए तीन बरस की उम्र बहुत कम है लेकिन दरवाज़ा लगातार पीटा जाता रहा और आख़िर एक दिन संगीत अध्यापक ने मेरे माता-पिता को यह समझा दिया कि मुझे कमरे में आने दिया जाए। और यूं मैंने तीन साल की उम्र में ही संगीत सीखना शुरू कर दिया। आज भी संगीत मेरा सबसे बड़ा जुनून है, एक ऐसा साथी जो आत्मा को सुकून पहुंचाता है और थके-बेचैन दिल-दिमाग़ को ताज़गी से भर देता है।

लोगों को नियम तय करने देने से वह इन्कार मेरे लिए कसौटी और मेरी ज़िन्दगी का सबसे महत्त्वपूर्ण नियम बन गया और मुझे उम्मीद है कि तुम भी ऐसा कर पाओगी।

1978 में जब मैं प्रतिष्ठित वीरमाता जीजाबाई टेक्नोलॉजिकल इन्स्टीट्यूट में केमिकल इंजीनियरिंग पढ़ने गई तो मैं संस्थान के *99* साल के इतिहास में चौथी लड़की थी। संस्थान के प्रधानाचार्य ने मुझे समझाने की बहुत कोशिश की कि मैं लड़कों से भरी कक्षा में अकेली लड़की होऊंगी, मुझे सावधान किया कि अगर मैंने कैमिकल इंजीनियरिंग को प्रोफ़ेशन बनाने की सोची तो मुझे परेशानी होगी। उन्होंने मुझे सावधान किया कि टैक्सटाइल इंजीनियरिंग कोर्स लेने के लिए ज़ोर देने से सम्भव है कि मुझे कभी नौकरी न मिले क्योंकि उन दिनों प्रचलित भारी टैक्सटाइल मशीनों को सम्भाल सकने वाली बहुत ज़्यादा औरतें इस पेशे में नहीं हैं। मेरे साथ पढ़ने वाले पुरुष

साथी अक्सर मेरी निन्दा करते और कहते कि उस कोर्स में एक औरत होने के नाते मैंने एक योग्य पुरूष उम्मीदवार का हक छीना है क्योंकि मैं बस कोर्स ख़त्म करूंगी, शादी करूंगी और बच्चे पैदा करूंगी। वे नहीं जानते थे कि जितना ही वे मुझे मेरी राह से डिगाने की, मुझे हतोत्साहित करने की, मुझे नीचा दिखाने का प्रयास करते उतना ही उन्हें यह दिखा देने का मेरा संकल्प और मज़बूत होता जाता कि मैं अलग ही मिट्टी की बनी हूं। मैं सोचती थी, 'वे मेरे बारे में जानते ही क्या हैं कि उन्हें लगता है जो मैं यह पाठ्यक्रम पूरा नहीं कर पाऊंगी?'

अपनी ज़िन्दगी के हर चरण पर मैंने अपने निजी लक्ष्यों को प्राप्त करने के लिए अपनी ही आंतरिक कसौटियां बनाई हैं। मैने लोगों से प्रेरणा ली है लेकिन सर्वश्रेष्ठता के मेरे पैमाने सदा ही मैंने खुद तय किए हैं।

अक्सर, मेरे माता-पिता और मित्र इस बात पर हैरान होते हैं कि मैं अपनी उपलब्धियों के बाद भी रूकना या आराम करना क्यों नहीं चाहती। और मेरा उत्तर होता है कि मेरा जो शब्दकोष है उसमें 'काफ़ी' शब्द नहीं है। मेरे लिए हमेशा कुछ न कुछ ऐसा रहता है जिसे बेहतर किया जा सके, जिसे और सीखा व किया जा सके; मेरे लिए हमेशा कुछ न कुछ और नया करने को बचा रहता है... इसे अनियन्त्रित व्यवहार समझने की गलती करना आसान है लेकिन मैं हमेशा कहती हूं कि यदि आप जो कुछ करते हैं उसे करके प्रसन्न होते हैं तो आप उसे अप्रिय काम की तरह देख ही नहीं सकते। आप जो कुछ भी करना चाहें उसे करते हुए प्रसन्न हों और जितना अच्छे से अच्छा आप उसे कर सकते हैं, करें। कन्नम्मा, मेरे लिए कठिन परिश्रम ईश्वर को प्राप्त करने का इकलौता उपाय है। और हां, अपनी चुनी हुई राह के प्रति एक गहरी, अडिग वचनबद्धता भी। तुम जो पाना चाहो उस के लिए एकाग्र हो कर, यहां तक कि पागलपन की सीमा तक प्रयास करो। यही चीज़ तुम्हें तुम्हारे मुकाम तक ले जाएगी।

साधारण आर्थिक स्थिति वाले एक बड़े संयुक्त परिवार में पलती-बढ़ती मैं हमेशा अपने घर के बड़े लोगों के उस कठोर परिश्रम व त्याग से प्रेरित होती थी जिस का प्रयोजन पूरे

परिवार को ठीक जीवन और अच्छी शिक्षा उपलब्ध करवाना था। मेरे माता-पिता ने कभी भी अपने आर्थिक संघर्ष हमसे नहीं छुपाए और हम उन सभी चीज़ों को लेकर सजग और कृतज्ञ रहते थे जो हमें हमारी निम्न मध्यमवर्गीय परिस्थितियों में मिल पाती थीं। पैसा दुर्लभ था और घर के बड़े लोग हमेशा कतरब्यौंत करते रहते थे ताकि उन्हें हमें कभी भी किसी भी चीज़ के लिए मना करने की नौबत न आए।

अम्मा हम तीनों के लिए खाना पकाती थीं, घर के काम-काज करती थीं, और हमारे लिए फ्रॉकें सिलती थीं, ताकि एक फ्रॉक ख़रीदने के बदले में हम सभी को दो फ्रॉकें मिल जाएं। वह अपने लिए साल में एक साड़ी ख़रीदने की छोटी सी खुशी से भी खुद को महरूम रखतीं और अपने भाई से हर साल मिलने वाली एक साड़ी से ही खुश रहतीं। मेरी दादी भी बहुत कड़ी मेहनत करती थीं और अपने सभी बच्चों को एकजुट रखतीं थीं। वह इस बात का बहुत ध्यान रखती थीं कि घर के किसी भी ख़ास मौक़े पर, पूरा ही परिवार - हमारी ननिहाल की तरफ़ का और हमारी ददी की तरफ़ का - खुशी में शामिल हो। आज भी हम उनकी इस रिवायत को बनाए हुए हैं।

उस माहौल में पल-बढ़कर ही मैं वह इन्सान बनी हूं जो मैं आज हूं। उनकी कड़ी मेहनत और संकल्प ने मुझ में यह विश्वास भरा कि शैक्षिक सर्वश्रेष्ठता ही मुझे इस लायक बना सकती है कि मैं उन्हें उस का एक अंश लौटा सकूं जो उन्होंने हमारे लिए किया है। माध्यमिक विद्यालय में पहुंचने तक, प्रथम आना मेरे लिए पागलपन की सीमा तक महत्त्वपूर्ण हो चुका था। और मेरे लिए यह भी महत्त्वपूर्ण था कि मैं काफ़ी नम्बरों के अन्तर से प्रथम आऊं। अब यह बेहद हास्यपद लग सकता है, लेकिन वह एक चीज़ मेरे दिमाग़ पर इस हद तक छाई हुई थी कि अच्छे कपड़े पहनना और अच्छा दिखाई देने की चाहत मेरे लिए उतनी महत्त्वपूर्ण नहीं थी जितनी कि कक्षा में प्रथम आना! बच्चे की तरह सरल-सहज बनो, कठिन परिश्रम और सर्वश्रेष्ठ करने की चाहत अपने अन्दर से आने दो और तुम पाओगी कि तब किसी भी व्यक्ति या ताकत से होड़ करने की ज़रूरत नहीं रहती। जब तुम अपनी स्वयं की नम्बर एक

प्रेरणा बन जाओगी तो तुम्हें तुम्हारे लक्ष्य तक पहुंचने से कुछ भी रोक नहीं पाएगा।

जब तुम्हारे पिता अचानक ही चले गए तो मेरे पास बिना एक भी क़दम रूके लगातार ज़िन्दगी की राह पर आगे बढ़ते रहने के अलावा कोई चारा नहीं था क्योंकि मेरे ऊपर तुम्हें और तुम्हारे भाई की देखभाल की ज़िम्मेदारी थी। उनकी मौत मेरी ज़िन्दगी को बदल देने वाला मोड़ नहीं थी क्योंकि मैं हमेशा से ही बहुत महत्त्वाकांक्षी रही थी। लेकिन वह मेरे दोस्त और मार्गदर्शक थे, तुम्हारे अच्छे पिता थे और ऐसे बढ़िया साथी थे जिन पर मैंने अपनी ज़िन्दगी की सभी चीज़ों की ज़िम्मेदारी छोड़ दी थी। अब तो यह सोच पाना कठिन है लेकिन सच यह है कि वह हमारे कुटुम्ब के लिए एक अदृश्य लंगर थे - वह आदमी जो परिवार के बच्चों की शिक्षा और निवेश की व्यवस्था करता और यदि बड़ा पारिवारिक आयोजन हो तो भोजन और मनोरंजन का भी इंतज़ाम करता। अपने विवाहित जीवन के आठ बरसों में मैं अपने दाम्पत्य में इतनी तल्लीन थी कि मैं यह भी पक्के तौर पर कह नहीं सकती थी कि मेरा करियर महत्त्वपूर्ण है या नहीं। मैं तो इस विचार में ही तल्लीन थी कि अपना करियर बनाए रखने के साथ ही मैं बढ़िया ढंग से घर चलाती, बच्चे पालती और बढ़िया ढंग से पारिवारिक जीवन चलाती एक खुश गृहस्थिन हो सकती हूं।

फिर उस दिन सभी कुछ बदल गया जब सड़क की ग़लत तरफ़ से वह ट्रक आया और हमारी कार से टकरा गया। हमारी ज़िन्दगी की दिशा हमेशा के लिए बदल गई। अचानक मेरे साथ वह नहीं रह गया था जिसके साथ मैं किसी विचार के सही होने न होने पर चर्चा कर पाती, दफ्तर में किसी चुनौती भरी परिस्थिति पर विचार विमर्श करती या जिस से किसी नई अवधारणा को समझने में मदद करने को कहती। वह बहुत बुद्धिमान थे लेकिन अब याद करती हूं तो सोचती हूं कि वह जानते थे कि मैं उन पर कितनी निर्भर हूं। 'मैं हर विषय में सबसे बढ़िया नहीं हूं रेणु,' वह कहते थे। 'सही चीज़ों के लिए सही व्यक्ति को ढूंढना सीखो, तब तुम्हें हमेशा सही राय और मार्गदर्शन मिलेगा।' तब मैं उन पर हंसती थी, लेकिन जब वह अचानक इतनी जल्दी हमारी

ज़िन्दगी से चले गए तब मैंने सचमुच आत्मनिर्भर होने और लोगों से संवाद का महत्त्व समझा।

जब वह गए तो मेरे पास किसी बात को सोच कर परेशान होने या इस बात की चिन्ता करने का भी समय नहीं था कि मैं अपने बच्चों पर पूरा ध्यान नहीं दे पा रही हूं। देर तक काम करते रहना मेरी इच्छा नहीं थी बल्कि ज़रूरत थी ताकि मैं तुम्हें उन सभी सुविधाएं दे सकूं जो तुम्हारे बचपन की ज़रूरत थीं और जिनकी ज़रूरत आगे की ज़िन्दगी में भी होगी। और अगर मैं वेदना की अंधेरी घड़ियों और ज़िन्दगी के अन्याय से उबर सकी, तो बस इसलिए क्योंकि मुझे भगवान ने एक ऐसा परिवार दिया है जो मज़बूती से मेरे साथ खड़ा था। तुम्हारी मौसी, (मेरी बहन) मेरी आत्मिक मित्र हैं, वह औरत जिसने मेरा मुश्किल समय में हाथ थामा। वह मुझसे बात करतीं और जब मुझे अपने अन्दर झांकने की ज़रूरत होती तो वह चुप रहतीं। उन्होंने मुझे रेकी की स्वस्तिकर शक्ति तक पहुंचने का मार्ग दिखाया जिसने मेरी घायल आत्मा को स्वस्थ किया। मेरे माता-पिता हमारे साथ आ गए। उनकी उपस्थिति और मैं जो भी कर रही होऊं, हर उस काम में उन की सहायता ने मुझे आश्वस्त किया। मेरे पिता मेरी ज़िन्दगी का आधार हैं, ऐसे व्यक्ति जो हमेशा मेरे साथ खड़े मिलते हैं, बिना कोई प्रश्न किए। वह कभी ऐसा नहीं सोचते कि इतने बरसों तक मुझे सहारा देकर उन्होंने कोई एहसान किया है, वह अक्सर अपनी ज़रूरतों से पहले मेरी ज़रूरतों की चिन्ता करते हैं। उनके हिसाब से यह तो उन्हें करना ही था, यह एक पिता के रूप में उनकी भूमिका का ही विस्तार है। आज पचास साल की उम्र में भी मैं उनकी छोटी बेटी हूं। मेरे भाई ने मेरे जीवन में एक नए संसार की राह खोली, वह मुझे थाम कर मुझे हमारे गुरू श्री श्री मुरलीधर स्वमीगल तक ले गए। वह एक भावनात्मक लंगर हैं और मेरी उपलब्धियों पर बहुत गर्व करते हैं। दुनिया भर से मेरे दोस्तों ने मुझे पत्र लिखे और सम्पर्क बनाए रखा जिस से मुझे आगे की लम्बी यात्रा का सामना करने का साहस मिला। मुझे अपने दोस्तों और कुटुम्ब से बहुत सहायता मिली है जिसके लिए मैं सदा ही कृतज्ञ रहूंगी।

बच्ची, मैं चाहती हूं कि तुम सम्बन्धों को बढ़ाना और उन्हें पालना-पोसना हमेशा याद रखो। अन्त में सम्बन्ध ही काम आते हैं।

प्यारी बेटी, मैंने जीवन में जल्दी ही यह जान लिया था कि दुनिया प्रतियोगिता से भरी है जहां कोई भी इस बात का इन्तज़ार नहीं करेगा कि अपना काम शुरू करने से पहले तुम अपनी निजी समस्याओं से निज़ात पा लो। लेकिन उससे पहले भी मुझ में अपने काम को पूरे समपर्ण के भाव से करने की अन्तःप्रेरणा थी। मुझे याद है कि एक दिन मैं बुरी तरह थक जाने के कारण अस्पताल पहुंचाई गई थी। मेरे उच्चाधिकारी बेहद नाराज़ हुए थे, और मेरे सहयोगियों को तभी पता चला था कि मैं दूसरे बच्चे की मां बनने वाली हूं लेकिन मैंने यह बात किसी को इसलिए नहीं बताई थी क्योंकि वह कार्य में व्यस्तता का समय था। और मैं नहीं चाहती थी कि मुझे किसी भी तरह की कोई ख़ास सुविधा सिर्फ़ इसलिए मिले क्योंकि मैं एक स्त्री हूं।

मैं कह नहीं सकती कि मैं अब ऐसा करूंगी या नहीं, लेकिन उन दिनों तो मेरे लिए मेरा काम ईश्वर की पुकार था। और यही बात आज भी है। मैं सचमुच यक़ीन करती हूं कि यदि बढ़िया ढंग से काम करना ही तुम्हारा एकमात्र लगनभरा लक्ष्य है और तुम उसे पाने की धुन में रम जाओ, तो बाकी सब सही होगा।

कन्ना, एक पत्नी, मां, कर्मचारी और मित्र के रूप में तुम जो भी करो उस के लिए पैमाने तय करना जल्दी ही सीख लो। मैंने हमेशा यही किया। मेरे आस-पास के लोग कभी समझ नहीं पाए कि जब मैं पहले ही उतना पा चुकी हूं जितना उनमें से ज़्यादातर पूरे जीवन में पा सकने का सपना भी नहीं देखते, तो अब मैं किसके पीछे भाग रही हूं। वे कभी नहीं जान पाए कि मेरी प्रेरणा और मेरी कसौटी मेरे ही अन्दर हैं। तुम जो कुछ भी करो वह असाधारण होना चाहिए। यह शायद एक बड़ी मांग जैसा लगे लेकिन अपने लक्ष्य को प्राप्त करने का बस यही एक तरीका है। उन साधारण लोगों से प्रेरणा लो जो बस अपने जुनून, रचनात्मकता, कठिन परिश्रम से, बिना

उस नेटवर्किंग की मदद के जो सुविधा सम्पन्न पृष्ठभूमि के लोगों के पास होती है, अकल्पनीय काम कर डालते हैं। सुविधा सम्पन्न पृष्ठभूमि के लोगों से मिलने वाली प्रेरणा के बजाए उनकी कहानियां बहुत ज़्यादा उत्साहित करती हैं।

मेरी अपनी मां गांव की एक सरल लड़की थीं जो बहुत ही सुरक्षित माहौल में बड़ी हुईं, लेकिन शादी होने पर उन्हें एक बड़े शहर में आना पड़ा। जीवन बहुत कठिन और पैसा दुर्लभ था लेकिन बहुत थोड़े संसाधनों से उन्होंने हमें पाल-पोस लिया, जो भी हमारे घर आता उसे वह खाना ज़रूर खिलाती थीं।

मेरे बच्चों, कई मायनों में उनको देखकर, मुझे और ज़िम्मेदारियां लेने की प्रेरणा मिलती है ताकि मैं न केवल अपने माता-पिता के त्याग का ऋण चुका सकूं बल्कि तुम्हारी देखभाल भी कर सकूं। अपने परिवार की ज़रूरतों को पूरा करने के लिए कई सालों तक तुम्हारे नानाजी अकेले ही विदेश में नौकरी करते रहे। मुझे इस बात से बहुत दुख होता था कि वे अकेले रहते हुए बहुत ज़्यादा मेहनत करते हैं, अपने आप खाना पकाते हैं और हमारे लिए पैसे भेजते हैं।

तुम्हारे पिता की मृत्यु के बाद जब मैंने अपने आपको पूरी तरह काम में झोंक दिया तो उस का एक कारण यह भी था कि मैं तीन पीढ़ियों की देखभाल करना चाहती थी - अपने माता-पिता की, अपनी और अपने बच्चों की। यह मेरी लिए एक बड़ी प्रेरणा थी।

तुम्हें याद है जब कुलदेवता के मन्दिर जाते हुए रास्ते में हम तुम्हारे दादाजी के गांव गए थे और वहां तुम्हारी कुटुम्बी दादी से मिले थे जो अकेली रहती थीं? हम पूजा करके वापस आए तो वे हमारा इन्तज़ार कर रही थीं, बूढ़ी अम्मा ने हमारे लिए पूरी दावत का इन्तज़ाम किया था। अपने हुनर और अपने खाद्य भण्डार में मौजूद मामूली सी चीज़ों के बूते उन्होंने हमें शानदार खाना खिलाया और जब हम लौटने लगे तो उन्होंने अपने इकलौते प्लास्टिक के डिब्बे में हमें रास्ते के लिए भी खाना दिया। मुझे आशा है कि बरसों पहले उन सरल महिला ने देने की जिस भावना का उदाहरण हमारे लिए रखा था, तुम उसे सीखोगी।

मैंने यह सुनिश्चित करने के लिए कड़ी मेहनत की है कि पैसा हमारी ज़िन्दगियों को बिगाड़ न दे। यह हमें वस्तुओं का सुख तो देता है लेकिन इस का अर्थ कभी पैसों या रिश्तों की अवहेलना में नहीं बदला। तुम्हारे नानाजी आज भी फ़ार्म की देखभाल करते हैं और नानी आज भी खाना पकाती हैं। और मैं इस बात से खुश हूं कि मेरे बच्चे भी दशकों से बनाए हमारे सम्बन्धों को महत्त्व देते हैं।

बच्ची, हमने जितना कभी सपनों में भी नहीं सोचा था उस से बहुत अधिक पैसा मैंने कमाया है; लेकिन पैसे के पीछे दौड़ना कभी भी हमारी योजना में शामिल नहीं रहा। अगर तुम मुझसे पूछो कि क्या करना सही है, तो मेरा जवाब होगा – दूसरे इन्सान को यह महसूस करवाने के लिए कि उसे भी प्यार किया जाता है और उसकी भी ज़रूरत है, सचमुच निजी स्तर पर प्रयास करना। अपने बच्चों के लिए कई चीज़ें करने वाली एक युवा मां के रूप में मैं जानती हूं कि बच्चे जितना हम मानते हैं, चीज़ों को उससे सौ प्रतिशत ज़्यादा समझते हैं। वे जितना हम सोचते हैं, उससे हज़ार गुना ज़्यादा संवेदनशील होते हैं और जितना हम सोचते हैं उससे हज़ार गुना ज़्यादा समर्थ होते हैं। जब तुम मां बनोगी, अपने बच्चों को उदाहरण देकर दिखाना, अपनी बातों और अपने कार्यों, दोनों तरह से, कि सही काम क्या हैं। इससे वह कभी ऐसा कोई काम नहीं करेंगे जिससे तुम्हें या उन्हें शर्मिंदगी हो।

लेकिन यह सब तो बहुत बाद की बातें हैं, हैं न? दबे पांव प्रेम और सन्तुष्टि की सम्भावना से भरे जीवन की दहलीज़ की ओर बढ़ती हुई युवा लड़की के रूप में तुम्हें वे बाकी रहस्य जानने होंगे जो मैंने जीवन में सीखे हैं। जिसे तुम प्यार करती हो उस पुरूष से शादी करने से बढ़कर कोई खुशी नहीं। लेकिन फिर भी, तुम्हारे लिए यह भी महत्त्वपूर्ण है कि अपनी पहचान कभी मत भूलो और उसे कभी खोओ मत। औरतों को पीढ़ियों से ऐसा बताया जाता रहा है और यह विचार कि विवाह और नए परिवार के हित में हमें अपने आप को समर्पित कर देना होगा, उनकी मानसिकता का हिस्सा बन चुका है।

लेकिन मैं तुम्हें एक रहस्य बता रही हूं। भटकने के कुछ क्षण ऐसे भी होंगे जब तुम्हें लगेगा कि तुम्हारा काम बस एक अच्छी पत्नी, मां और बहू होना ही है। लेकिन इस में अच्छी बात यह है कि तुम्हें एक भूमिका के लिए दूसरी भूमिका को छोड़ने की ज़रूरत नहीं होती। अपने परिवार का ध्यान रखना मत छोड़ो, नए परिवार में घुल-मिल जाओ लेकिन अपनी पहचान मत खोओ। इस एहसास के साथ मत जियो कि तुमने अपने परिवार के लिए अपने निजी लक्ष्यों का बलिदान किया है। किसी भी कारण से, कभी भी, अपनी सम्भावना पर समझौता न करो क्योंकि अगर तुमने ऐसा किया तो यह पछतावा सदा तुम्हारे साथ बना रहेगा।

तुम्हारे घर और तुम्हारे करियर के बीच सन्तुलन बनाने के लिए हमेशा ही एक तरीका होता है और सिर्फ़ तुम ही यह निर्णय ले सकती हो कि वह सन्तुलन क्या हो। मेरे लिए, मेरी ज़िन्दगी का बड़ा हिस्सा मेरा करियर रहा, उसके बाद बच्चे, फिर मेरा परिवार, और इन सब ने लगभग पन्द्रह साल मेरे अपने लिए लगभग कुछ भी समय नहीं छोड़ा। लेकिन मैं फिर भी खुश थी क्योंकि यही सन्तुलन मैंने अपने लिए चुना था! पता नहीं तुम यह जानती हो या नहीं कि लगभग दस बरस तक, जब तुम्हारा भाई एक किशोर बन रहा था, हम उसकी पसन्दीदा ऐक्शन फ़िल्में देखने जाते थे, वह फ़िल्म देखता और मैं अपनी नींद पूरी करती। फ़िल्म ख़त्म होती तो वह मुझे जगाता और हम खुशी-खुशी घर वापस आ जाते।

कन्ना, मेरे लिए सन्तुलन का अर्थ यह है कि अगर तुम्हारी कोई महत्त्वाकांक्षा है तो अपने आस-पास एक ऐसा वातावरण बनाओ जो तुम्हें अपने लक्ष्य को प्राप्त करने के लिए और जो तुम कर रही हो उस में पूरी तरह खुश और मगन रहने का निर्बाध अधिकार दे। अपनी ज़िन्दगी की तुलना किसी और की ज़िन्दगी के साथ मत करो जिसकी प्राथमिकताएं अलग ही हों। ज़िन्दगी में आप की जवाबदेही दूसरों से नहीं बल्कि खुद से होती है। अगर तुम अपनी ज़िन्दगी दूसरों से जवाबदेह बनती जियोगी तो आख़िर सब गड़बड़ कर दोगी और हमेशा अपने दुखों के लिए किसी और को दोषी ठहराओगी। यह कहना कि मैंने किसी और

की ख़ुशी के लिए बलिदान किया, सबसे बड़ी ग़लती है। जब तुम ख़ुद ख़ुश होओगी सिर्फ़ तभी दूसरों को भी ख़ुश रख पाओगी।

हर दिन, हर घड़ी, हर पल ख़ुश रहो। प्यारी कन्ना, यदि आज तुम यह निर्णय लेती हो कि तुम अमेरिका में रहना चाहती हो क्योंकि तुम्हारी ख़ुशियां वहां हैं, तो बस इस अपराधबोध के कारण कि मैं अकेली हूं, घर आने का दबाव महसूस मत करना। जब तुम ख़ुश होओगी तभी तुम मुझे भी ख़ुश कर पाओगी, इसलिए अपनी ज़रूरतों और ख़ुशियों को लेकर समझौता मत करो। अक्सर एक औरत को बताया जाता है कि जिस परिवार में उसका विवाह हुआ है वह उस में विलीन हो जाए। मेरे लिए किसी वातावरण में विलीन होने का अर्थ है कि जिस परिवार में तुम्हारा विवाह हुआ है उसके मूल्यों को समझो, उनका सम्मान करो और परिवार के मौजूदा समीकरणों में टकराव की स्थिति न आने पाए इसलिए उनका पालन करो। लेकिन जहां तक सम्भव हो यह उतने ही समय तक के लिए सीमित रखो जब तक तुम उस वातावरण में हो। याद रखना कि अपने परिवार में अपना स्थान हमेशा परिभाषित रखना और अपने विश्वासों का पालन करते हुए जीना। अपने आपको अपनी शादी के लिए मत बदलो।

जब मैंने यह निजी इक्विटी फ़र्म स्थापित करने के लिए आईसीआईसीआई छोड़ा तो बहुत से लोग संशय में थे। मेरे हितैषी मित्र और मेरा परिवार इस बात से परेशान थे कि मैं कहां जा रही हूं। हालाँकि वे ऐसा मेरी भलाई के लिए सोच रहे थे।

वह उद्यम अब सफलता की एक महत्त्वपूर्ण कहानी बन चुका है और यह इसलिए हो पाया क्योंकि मैं लोगों को किसी भी तरह की श्रेणियों में नहीं रखती। मेरा ओशो में बहुत विश्वास है और मैं मानती हूं कि लोग दूसरों को नीचा दिखाने और ख़ुद को फायदे की स्थिति में बनाए रखने के लिए ही खांचे तैयार करते हैं, क्योंकि इस से वह कम जोख़िम से भरी, कम प्रतियोगी दुनिया में जी पाते हैं।

मैं सचमुच ही मानती हूं कि उन्नति की राह में एकमात्र

बाधा आपकी कल्पना में होती है। हकीकत यह है कि तुम जो कुछ भी करना चाहो उसमें तुम्हारी सफलता में मदद के लिए दुनिया तुम्हारा इन्तज़ार कर रही है, लेकिन इसके लिए तुम्हें उस से संवाद करना होगा। अगर तुम्हें विश्वास है कि तुम कुछ कर सकती हो, तो बिना अपना ध्यान बंटाए, बिना असफलता के भय में समय व्यर्थ किए, उसे करने में जुट जाओ। गहराई से सोचो कि जहां तुम पहुंचना चाहती हो वहां तक कैसे पहुंच सकोगी। ब्रह्माण्ड की शक्ति और उसके संसाधन हमारी कल्पना से परे हैं। तुम खुद ही अपने भाग्य की निर्माता हो।

अब जबकि तुम अपनी यात्रा की शुरूआत कर रही हो, मैं तुम्हें बताना चाहती हूं कि ज़िन्दगी में प्यार की ताकत से बढ़कर कोई ताकत नहीं। तुम्हारी बुद्धिमत्ता तुम्हें जो दिला सकती है, प्यार तुम्हें उससे कहीं ज़्यादा दिला सकता है। अपने हर सम्बन्ध को प्यार से और लोगों में सचमुच की रूचि से संचालित होने दो। मेरी मनोवृत्ति सभी के प्रति वास्तविक प्रेमलता और उनकी महत्त्वकाक्षांओं और सपनों का सम्मान करने की रहती है। मैं अपने अनुभव से जानती हूं कि अविश्वासी, हद से ज़्यादा होशियार अथवा असुरक्षित हो कर आप कुछ भी नहीं पा सकते और यह आदतें सफलता के लिए परम-आवश्यक भी नहीं हैं। सफलता खुद अपने आप में एक धुंधली चीज़ है। बड़ी चीज़ें प्यार से, और उस मारामारी की मानसिकता से बच कर ही प्राप्त की जा सकती हैं जो अक्सर हमारे वातावरण में छाई मिलती है।

ख़ैर, इन सभी चीज़ों को बदला नहीं जा सकता या योग्यता या प्रदर्शन में कमी लाते हुए इन पर अमल नहीं किया जा सकता। अगर तुम कोई आर्थिक कामकाज कर रही हो तो उसका सम्मान करना चाहिए, उसमें लगने वाले आर्थिक संसाधनों का सम्मान करो। लेकिन ऐसा करते हुए प्यार और स्नेहिलता में कमी नहीं आनी चाहिए। जब मैं किशोरी थी तो मुझे घमण्डी और हठी समझा जाता था, सच्चाई यह है कि मैं तो बस चीज़ों के बारे में अपना दृढ़ विश्वास व्यक्त कर रही थी।

मैंने, दूसरों के दृष्टिकोण को लेकर दिमाग़ को पूरी तरह खुला रखना सीखा है। सकारात्मकता का उपहार मैंने अपनी कॉलेज की एक मित्र से पाया जो कि मेरे अलावा, कक्षा में इकलौती लड़की थी। बरसों पहले जब मैं बरामदे में अकेली खड़ी अपने पुरूष सहपाठियों के व्यंग्य और उपहासपूर्ण बातों से दुखी हो कर रोती, वह मेरा कन्धा थपथपा कर मुझ से सिर उठा कर वापस कक्षा में जाने को कहती। 'अगर तुम रोना चुनोगी तो तुम अगले बीस बरसों तक रोती रहोगी और किसी को तुम्हारी या तुम्हारे रोने की परवाह नहीं होगी। अगर तुम चाहती हो कि तुम्हारी ज़िन्दगी और करियर चैन से चलते रहें, तो पुरूषों द्वारा स्वीकार किया जाना सीख लो। तुम मुख्यधारा का भाग बनना चाहती हो तो पता करो कि यह कैसे हो पाएगा और वैसा करो। तुम्हारे पुरूष सहपाठी तुम्हारे बिना भी सम्पूर्ण हैं। तुम्हें उन के साथ जुड़ने की ज़रूरत महसूस होती हो तो कोशिश तुम्हें ही करनी है,' वह मुझे बताती थी। मुझे अपने कन्धे पर सिर रखकर रोने देने के या एक कप चाय पिलाने के बजाय उसने मुझे झकझोर कर जगा दिया। उसने मुझे उस मुश्किल दौर में मज़बूती और आत्मविश्वास दिलाने में बड़ी मदद की। यह बढ़िया पाठ पढ़ाने के लिए मैं उसे जितना भी धन्यवाद दूं, वह कम ही होगा।

कुछ और भी चीज़ें हैं जो मेरी ज़िन्दगी में बेहद महत्त्व रखती हैं। शुरू से ही मैं अपनी दादी की सकारात्मकता से काफ़ी हैरान होती थी जो भारी विपत्ति में भी खुश रहती थीं। आज भी उनका मेहनती जीवन मेरी आंखों में बसा है। अपने सीमित संसाधनों से वे चीज़ें बना लेती थीं - पुराने कपड़ों से सामान लाने के थैले और घर में दैनिक पूजा के लिए फूलों की सजावट। हमारे घर में प्यारी-प्यारी चीज़ें थीं जो उन्होंने पुराने सामानों का उपयोग करके बनाई थीं। दादी एक अद्भुत रूप से रचनात्मक और लगन से जुटी रहने वाली महिला थीं। आज भी, मैं अपने आस-पास किसी को भी, कुछ भी नकारात्मक बात नहीं कहने देती। सकारात्मकता संक्रामक है, इसलिए इसे अपने आस-पास फैलाओ। मैं रचनात्मकता और नए कामों का सब से ज़्यादा सम्मान करती हूं, चाहे वह कुछ छोटा-सा काम ही हो जो माली ने हमारे बगीचे में किया है।

मौलिकता एक दुर्लभ गुण है जिसकी क़द्र की जानी चाहिए, उसे पोसना चाहिए। अपनी मौलिकता को कभी न छोड़ना और न ही समाज को तुम्हें यह बताने देना कि तुम इसलिए अच्छी नहीं हो क्योंकि तुम बाकी लोगों जैसी नहीं हो। हम में से हर कोई अद्भुत है और हमारा कर्त्तव्य है कि हम उस विलक्षणता को बनाए रखें।

मेरे बच्ची, याद रखना कि हमेशा अपनी बाधाओं पर नहीं बल्कि अपनी मज़बूतियों पर ध्यान केन्द्रित करना चाहिए। कोई न कोई हमेशा ही तुम्हें तुम्हारी कमज़ोरियां दिखाने के लिए कठिन परिश्रम कर रहा होगा क्योंकि इससे उसे फ़ायदा होगा। सफल होने के लिए तुम्हारी इच्छा से ज़्यादा मज़बूत कुछ भी नहीं है। कभी-कभी लोग इसलिए भी तुम्हें तुम्हारी कमज़ोरियां दिखाना चाहेंगे ताकि तुम बढ़िया ढंग से काम कर सको। हर बात को फ़ीडबैक की तरह इस्तेमाल करो लेकिन ख़ुद पर अपना विश्वास अटल रखो। कुछ कर पाने की अपनी योग्यता पर पागलों की तरह यक़ीन करो और तुम अपने लक्ष्यों को प्राप्त कर लोगी। अपनी ज़िन्दगी दूसरों की उम्मीदों अथवा आदेशों के अनुसार मत जियो। मैंने अपने दिल की बात सुनी और अठारह संघर्ष भरे बरसों के बाद, मैं जानती हूं कि यह बहुत अच्छा रहा।

मेरी प्यारी बेटी, अपने वरिष्ठजनों की शुभाकांक्षा और आशीर्वाद प्राप्त करो। यह अच्छे और बुरे, सभी तरह के समय में एक अनमोल खज़ाना है। ऐसा ही खज़ाना एक ख़ास किस्म की आध्यात्मिकता, यह विश्वास कि हमसे बहुत बड़ी एक सत्ता मौजूद है, भी है। जब तुम्हारे पिता चल बसे तो श्रीनाथजी पर मेरे विश्वास ने ही मुझे मेरे चुने हुए पथ पर बनाए रखा, मुझे उन ख़तरों से बाहर निकाला जो मुझे मेरे कर्मक्षेत्र से अलग ले जाते। इस के साथ ही मेरे गुरूजनों के आशीर्वाद, मेरे मित्रों के निरन्तर सहयोग ने मुझे जीवन को आगे ले जाने में मदद की।

तुम्हारे पिता की मृत्यु के बाद जब मेरी दुनिया नीरस और आनन्दहीन हो गई थी, तब ईश्वर, मेरे गुरू और मेरे मित्रों पर मेरे विश्वास ने ही मेरे लिए अपने उद्देश्य के प्रति वचनबद्ध रहना सम्भव बनाया। मेरा पक्का विश्वास है कि

उस समय मेरे जीवन में उन सभी लोगों के आने के पीछे ब्रह्माण्ड की भूमिका है क्योंकि उस समय मैं खो गई थी और बाहर निकलने के लिए हाथ-पैर मार रही थी। मेरी बहन ने रेकी की प्राणदायी शक्ति से मेरा परिचय करवाया ताकि मैं फिर से अपनी ऊर्जा को जागृत कर पाऊं, खुद का फिर से अनुसन्धान कर पाऊं। तब से, मैंने रेकी की कायाकल्प कर देने वाली शक्ति को अपने कार्यस्थल पर अपनाया है, अपने दोस्तों और सहयोगियों का इससे परिचय करवाया है और सभी को इससे फ़ायदा पहुंचते देखा है।

अपनी ज़िन्दगी को सच्चाई और ईमानदारी से जीने की योग्यता भी ईश्वर पर विश्वास जितनी ही महत्त्वपूर्ण है। कोशिश करो कि कभी भी, किसी भी चीज़ के लिए, किसी का अहसान न लेना पड़े। कोई भी ऐसा काम मत करो जिसमें तुम्हें किसी का अहसान लेना पड़े क्योंकि यह तुम्हारी कार्यक्षमता को सीमित कर देगा। ज़िन्दगी के आख़िरी दिन तक, अपनी पूरी सम्भावना के साथ जियो। लेकिन अगर तुम किसी का अहसान लोगी तो ऐसा नहीं कर पाओगी क्योंकि किसी का अहसान लेना और अपनी पूरी सम्भावना के साथ जीना, दोनों चीज़ें एकदूसरे के विपरीत हैं। यदि तुम किसी का अहसान लोगी तो अपनी पूरी सम्भावना के साथ जीने के लिए तुम्हें उस व्यक्ति के प्रति अपने वचन पर फिर से विचार करना ही होगा। इस झमेले में पड़ने के बजाय अपने कठिन परिश्रम द्वारा अपनी पूरी सम्भावना को प्राप्त करो और ब्रह्माण्ड की शक्ति तुम्हें सफल बनाने में जुट जाएगी।

अहसान लेने से मेरा इन्कार ही मुझे रोज़ सुबह मेरे बिस्तर से बाहर आने और अपने काम को बेहतरीन तरीके से करने के लिए बाध्य करता है। यही मैं तुम्हारे लिए भी चाहती हूं, मेरी बच्ची।

अगर मैं अहसान लेती और अपनी आत्मा बेच देती, तो मुझ में रोज सुबह बिस्तर से उठने और अपने काम को बेहतर तरीके से करने की हिम्मत न होती। मेरे अन्दर का द्वन्द्व ही मेरे हाथ-पैर जकड़ कर मुझे बिस्तर से न उठने देता।

प्रिय कन्नम्मा, मैं तुम्हारे अपने लिए चुने क्षेत्र में तुम्हें

सफलता प्राप्त करते हुए देखना चाहती हूं। मुझे बेहद गर्व है कि छोटी सी उम्र में ही तुमने उस राह को चुना है जो बेहद परिपक्वता की मांग करती है। और मैं उस दिन का इन्तज़ार कर रही हूं जब तुम अपनी एजुकेशन ऐण्ड फ़िज़ियोलॉजी की पढ़ाई का इस्तेमाल भावनात्मक और मानसिक विकलांगताओं से पीड़ित लोगों के जीवनों को और ज़्यादा अर्थपूर्ण और खुशनुमा बनाने के लिए करोगी।

और अन्त में, मैं तुम्हें बताना चाहती हूं कि मैंने अपने परिवार के लिए जो भी किया है वह जीवन के किसी भी बिन्दु पर मुझे बोझ नहीं लगा है। मैंने इस शानदार यात्रा के हर क्षण का सुख पाया क्योंकि मुझे तुम्हारी संगति का वरदान प्राप्त था। सिवाय हमेशा खुश रहने की ज़िम्मेदारी के, तुम पर मेरा कोई कर्ज़ नहीं है।

बहुत प्यार,
मां

संजीव कपूर

भारत के खाना पकाने के उस्ताद, संजीव कपूर का नाम रेस्त्राओं और शेफ़ों का मूल्यांकन करने वाली विश्वविख्यात मिशेलिन की सूचि में नहीं है, न ही उन्हें शेफ़ का हैट प्रदान किया गया है। दोनों ही सम्मान किसी शैफ़ के बहुत ऊंचे दर्जे को दर्शाते हैं। सच तो यह है कि कपूर बिल्कुल भी शैफ़ जैसे नहीं हैं। वह शुरू में वास्तुकार बनना चाहते थे लेकिन आर्किटेक्चर कॉलेज में प्रवेश लेने में देर होती दिखी तो उन्होंने होटल मैनेजमेण्ट में दाखिला लेने का निर्णय लिया।

इस सब के बावजूद इस लगनशील, योग्य, और अपने काम को बेहतरीन ढंग से करने के इच्छुक युवा ने अपने पिता की ही तरह अपने काम में अपनी रूह उड़ेल दी। उनके पिता ने उन्हें सिखाया कि ज्ञान ही अपने चुने गए काम में बेहतरीन बने रहने की कुन्जी है। कुछ दशकों से कपूर खाने के व्यवसाय के छोटे से छोटे काम के बारे में भी कुछ दिया सीखते रहे हैं। वे बेधड़क जोख़िम उठाने वाले व्यक्ति थे और आज भी हैं। अपनी शादी के कुछ साल बाद ही कपूर ने नौकरी छोड़ दी क्योंकि उन्होंने महसूस किया कि वे ज़िन्दगी में अधिक बेहतर चीज़ों के लिए बने हैं। तब वह एक पांच सितारा होटल में एक्ज़ीक्यूटिव शैफ़ थे। कुछ समय तक अनिश्चितता बनी रही। फिर टी.वी. शो खाना खज़ाना की शुरूआत हुई। एशिया के सबसे लम्बे समय तक चले इस खाना बनाने वाले शो ने उनकी घर-घर में पहचान बना दी। अब तक ज़्यादातर दाल, चावल, रोटी ही बनाती रही गृहस्थिनें उनकी पाकविधि के बढ़िया होने की बात कहतीं और उन से प्रेरित हो कर पास्ता, पीट्ज़ा, फजीताज़ और एन्चिलाडाज़, तापास और टोस्टाडास बनाने लगीं।

कपूर अकेले चलने की हिम्मत रखने वाले आदमी थे। उन्होंने वह सुनसान राह चुनी जिस पर कम ही लोग चलते थे, जो सफलता के दुर्लभ शिखर तक पहुंचाती थी। 2011 में उन्होंने अपना 24 घण्टे चलने वाला फूड चैनल फूड-फूड शुरू किया। यह एक ऐसा कारनामा था जो संसार के सिर्फ़ गिने-चुने खाना पकाने के उस्ताद ही कर सकते थे। आज कपूर के व्यवसाय में सब कुछ है : रेस्टोरेण्ट और मॉड्यूलर रसोइयों से लेकर खाने के लिए तैयार पैकेटबन्द भोजन और रसोई में इस्तेमाल होने वाले उपकरणों तक। अपनी दो बेटियों को लिखे पत्र को उन्होंने प्यार और परवाह से सजाया है।

प्रिय रचिता, कृति,

मेरा निर्णय रहा है कि तुम्हें कभी न बताऊं कि तुम्हें क्या करना चाहिए, इस के बजाय तुम अपने आस-पास देखकर सीखो। मुझे उम्मीद है कि तुम इस पत्र को एक उपदेश की तरह नहीं बल्कि उन चीज़ों की झलक की तरह देखोगी जिनके परिणामस्वरूप मैं वह इन्सान बन पाया जो मैं आज हूं - दो अद्‌भुत प्यारी बेटियों का पिता।

बीते बरसों की तरफ़ मुड़कर देखूं और वह दो-तीन विश्वास गिनना चाहूं जिन्होंने मुझे मेरा भाग्य बनाने में मदद की, तो वे यह होंगे : दूसरों से अलग होने का साहस, जोख़िम उठाने की चाहत, खुद पर पूरा भरोसा करने की योग्यता और सबसे बढ़कर इतना कठिन श्रम करने की प्रेरणा कि अपने अंत:करण की पुकार पर चुने काम में सर्वश्रेष्ठ बन पाऊं।

अभी तुम छोटी हो और ज़िन्दगी की दहलीज़ पर हो। ज़िन्दगी तुम्हें बहुत से रास्तों पर ले जाएगी, कुछ आरामदायक, कुछ कष्टभरे, और कई बार यात्रा एकाकी भी होगी। और ऐसे समय में तुम्हारी मदद यह विश्वास करेगा कि अगर तुम्हें स्पष्ट रूप से पता हो कि तुम किस ओर जा रही हो, तो तुम्हारे लिए आगे की राह खुल जाएगी; इसमें कुछ समय लग सकता है लेकिन आख़िरकार, रास्ता साफ़ हो जाएगा और तुम जहां पहुंचना चाहती थी, पहुंच जाओगी। मेरे साथ भी ऐसा ही हुआ था। तुम्हें तुम्हारे लक्ष्य तक ले जाने वाला रास्ता, वह जो भी हो और जहां भी हो, अक्सर वह रास्ता नहीं होता जिसे बाकी दुनिया चुने, लेकिन अगर तुम दिल से महसूस करो कि यही तुम्हारे लिए सही रास्ता है, तो उसी पर चलना।

मैंने पहले पहल अपने फ़ैसले पर अड़े रहने का महत्त्व 13 साल की उम्र में तब सीखा जब मेरे पिता की बैंक की नौकरी ने हमें दिल्ली पहुंचा दिया। पिता की नौकरी तबादले वाली थी इसलिए मेरी शिक्षा अलग-अलग शहरों के कॉन्वेण्टों में होती रही थी। इन सम्भ्रान्त विद्यालयों में पढ़ते मैंने जाना कि हमारे विद्यालयों में अच्छे ही शिक्षक हों यह ज़रूरी नहीं है, क्योंकि हमारी व्यवस्था अच्छे विद्यार्थियों को शिक्षण का पेशा चुनने को प्रोत्साहित नहीं करती। उस समय

भी मैं जानता था कि सबसे महत्त्वपूर्ण शिक्षा हमें अपने परिवार में बड़ों और अपने माता-पिता के आचरण और उनके आदर्शों से मिलती है। यह शिक्षा रूढ़िवादी ढंग की 'संरचनात्मक' शिक्षा के रूप में मान्य भले न हो, लेकिन यह हम पर बहुत गहरा प्रभाव डालती है और इन पाठों को भूलने की सम्भावना बहुत ही कम होती है।

इसीलिए, दिल्ली में, मैंने निर्णय लिया कि किसी प्रतिष्ठित कॉन्वेण्ट स्कूल में आने-जाने में बहुत समय लगाने के बजाए मैं अपने घर के पास के सरकारी स्कूल में नाम लिखवा लूं। मेरे निर्णय से मेरा परिवार हैरान था, लेकिन मैं यह बताते हुए इस बात पर अड़ा रहा कि पढ़ाई अंग्रेज़ी में होगी और मुझे स्कूल में ही स्विमिंग पूल के ठाठ मिलेंगे क्योंकि वह सरकार द्वारा स्थापित 'मॉडल स्कूल' था। वैसे मैंने विद्यालय में कभी भी पूल का इस्तेमाल नहीं किया।

मुश्किल से एक बाधा पार हुई कि मैं सिर के बल एक और बड़ी बाधा से जा टकराया। इस विद्यालय में संस्कृत एक वैकल्पिक विषय के रूप में पढ़ाई जाती थी। मैंने तय कर लिया कि मैं यही विषय पढ़ूंगा क्योंकि दूसरी भाषाओं के बजाय इसमें कहीं ज़्यादा नम्बर पाए जा सकते हैं। उस समय मुझ पर सब चीज़ों में सर्वश्रेष्ठ होने का जुनून सवार था। और संस्कृत में अच्छे नम्बर पाना मेरी योजना के अनुकूल ही था। बस एक ही अड़चन थी, विद्यालय के शिक्षक मुझे यह विषय चुनने से मना कर रहे थे क्योंकि मैं ही अकेला विद्यार्थी था जो यह विषय पढ़ना चाहता था। जब वे मुझे न समझा पाए तो उन्होंने मेरे माता-पिता को बुलावा भेजा और उन से कहा कि मुझे इस विषय से दूर ही रखें। लेकिन मैं अपनी बात पर अड़ा रहा कि विद्यालय में एक संस्कृत शिक्षक हैं और नियम है कि यदि मैं यह भाषा सीखना चाहूं तो मुझे सिखाई जाए। आख़िर उन्होंने हथियार डाल दिए, मुझे संस्कृत भाषा पढ़ाई जाने लगी और मैं ढेरों नम्बर पाने लगा। उस एक घटना ने मुझे सिखाया कि यदि तुम किसी चीज़ पर विश्वास करते हो तो, सिर्फ़ इस वजह से कि ज़्यादातर लोगों की राय तुमसे नहीं मिलती, उसे मत छोड़ो।

कुछ बरस पहले जब मैं अपना 24 घण्टे का फूड चैनल शुरू करना चाहता था तो इस बात से खलबली सी मच गई क्योंकि भारत में ऐसी बात पहले कभी सुनी ही नहीं गई थी। मेरे मित्र और आहार उद्योग के मेरे सहयोगी, दूसरे चैनलों के प्रमुख अधिकारी मुझ पर यह कहकर हंसते थे कि एक साधारण-सा शैफ़ कभी भी, दुनिया में कहीं भी, ऐसे दुस्साहसी सपने को पूरा करने में सफल नहीं हो सकता। उन्होंने मुझे आगाह किया कि मैं इस प्रॉजेक्ट को चलाने के लिए ज़रूरी अथाह धन की व्यवस्था नहीं कर पाऊंगा। मैंने लोगों के अविश्वासी भाव के कारण हताश होने से इन्कार कर दिया। और जब बड़े उद्योगों के भारी-भरकम अधिकारी मेरे विचार से सहमत न हुए तो भी, मैं चुपचाप अपना काम करता रहा। मैंने लाइसेन्स के लिए आवेदन दिया, सैटेलाइट टेलिविज़न के बारे में वह सब सीखा जो मैं सीख सकता था, जैसे व्यापारिक मॉडल वगैरह। आख़िर मैंने अपना 24 घण्टे का फूड-फूड चैनल शुरू कर दिया। सपनों को सच्चाई बनने में अक्सर समय लगता है। बहरहाल मैंने सिद्ध कर दिया कि एक शैफ़ भी अपना खुद का चैनल बना सकता है।

विश्वास का पैसों से कोई लेना-देना नहीं है। पैसे से तुम्हें घमण्ड तो मिल सकता है लेकिन यह तुम्हारे सपनों को हकीकत में नहीं बदलेगा। विश्वास मन का एक भाव होता है जो तुम्हें बताता है कि तुम इस काम को कर सकते हो।

अपनी ज़िन्दगी में मेरा नम्बर एक नियम यह है कि अलग ढंग से सोचूं और वह करूं जो मैं करना चाहता हूं, इस विश्वास के साथ कि मैं यह कर सकता हूं।

अगर तुम में जोख़िम उठाने की हिम्मत है तो काम बन जाता है। ज़ाहिर है कि तुम्हें मूलभूत बातों की सही जानकारी होनी चाहिए और अपने विषय की पूरी समझ भी। ज़्यादातर लोग होशियार, समझदार, कठिन परिश्रम करने वाले होते हैं लेकिन यही बातें काफ़ी नहीं है। तुम्हें चीज़ों को लम्बी अवधि तक देख पाने के लायक यानि काफ़ी समझदार होना चाहिए। अलग बनो और फिर देखो भाग्य का चमत्कार।

काम में अपनी सुयोग्यता सिद्ध करो और अपने लक्ष्य को पा कर ही दम लो। जब मैंने शुरू किया तो मेरी जेब

में पैसे नहीं थे, लेकिन झोला भर सपने थे - अब मेरे पास अपना चैनल है। तीन बरस में, मैं करीबन 220 करोड़ रूपए इस पर ख़र्च करूंगा। और मज़े की बात यह है कि यह सब मेरे ही पैसे नहीं हैं। कुछ लोग जो शुरू में मुझ पर यक़ीन नहीं करते थे, आज मेरे विचार पर अपना पैसा दांव पर लगाने को तैयार हैं!

कई साल पहले जब मैंने अपनी पहली किताब छपवाई थी, उससे भी पहले मैंने अपनी रेसिपीज़ एक सी डी में बाज़ार में तब उतारी थी जब हमारे कम्प्यूटरों में सीडी-रॉम ड्राइव ही नहीं होती थी। जब बड़े मीडिया हाउसों की भी स्वयं की वेबसाइटें नहीं थीं, मेरी वेबसाइट संजीव कपूर डॉट कॉम चल रही थी, और आज भी चल रही है। आज भी मेरा उद्देश्य है कि बड़ा सोचो, तभी तुम्हारे सपने हकीकत में बदलेंगे।

मैंने देखा है कि बहुत से जवान, हुनरमन्द लोग उस ऊंचाई तक नहीं पहुंच पाते जहां उन्हें होना चाहिए क्योंकि वे एक अलग रास्ता चुनने में डरते हैं और पुराने, पहले से पहचाने और जांचे हुए रास्ते पर चलते हैं।

स्कूली पढ़ाई पूरी करने के बाद जब मुझे अपना करियर चुनना था, मैंने वास्तुकार की डिग्री लेने का निर्णय लिया। मैं तब एक ज़रूरत से ज़्यादा आत्मविश्वासी लड़का था। मैंने पास के एक ही कॉलेज में दाखिले के लिए आवेदन किया, और सोच रहा था कि वे ज़रूर ही मुझे सीट देंगे। ज़रा सोचो कि यह कितनी भयानक बात हुई कि मेरा नाम दाखिले के लिए चुने गए छात्रों की पहली सूची में नहीं था। मेरा नाम कॉलेज की प्रतीक्षा सूची में डाल दिया गया था। तब एक घनिष्ठ मित्र ने मुझे होटल मैनेजमेण्ट डिग्री के बारे में सुझाया। तब इस ओर मेरी बिल्कुल भी रूचि नहीं थी - मेरे ख़्याल में, एक शेफ़ तो बस खाना पकाने वाला होता था, जैसा आज दिखाई देता है वैसा शानदार, ग्लैमरस जीव तो कतई नहीं हो सकता था - बहरहाल, मैंने बस मज़े के लिए साक्षात्कार के लिए जाने का निर्णय ले लिया। मुझे बहुत हैरानी हुई, मैं साक्षात्कार में सफल रहा। और कुछ दिन बाद आर्किटेक्चर कॉलेज से भी फ़ोन आया कि मेरे लिए एक सीट खाली है। तब मेरे एक दोस्त के पिता ने मुझे यह निर्णय

लेने में मदद की कि मैं होटल मैनेजमेण्ट की ही पढ़ाई करूं। उन्होंने कहा – 'बेहतर होगा कि बजाय एक बेहतरीन दर्जे के क्षेत्र में मध्यम दर्जे का काम करने के, तुम एक मध्यम दर्जे के क्षेत्र में बेहतरीन काम करो।'

तीन साल के पाठ्यक्रम के आख़िर में जब मैनेजमेण्ट ट्रेनिंग प्रोग्राम की प्लेसमेण्ट का समय आया तो सरकार द्वारा संचालित आईटीडीसी होटल में, विभागीय चयनकर्ताओं ने सुझाव दिया कि मैं होटल मैनेजमेण्ट प्लेसमेण्ट में ले लिए जाने के बजाय रसोई प्रबन्धन में अपना करियर बनाऊं। मैं डरा हुआ था और उन्हें भेदभाव करने का दोषी ठहरा रहा था क्योंकि मैं बिना किसी 'सिफ़ारिश' के आया था। चुनाव समिति के सबसे वरिष्ठ सदस्य मुझे यह समझाने में सफल हो गए कि यदि मैं यही चाहता हूं तो मेरे लिए होटल मैनेजमेण्ट में जगह होगी। उन्होंने मुझे बताया कि मैं रसोई में बहुत अच्छा हूं और व्यवसाय के भोजन पक्ष में भी, मैं घर जाऊं और निर्णय लेने से पहले इस बात पर विचार करूं। अगले ही दिन मैं उनके पास गया, मेरा विचार साफ़ था, मैंने उनका निर्णय मान लेने का निर्णय लिया और रसोई तथा फूड स्पेस को अपना करियर के रूप में चुन लिया। आज मुड़ कर पीछे देखता हूं तो यह सोच कर अच्छा लगता है कि मैंने सही निर्णय लिया। मैं सचमुच विश्वास करता हूं कि अगर तुम्हारे पास भीड़ से अलग खड़े होने का साहस है तो ज़िन्दगी में सब से अलग दिखने के मौक़े भरपूर हैं।

कृति, तुमने प्रोफ़ेशनल धावक बनने का विचार बना लिया है और कई सालों से उस जुनून को पाल रही हो। कभी-कभी मैं तुम्हारे लिए डर जाता हूं क्योंकि यह करियर रूकावटों से भरा हुआ है। यह एक ऐसा क्षेत्र है जिस में सफलता के मौक़े बेहद सीमित हैं क्योंकि हमारे देश में खेलों को कोई बहुत अच्छी निगाह से नहीं देखा जाता। लेकिन मैंने भी लोगों की राय की चिन्ता किए बिना, चीज़ों के व्यावहारिक पक्ष की तरफ़ देखे बिना, अपने सपनों को पूरा किया। मैं चाहता हूं कि तुम भी अपने सपने को आख़िरी दम तक पूरा करने का प्रयत्न करो। इस देश की सर्वश्रेष्ठ धावक बनो।

बरसों पहले, जब मैंने मुम्बई में सैण्टॉर होटल की

एक्ज़ीक्यूटिव शैफ़ की नौकरी छोड़ी थी तब तुम्हारी मां और मेरे पास अपना घर नहीं था और हमारे पास कुल मिलाकर एक लाख से भी कम रूपए थे। लेकिन मैंने फिर भी नौकरी छोड़ दी क्योंकि मुझे यक़ीन था कि मैं ज़िन्दगी में बेहतर चीज़ों के लिए बना हूं। मैं दिन में लगभग अट्ठारह घण्टे काम करता था और फिर भी कहीं नहीं पहुंच पा रहा था। मैं देखता था कि बीस-बीस बरस काम करने के बाद कहीं जाकर मास्टर शैफ़ बनने का मौका मिलता है और मैंने तय कर लिया था कि मैं उस राह पर नहीं चलने वाला। सौभाग्य से, लगभग उसी दौरान मेरा संयोग टेलिविज़न से जुड़ा। और यह इसलिए सम्भव हो पाया क्योंकि मैं ज़ी टीवी के आला अधिकारियों को यह समझाने में कामयाब रहा था कि उनके फूड शो का नाम अगर 'श्रीमान् बावर्ची' के बजाय 'खाना खज़ाना' हो तो इस में ज़्यादा दम होगा। मैंने अपनी प्रबन्धन की पढ़ाई और मार्केटिंग की योग्यता का इस्तेमाल उन्हें राज़ी करने के लिए किया। वे राज़ी हो गए, उन्हें मेरा विचार और टेलिविज़न माध्यम के साथ सहज होने की बात इतनी जची कि मैं भारत में अब तक के सबसे लम्बे चलने वाले फूड शो का चेहरा बन गया। मुझे इस बात का फ़ायदा मिला कि मैं एक अच्छा अध्यापक था और मैंने तय किया कि शो का इस्तेमाल लोगों को मेरी योग्यता दिखाने के बजाए लोग जो सीखना चाहते हैं वह सिखाने के लिए किया जाए। अगर दर्शक मेरी पाकविधि अपना कर अपनी रसोई में असफल होते हैं, तो मैं भी असफल हो जाऊंगा इसलिए मैंने लस्सी जैसी आसान चीज़ों से शुरूआत की जिन्हें बनाने में किसी को कोई दिक्कत न हो। यह साधारण-सा उपाय चल निकला और मैं भारतीय घरों में मशहूर हो गया। तब से मैंने यह रणनीति बना ली है कि मैं लोगों को उन कामों की ज़िम्मेदारियां सौंप कर, जो कर पाने के योग्य वे नहीं हैं, असफलता पाने के लिए अपना दल तैयार नहीं करूंगा।

प्यारी रचिता, मेरे पिता ने मुझे ज्ञान का मूल्य बताया। वह बैंक में काम करते थे और अपने दिन का काफ़ी समय अपने काम पर बिताते थे लेकिन वे हमेशा हमें हर चीज़ के विषय में अपने ज्ञान से हैरान कर देते थे। उन का काम कर्ज़

देने से जुड़ा था, वह कहते थे कि अगर मैं व्यवसाय के बारे में सब कुछ नहीं जानूंगा तो मेरे बैंक का पैसा डूब जाने का जोखि़म बना रहेगा। किसी चीज़ के अध्ययन को सीखने की यात्रा बनाओ। यदि तुम अध्ययन करते हुए कुछ सीख नहीं रहे हो तो, यह समय की बर्बादी है।

वह एक और बात कहते थे - अच्छी बातें उन्हीं लोगों के साथ होती हैं जो विश्वास करते हैं कि अच्छी चीज़ें उनके साथ भी हो सकती हैं। मैंने अपने आपको, ज़िन्दगी में सिर्फ़ अच्छी चीजों की तरफ़, लोगों में सकारात्मकता की तरफ़, ध्यान देने का ही आदी बनाया है। मैं अपने आस-पास सकारात्मक लोगों को ही रखने और उनसे लगातार सीखने का प्रयास करता हूं। मेरे माता-पिता ने हमें, हमारी ज़िन्दगी में सन्तुलन बनाए रखना भी सिखाया है। वे कहते थे, 'अपनी ख़ुशी में बहुत ज़्यादा मस्त न होओ और अपने दुख में अपने आपको बहुत दुखी मत करो। सन्तुलन बनाए रखो।'

तुम्हें याद है तुम गणित के इम्तिहान को ले कर कितना घबरा और डर जाती थी? मैं तुम से कहता था कि अगर तुम्हें इम्तहान में शून्य भी मिला तो भी कोई बात नहीं और उस एक चीज़ ने तुम्हें तुम्हारे भय से हमेशा के लिए मुक्ति दिला दी। इस बात में हम सभी के लिए एक सीख है। लोगों को उनके सुविधा क्षेत्र से बाहर निकल कर कुछ करने से असफलता का भय ही रोकता है।

हमेशा याद रखना कि जो आदर्श तुम्हारे अन्दर तुम्हारे माता-पिता ने डाले उनका सदा पालन करना। तुम्हारी ज़िन्दगी में माता-पिता ही ऐसे इन्सान होते हैं जिनके दिमाग़ में तुम्हारी भलाई के अलावा दूसरा कोई विचार छिपा हुआ नहीं होता।

मेरी ज़िन्दगी में बदलाव सम्भव करने वाली अन्य चीज़ों में लगातार अपने आपको चुनौती देते रहना, आगे की सोचना, और लम्बी अवधि के लिए युक्ति बनाना शामिल हैं। मेरे पिता कहते थे, 'अपनी ज़िन्दगी के बारे में विचार करते हुए हमेशा मन में पूरी तस्वीर रखो।' मैं उसमें यह जोड़ता हूं - निरन्तर बहुत सी चीज़ें, सही तरीके से, एक साथ करते रहो और चीज़ों के बारे में सुविचारित, दीर्घावधि दृष्टिकोण रखो। शायद तुम

एक ऐसा रास्ता चुनो जिसे तुमने पहले कभी नहीं चुना था। लेकिन तुमसे पहले भी कई दृष्टिसम्पन्न लोग हुए हैं जिन्होंने अपनी ज़िन्दगी, तुम्हारे लिए वह रास्ता बनाने में लगा दी। उन के काम की तुलना में तुम्हारा योगदान कुछ भी नहीं है, तो आगे बढ़ते हुए यह बात याद रखना।

मैं तुम्हें बताना चाहता हूं कि जब तुम दोनों अपने निजी सपनों और प्रेरणाओं से भरी, अपनी राह चलने को बेकरार, आत्मनिर्भर युवा लड़कियां बन रही हो, मैं तुम्हारे लिए खुशियों की कामना करता हूं। लेकिन उस खुशी की तुम्हारी परिभाषा एकदम अपनी होनी चाहिए।

बच्चों, एक खुशहाल ज़िन्दगी के लिए सम्बन्ध बेहद महत्त्वपूर्ण हैं इसलिए उन्हें बनाना और पोसना और हमेशा उन पर विश्वास रखना। अविश्वास और दोष देना सम्बन्धों की मृत्यु का संकेत है।

कभी-कभी मेरा मन होता है कि तुम्हें ज़िन्दगी के बारे में बताऊं ताकि तुम्हें उस दुख से बचा सकूं जो तुम्हारी गलतियों की वजह से होने वाला है। लेकिन मुझे नहीं लगता कि उपदेश देने से मदद हो सकती है। अपनी ज़िन्दगी को ऐसे जियो जैसे एक प्याज़ को छीला जाता है - एक बार में एक परत, हर पल का आनन्द लेते हुए। इस तरह ज़िन्दगी तुम्हारी सबसे बड़ी गुरू बन जाएगी। खुद चीज़ें सीखना सर्वश्रेष्ठ गुण है। अगर तुम्हारे माता-पिता पहले ही तुम्हें चीज़ों के बारे में बता दें तो यह एक ऐसी फिल्म देखने जैसी बात हो जाएगी जिस का अन्त शुरूआत में ही दिखा दिया गया हो!

कभी-कभी लोग मुझसे पूछते हैं कि सफलता का अर्थ क्या है। मेरे लिए, सफलता, खुशी के बराबर है। सफलता मुझे प्रेरित नहीं करती, खुश करती है।

बहुत लम्बे समय तक मेरी बेटियों का जन्म मेरी सबसे बड़ी खुशी थी। जब तक मेरे पिता न चल बसे, तब तक मैं नहीं जानता था कि मेरा सबसे बड़ा दुख क्या है। आज, दिन में दो बार अपनी मां से बात करने का समय पा लेना मुझे बेहद खुशी देता है। दूसरे लोगों की खुशियों में हिस्सेदारी - उन्हें नौकरी पाने में मदद करने, उन्हें कोई हुनर सिखाने या

बस उन्हें समय देने से ही मुझे खुशी मिलती है। कभी-कभी रविवार को घर के साजोसामान सिर्फ़ पॉलिश करके भी, ताकि वे चमकते रहें, मैं खुश हो जाता हूं।

अपने विचारों और व्यवहार में लचीली बनो और अपने आस-पास के लोगों के प्रति संवेदनशील बनो। सम्बन्धों और व्यवसाय में ईमानदार रहो। आप दूसरों की ज़िन्दगी कुचल कर अपना व्यवसाय नहीं खड़ा कर सकते। तेरह साल पहले जब मैंने दुबई में अपना रेस्त्रां शुरू किया, तब मेरी फ्रेंचाइज़ लेने वाले व्यक्ति के परिवार के साथ मेरे सम्बन्ध थे। रेस्त्रां खुलने के सिर्फ़ तीन साल बाद ही मेरे व्यापार सहयोगी चल बसे। लेकिन उन के परिवार को पैसे चाहिए थे। इसलिए रेस्त्रां किसी और द्वारा चलाए जाने के बावजूद, मैं आज भी उस रेस्त्रां से मिलने वाली अपनी रॉयल्टी का कुछ प्रतिशत उस परिवार को देता हूं।

कुछ और भी चीज़ें हैं जो मैं चाहता हूं कि तुम करने सक बच सको। मैं मूर्खों को बर्दाश्त नहीं कर सकता और अपने से और अपने आस-पास के लोगों से सर्वश्रेष्ठ की अपेक्षा रखता हूं। लेकिन अब मैं बदलने की कोशिश कर रहा हूं क्योंकि इस पैमाने पर खरा उतरना बहुत से लोगों के लिए मुश्किल है। मैं तुम्हें बताना चाहता हूं कि अगर तुम अपनी ग़लतियां स्वीकार करो और उन्हें सुधार लो तो ग़लतियां करना ठीक है।

अपने आस-पास के लोगों का सम्मान करो। एक मूल्य के तौर पर सम्मान को आदर देना ही चाहिए। अपने संसाधनों का भी सम्मान करो। सम्पत्ति कोई मूल्य नहीं है, समझदारी से ख़र्च करना मूल्य है। और मैं खुश हूं यह देख कर कि तुम दोनों ने सम्पत्ति के मामले में हमारा ही व्यवहार सीखा है।

मुझे याद है कि दो साल पहले जब मैं तुम्हें लेने स्कूल में अपनी नई बीएमडब्लू कार में आया था तो तुम कितनी परेशान हुई थी। तुम्हें पता था कि विद्यालय में सभी बच्चों के पास वह सुविधाएं नहीं हैं जो तुम्हारे पास हैं और तुम उनकी भावनाओं के प्रति असंवेदनशील नहीं होना चाहती थी। जब तुमने अपना यह विचार मुझे बताया, तो मैंने गर्व महसूस किया।

और एक आख़िरी बात, मैं चाहता हूं कि तुम दोनों यह याद रखो कि किसी भी समय तुम किसी भी सुझाव के लिए मेरे पास आना चाहो या बस यह चाहो कि तुम्हारी मां और मैं सिर्फ़ तुम्हारी बातें सुनते रहें, तो हम चाहे जितने भी व्यस्त हों, तुम्हारे लिए हमेशा मौजूद होंगे। हम तुम्हें बहुत प्यार करते हैं।

पापा

शाहीन मिस्त्री

23 बरस पहले की गर्मियों में शाहीन मिस्त्री की ज़िन्दगी कुछ ही क्षणों में बदल गई। 18 साल की, अमेरिकावासी वह लड़की कार से दक्षिण मुम्बई में रहने वाले अपने दादा-दादी के शानदार घर की ओर जा रही थी। एक ट्रैफ़िक सिग्नल पर कार रूकी कि तभी सड़क पर रहने वाले बेघर बच्चों के एक झुण्ड ने कार को घेर लिया और शीशों पर अपनी नाकें सटा कर अपनी भूख मिटाने के लिए कुछ पैसे मांगने लगे। बैंक में काम करने वाले एक वरिष्ठ अधिकारी की बेटी उन मैले-कुचैले बच्चों की शक्लें कभी नहीं भूल पाई। उनकी आखों में उम्मीदें भरी थीं लेकिन भाग्य में भीख मांगना ही बदा था, क्योंकि उन्हें शिक्षा का उपहार नहीं मिला था।

वह लड़की फिर अमेरिका नहीं गई, जहां वह पढ़ रही थी। उस ने मुम्बई की झोपड़ पट्टियों को अपना घर बना लिया और निरन्तर बच्चों को पढ़ा कर भारतीय समाज में फैली असमानता को दूर करने के लिए काम कर रही है। उनकी कड़ी मेहनत रंग लाई और सुविधाहीन बच्चों के लिए उन के द्वारा शुरू की गई पहली संस्था *आकांक्षा* की मदद के लिए युवा स्वयं सेवक आगे आने लगे। मुम्बई और पुणे में अपने 40 केन्द्रों और 13 विद्यालयों के माध्यम से आकांक्षा ने 4,000 से अधिक बच्चों के जीवनों को प्रभावित किया है। इन संस्थाओं में न केवल बढ़िया पढ़ाई करवाई जाती है बल्कि रोज़मर्रा की ज़िन्दगी में काम आने वाले कौशल भी सिखाए जाते हैं जिनसे छात्रों में आत्मसम्मान की भावना बढ़ती है और उन में काम करके पैसा कमाने की योग्यताएं भी आ जाती हैं।

आकांक्षा शुरू करने के सत्रह बरस बाद, शाहीन ने विश्वास से भरा एक और बड़ा क़दम उठाया और 'टीच फ़ॉर इण्डिया' शुरू किया। यह साहसी उद्यम बेहतरीन युवा स्नातकों और प्रोफ़ेशनल्स को एक मंच पर लाता है ताकि वे अपनी ज़िन्दगी के दो बरस कम सुविधा सम्पन्न विद्यालयों में पढ़ाने के लिए दे सकें। 'टीच फ़ॉर इण्डिया' फ़ेलोशिप उन्हें जीवनभर शैक्षिक असमानता दूर करने के पक्षधर अगुवाओं में बदल देती है।

शाहीन की बेटियां अपनी मां के सपनों को जीती हुई बड़ी हुई हैं। वे अपनी मां के साथ भारतीय शहरों की सबसे ग़रीब बस्तियों में जाती हैं, उन बस्तियों के बच्चों के साथ खेलती हैं और उस असामनता के प्रति संवेदनशील बनती हैं जिसने भारतीय समाज को जकड़ रखा है।

उन्होंने एक सादी सी कविता अपने बच्चों के लिए लिखी है जो उनके स्वयं के विश्वास की मज़बूती और अपने बच्चों से उनके सम्बन्धों की मज़बूती को रेखांकित करती है।

प्यारी समारा और सना,

अगर मैं दे पाती तुम्हें कुछ
तो दिखाती वह पल, जब मैं
सचमुच मैं होती हूं
जब मैं करती हूं वह
जिस पर मैं विश्वास करती हूं
जब मैं अपने दिल की सुनती हूं
अपनी क्षमता को भरपूर
जी पाने की कोशिश करती हूं।

और सबसे बड़ी बात,
मैं तुम्हें दिखाती कुछ चीज़ें
जो मैं तुम्हारे लिए सोचती हूं।

सोचती हूं
तुम्हें मज़ा कैसे दिखाऊं
कैसे दिखाऊं कि
मज़ा मज़ा है
सबके लिए

हमेशा समय निकालना
देखने के लिए
तैरते हुए
रंगहीन बुलबुले

सोचती हूं कैसे
तुम्हें निष्पक्षता दिखाऊं
कैसे तुम्हें दिखाऊं
कि सभी चीज़ों को चाहिए
बहुत देखभाल

कैसे तुम्हें मज़बूत नर्मी से धकेलूं
कि तुम करो घोर प्रयास
जो भी करो उसमें
महानता लाने के लिए

सोचती हूं कैसे
तुम्हें सिखाऊं क्या है सही
कैसे तुम्हें सुरक्षित रखूं
और बांध लूं बांहों में

और तुम्हें मुक्त कर दूं
लेकिन बहुत मुक्त नहीं
और तुम्हें बनने दूं
वह जो बन सको।

प्यार के साथ,
ममा

ज़िया मोदी

भारत में कॉरपोरेट सौदों की प्रख्यात मध्यस्थ और कानून विशेषज्ञ ज़िया मोदी के साथ बातचीत के लिए मैं शाम के 6.30 बजे पहुंच गई थी। मुझे उम्मीद थी कि दिनभर का काम ख़त्म करके वह आराम से मेरे साथ लम्बी बातचीत करेंगी। मुझे ग़लतफ़हमी हुई थी।

मुम्बई के मशहूर क्वीन्स नैकलेस से कुछ ही दूर स्थित एक गगनचुम्बी इमारत की 23वीं मन्ज़िल पर स्थित उनके दफ़्तर के कॉन्फ्रेन्स रूम में कॉफ़ी और बिस्किट से मेरी ख़ातिरदारी की गई। फिर मुस्कुराती हुई, ऊर्जा से भरी, वह ख़ुद आ पहुंचीं। कमरा उनकी भरपूर ऊर्जा के लिए कम पड़ रहा था। वह पड़ोस की उन दोस्ताना आन्टी जैसी लग रही थीं, जिनके पास आप तब कुछ सहानुभूति पाने के लिए चल देते हैं जब आपकी मां ने आपकी किसी अनाम ग़लती पर आपसे बोलना बन्द कर दिया हो। लेकिन जिन लोगों ने उन्हें ऐसा समझने की ग़लती की उन्होंने बाद में जाना कि यह बहुत मंहगी भूल है।

केम्ब्रिज और हार्वर्ड लॉ स्कूल में पढ़ते हुए ही ज़िया तय कर चुकी थीं कि वे अदालत में मुकदमे लड़ेंगीं। उन्हें समाज में गहरी पैठी स्त्रियों की क्षमता पर अविश्वास की आदत से दो-चार होना पड़ा : उनके बहुत से मुवक्किलों की आंखें अविश्वास से फटी रह जातीं कि एक औरत उनका मुकदमा लड़ेगी। उन्हें दो बोझ उठाने थे - एक, औरत हो कर पूरी तरह पुरूषों के आधिपत्य के क्षेत्र में काम करना और दूसरा, भारत के पूर्व अटॉर्नी जनरल और कानून के ज़बर्दस्त जानकार सोली सोराबजी की बेटी होना। ज़िया परेशान थीं, उन्होंने अपनी मां से सलाह मांगी। उनकी मां ने उन्हें अच्छी सलाह दी। उन्होंने कहा कि तुम कानाफूसियों को अनसुना करो और अपने काम से साबित कर दो कि तुम न केवल अपने बूते वकील बन सकती हो बल्कि अपने पिता ही नहीं, इस पेशे में किसी भी पुरूष को पछाड़ सकती हो।

अगले दशकों में ज़िया की फ़र्म ए ज़ेड बी ऐण्ड पार्टनर्स कानूनी क्षेत्र में सबसे पसन्दीदा संस्था बन गई। यह कॉरपोरेट जगत के सबसे ज़्यादा जटिल विवादों को सुलझाने और देश के कुछ सबसे बड़े कॉरपोरेट घरानों के लिए कई मंहगे और प्रतिष्ठित अधिग्रहण करवाने के लिए जानी जाती है, जिनमें टाटा स्टील द्वारा ब्रिटेन के स्टील निर्माता कोरस के अधिग्रहण का चर्चित 12 बिलियन डॉलर का सौदा शामिल है। इसके बाद तो ए ज़ेड बी ऐण्ड पार्टनर्स

6 बिलियन डॉलर से ज़्यादा के अटलान्टिस की एल्यूमिनियम बनाने वाली कम्पनी नोवेलिस के सौदे में आदित्य बिड़ला समूह की और जैगुआर लैण्ड रोवर के अधिग्रहण में टाटा की परामर्शदाता रही।

मेरी ज़िया से बातचीत में कई बार व्यवधान पड़ा, उन्हें कॉन्फ्रेन्स कॉल्स पर बात करने के लिए दूसरे कमरे में जाना पड़ रहा था। उन्होंने बाद में बताया कि वह सूर्यास्त के बाद कार्यालय में आना पसन्द करती हैं, ताकि घर जाने से पहले देर रात तक ज़्यादा कुशलता से, बिना किसी व्यवधान के कार्य कर सकें। कभी-कभी तो वह 15 घण्टे से ज़्यादा काम करती हैं।

काम की दुनिया के परे, ज़िया बहाई धर्म की अनुयायी और तीन बेटियों की स्नेही मां हैं जिनके साथ वह उतना समय नहीं बिता पातीं जितना उनकी मां उन्हें पालने-पोसने में लगातीं थीं। वह याद करती हैं कि उनकी मां उन्हें सिर्फ़ सिलाई-कढ़ाई, नाच और संगीत सिखाने में ही नहीं बिताती थीं बल्कि उन्हें समाज और परिवार को एकजुट रखने में स्त्री के महत्त्व के बारे में भी बताती थीं। ज़िया ने अपनी मां की नकल करते हुए अपनी बच्चियों को कुछ कौशल सिखाने की कोशिश तो की लेकिन जब उनका अपना करियर रफ़्तार पकड़ने लगा तो आख़िर उन्होंने यह प्रयास छोड़ दिया। इसलिए वह अपने बचपन के प्यार और अब पति जयदेव और तीनों बच्चों के साथ साल में दो बार बिताई पारिवारिक छुट्टियों को बहुमूल्य मानती हैं।

अपनी बेटियों को लिखे इस मर्मस्पर्शी पत्र में ज़िया उन्हें, जो भी वे करें, उसे जुनून के साथ करने, उनकी ज़िन्दगी में ईश्वर की कृपा के बारे में कृतज्ञ होने, और हर परिस्थिति में या जो कुछ भी उन्होंने चुना उसके साथ प्रसन्न रहने के महत्त्व के बारे में बताती रही हैं।

मेरी प्रिय अंजलि, आरती और अदिती,

कल की ही बात लगती है कि तुम मेरी ज़िन्दगी में आईं। तुम में से हर एक को पा और मैंने बहुत प्यार किया, कद्र की और लाड़ किया है। तुम सबने हमारी ज़िन्दगी में रंग भरे और उसे समृद्ध किया। पता नहीं मैंने तुम्हें कभी यह बताया

या नहीं कि पा बच्चों से बहुत ज़्यादा प्यार करते थे और चाहते थे कि मैं हमारी शादी के अगले ही दिन गर्भवती हो जाऊं! मैंने पूरा विरोध किया।

हम सभी के लिए यह एक लम्बी यात्रा थी और कभी-कभी विश्वास नहीं होता कि तुम तीनों अब युवा लड़कियां हो और तुम्हारे जीवन की राहें तय हो चुकी हैं।

अब, जब जन्मदिन की दावतें, जादूगर, गुलाबी फ्रॉकें और देर रात को आइस्क्रीम खाना पीछे छूट चुका हैं, मैं तुम तीनों को इकट्ठा करके तुम्हें कुछ ऐसी चीज़ें बताना चाहूंगी जो मैं जानती हूं कि तुम्हें मालूम ही हैं, लेकिन फिर भी कही जानी चाहिए।

अभी हाल ही में एक दिन किसी ने मुझसे पूछा कि मेरे विचार से, अपने जीवन की यात्रा पर निकल रही हमारी बेटियों के जानने के लिए सबसे महत्त्वपूर्ण चीज़ें कौन सी हैं? तो, यह कुछ चीज़ें हैं जो मैं अपनी बेटियों को हमेशा बताना चाहूंगी, और मैं सोचती हूं कि साधारण रूप से सभी मांएं ऐसा ही करना चाहेंगी।

मेरी राजकुमारियों, सुनने में यह जितना भी घिसापिटा लगता हो, मेरी सबसे बड़ी चाहत यह है कि तुम अपनी ज़िन्दगी को बहुत आत्मसम्मान और शालीनता के साथ जीना सीखो। यह एक बात संसार में कहीं भी, सभी औरतों के लिए सबसे महत्त्वपूर्ण चीज़ है। और मैं यह भी चाहती हूं कि तुम तीनों वही करो जो करना तुम्हें पसन्द हो। अक्सर मेरे मित्र, और कभी-कभी तुम तीनों भी, हैरान होते हैं कि मैं अपनी ऊर्जा कहां से पाती हूं; और जब दुनिया गहरी नींद में होती है तब मैं देर रात तक जाग कर ऑफ़िस में काम कैसे काम कर पाती हूं? मेरा जवाब हमेशा बेहद सरल होता है - मैं जो करती हूं उससे मुझे प्यार है और वही एक कारण ताकत देने के लिए काफ़ी होता है। और इसके अलावा खुश रहना और अपने जीवन में ईश्वर की कृपा के लिए कृतज्ञ होना। खुशियां जिस तरह से तुम्हारी ताकत बढ़ाती हैं, उस तरह से कुछ भी और नहीं बढ़ा सकता; इसलिए जैसी भी परिस्थिति हो या जो कुछ भी तुम कर रही

हो, उसमें खुश रहने की योग्यता प्राप्त करो।

भगवान से मेरे दिल की गहराइयों से निकली प्रार्थना, आशा है कि वह इसे सुने, यह है कि उस पर मेरी बेटियों का विश्वास अटल बना रहे। प्यारी बच्चियों, जीवन में विश्वास के महत्त्व के बारे में, मैं तुम्हें जितना भी बताऊं कम ही होगा। जब हमारी ज़िन्दगी में कुछ दिया भयानक रूप से ग़लत या उलटा-पुलटा होता दिखता है तब केवल विश्वास ही हमें आगे बढ़ने की ताकत देता है। मैं हमेशा उम्मीद करूंगी कि तुम उस सर्वशक्तिमान और उसकी रचना पर विश्वास करोगी और तुम भगवान से डरोगी और उससे प्यार करोगी। ईश्वर द्वारा बुरे कर्मों को दण्डित करना डरने के लिए सही कारण है और तुम जानती हो कि यह हम सबको सही राह पर रखता है।

मुझे अक्सर महसूस होता है कि जवान लोग कभी यह नहीं सोचते कि वे भी कभी मरेंगे और इसलिए वे बहुत देर तक अपनी ज़िन्दगी का लेखा-जोखा शुरू ही नहीं कर पाते।

बहाई धर्म में मेरे विश्वास ने, मुझे निजी स्तर पर बहुत से, भारी चुनौती भरे क्षणों को झेलने की ताकत दी है और तुम जानती हो कि तुम तीनों बहनों में यह विश्वास डालने की मैं कितनी कोशिश करती हूं। कभी-कभी मैं कामना और आशा करती हूं कि तुम प्रार्थना की शक्ति खोज पाओ क्योंकि कभी-कभी मैं इस बात को लेकर चिन्ता करती हूं कि तुम्हें पर्याप्त विश्वास की ज़रूरत है। आज मैं तुम्हें बताना चाहती हूं कि ईश्वर से जुड़ाव ऐसी बात है जो तुम्हें जीवन के बहुत से झंझावातों को झेलने में तुम्हारी मदद करती है। और मैं तुम्हें बता रही हूं कि जीवन में झंझावातों की कमी नहीं रहने वाली।

इसका मतलब है कि हम में यह आन्तरिक विश्वास हो कि हम मनुष्यों से कहीं ज्यादा शक्तिशाली एक श्रेष्ठतर शक्ति है; यह विश्वास हो कि हमें अपनी राह में आने वाली सभी परीक्षाएं उस श्रेष्ठतर शक्ति के लिए, उस के सहारे, पार करनी हैं। मेरी बच्चियों, कभी-कभी मैं तुम्हारे लिए घबराती हूं। मुझे चिन्ता होती है कि ईश्वर हमारे प्रति दयालु रहा है और जीवन इतना ठीक चला है लेकिन जब ईश्वर कठिनाइयों और संघर्षों से परीक्षा लेगा तो मेरी राजकुमारियां उस पर कितनी खरी उतरेंगी।

लड़कियों के सभी माता-पिता की तरह, मैं भी तुम्हारे भविष्य को लेकर चिन्ता करती हूं, प्रार्थना करती हूं कि तुम्हें बढ़िया जीवनसाथी मिलें जो तुम्हें तुम जैसी हो उस के लिए तुम्हें प्यार करें, तुम्हारी कद्र करें, सम्मान करें। मेरा विवाह उस व्यक्ति के साथ हुआ जिसे मैं बचपन से ही पसन्द करती थी, इसलिए तुम्हारे माता-पिता को तय की गई पारम्परिक शादी का विचार तक नहीं आया। कई मायनों में, मैं जानती हूं कि तुम सही जीवनसाथी पा लोगी क्योंकि हमने तुम्हें सही मूल्य दिए हैं; हमने दुनिया भर में तुम्हारी यात्राएं, अलग-अलग संस्कृतियों और लोगों को जानने और ज़्यादातर परिस्थितियों में संयमित और अडिग बने रहना सुनिश्चित करके, तुम्हारे दिमाग़ खोल दिए हैं।

शादी होगी, बच्चे होंगे और ज़िन्दगी चलेगी लेकिन, मैं तुम तीनों से कहना चाहती हूं कि उस सबके बीच, तुम दुनिया में अपनी अलग जगह बनाओ।

अन्जली (अंजॉस), मुझे विश्वास ही नहीं होता कि मेरी पहली सन्तान, वह नन्ही बच्ची जिसके लिए हमने उसके जन्म से महीनों पहले इतने उत्साह से प्यारा सा कमरा सजाया था, आज दुनिया भर में घूम चुकी है और फ़र्निचर डिज़ाइन करने में अपनी जगह बना चुकी है। हमें पता चल जाना चाहिए था कि तुम इस क्षेत्र में काम करोगी क्योंकि जब तुम बच्ची ही थी तब भी स्टाइलिश कपड़ों के प्रति तुम्हारा प्रेम, बारीक विवरणों को भांपने वाली तुम्हारी निगाह और इस बात पर जोर देना कि तुम्हारे आस-पास की चीजें एकदम वैसी ही हों जैसी तुम चाहती हो, हमें दंग कर देता था। इस के साथ ही तुम अपनी गैर सरकारी संस्था के प्रति अपनी वचनबद्धता को भी पूरी तरह निभाती हो। तुम्हारे दिन का एक-एक पल व्यस्त होता है। कभी-कभी मैं तुम्हें थका हुआ देखती हूं लेकिन फिर सोचती हूं कि यह तुम्हारा मेहनत करने का समय है। यह तो तुम्हारी शुरूआत है।

आरती (आर्टस्), मेरी दूसरी बच्ची, तुम्हें पता नहीं है कि मैं इस बात का कितना इन्तज़ार कर रही हूं कि तुम जान लो कि कानून ही तुम्हारे लिए सही राह है। मैं उम्मीद करती हूं कि कानून की डिग्री की पढ़ाई के लिए न्यूयॉर्क में

बिताए जाने वाले तीन साल तुम्हें यह समझाने में सक्षम होंगे कि तुम्हारी मां जो कर रही है उस काम में भी अच्छाई है। कभी-कभी मैं प्रार्थना करती हूं कि तुम मेरे साथ काम करो लेकिन यदि तुम कोई और काम खोजो जो तुम्हें कानून से भी ज़्यादा पसन्द आए, तो भी मैं तुम्हारे लिए खुश होऊंगी।

अदिती (अदूबेन), मेरी सबसे छोटी बच्ची, तुम्हारे पिता को यक़ीन है कि तुम हमारी सबसे ज़्यादा प्रतिभाशाली बेटी हो, जिसे एक बार यह पता चल जाए कि उसका दिल क्या चाहता है, तो वह अपनी बहनों से बहुत ज़्यादा आगे जाएगी। तो तुम्हें हमारी सबसे ऊंची उम्मीदों पर खरा उतरना है!

हालांकि मुझे विश्वास है कि तुम सभी अपनी जिन्दगियों को खुद व्यवस्थित करने में समर्थ हो, फिर भी अपने माता-पिता से सीखीं कुछ बातें हैं जो मैं तुम्हें बताना चाहती हूं।

किसी दिन, जब तुम्हें अपना जीवनसाथी मिलेगा, उसके परिवार में एक खुशियां बिखरने वाले इन्सान की तरह शामिल होना जो उनकी देखभाल करे, अलगाव पैदा करने वाली पत्नी की तरह नहीं। उसके परिवार को हर तरह से अपना बनाओ। तुम्हारे पिता से विवाह करने से पहले मेरी मां मुझसे कहती थीं कि मैं दरअसल अपनी सास से शादी कर रही हूं। आज यह सब अज़ीब लग सकता है लेकिन यह मत भूलो कि तुम्हारी सास ही वह औरत है जिसने तुम्हारे भावी जीवनसाथी को वह शानदार इन्सान बनाया है, जिसे तुम प्यार करती हो। इसलिए पहले उनका विश्वास जीतो, उन्हें अपनी दोस्त बनाओ, यह खुशहाल ज़िन्दगी का विश्वसनीय रास्ता है। मेरी मां कहती थीं कि इस सच्चाई को हमेशा स्वीकार करना कि तुम्हारे जीवनसाथी के जीवन में तुम्हारे आने से पहले और लोग मौजूद होंगे और शादी के बाद खीझने और शिकायतें करने का कोई कारण नहीं होना चाहिए। छोटी-मोटी और महत्त्वहीन बातों के बारे में चिन्ता मत करना, ज़िन्दगी की बड़ी लड़ाइयां लड़ो, छोटी नहीं। उन्हें अनदेखा करो, फिर वह इतनी महत्त्वपूर्ण लगनी बन्द हो जाएंगी।

जब तुम्हारे जीवन में तुम्हारे बच्चे आएंगे तो उन्हें वे आदर्श देना मत भूलना जो तुम्हारे माता-पिता ने तुम्हें सिखाए

थे, और मुझे यक़ीन है कि तब वह अपनी ज़िन्दगी ज़्यादा अच्छी और ज़्यादा भरपूर जिएंगे।

एक औरत के लिए उसका अपना करियर होना बहुत महत्त्वपूर्ण है, कुछ ऐसा जो उसकी बौद्धिक ज़रूरतों को पूरा कर सके और उसे आर्थिक रूप से आत्मनिर्भर बनाए। इस मामले में मेरा दर्शन यह है कि डगमगाए बिना, एक-एक क़दम बढ़ाते हुए, अपना एक सम्मानजनक करियर बनाओ। ऐसे भी क्षण आएंगे जब चीजें तुम्हें बुरी तरह अभिभूत कर देंगी लेकिन अपने चुने हुए पथ पर जमी रहना। जब भी काम करो, पूरे सामर्थ्य, पूरी कुशलता से करो। इस मामले में आलस मत करो या यह मान कर मत चलो कि जैसा भी हो जाए ठीक है। काम में लापरवाही का कोई तुक नहीं।

कई बार मैं तुमसे कहती हूं कि जीवन में कुछ भी इतना मूल्यवान नहीं है कि उसके लिए नींद गंवाई जाए या अपनी ही आंखों में गिरा जाए। जानते-बूझते हुए, ऐसे निर्णय मत लो जिनसे तुम्हारा सम्मान प्रभावित हो, तुम्हारी आत्मा दुखी हो, या जो तुम्हें रात में शान्ति से सोने न दें। ऐसे नैतिक निर्णय जो इन तीन चीजों को प्रभावित करते हैं, लिए जाने के लायक नहीं हैं। झूठ हमेशा ही पकड़ा जाता है और पकड़े जाने पर बहुत बुरा लगता है। झूठ का कोई फ़ायदा नहीं होता। सच अगर पहली ही बार बता दिया जाए तो इसमें कोई दिक्कत नहीं होती, और माफ़ी मांग लेना बड़ी-बड़ी समस्याओं को सुलझा देता है। जितना सम्भव हो सके हमेशा सच का रास्ता अपनाओ और जब तुम से गड़बड़ हो जाए तो 'क्षमा' मांगना भी सीखो। इन आदतों से तुम्हें मदद मिलेगी। और अगर चीजें नियन्त्रण से बाहर जाती हुई दिखाई दें और तुम्हें अपना भार रखने के लिए कन्धे की ज़रूरत हो तो हमेशा निश्चिन्त रहना कि जब तुम अपनी लड़ाई लड़ रही होगी, हम हमेशा तुम्हारा साथ देंगे, तुम्हें ढांढस बंधाएंगे और तुम्हें सहारा देंगे। और याद रखना : सिर्फ़ बड़ी लड़ाइयां लड़ो, छोटी, महत्त्वहीन लड़ाइयां नहीं। रणनीति बनाओ।

जब हम बच्चे थे तब हमारे माता-पिता हमें एक और बात यह समझाते थे कि पैसा आता जाता रहता है और सम्पत्ति को उत्तराधिकार में पाने के बजाय अपनी ही सम्पत्ति

बनाना बेहतर विकल्प है। जवान होते हुए, हम मानते थे कि हमारे माता-पिता को अपनी सम्पत्ति का इस्तेमाल वैसे ही करना चाहिए जैसे वे चाहें, क्योंकि हम तो यह सम्पत्ति वैसे भी दे देंगे। ईश्वर हम सभी भाई-बहनों के प्रति सदा दयालु रहे हैं : भौतिक सम्पत्ति तो हमारे पास हमेशा ही थी लेकिन हम इस समझ के साथ बड़े हुए थे कि हमारी खाने की क्षमता सीमित है। मैं मानती हूं कि जितना अधिक कष्ट उठाकर हम देंगे, उतना ही अधिक हमें मिलेगा क्योंकि ईश्वर हमारा ऋणी रहना पसन्द नहीं करेगा। उसकी इच्छा कभी भी हमारा ऋणी रहने की नहीं होगी और इसलिए वह सुनिश्चित करेगा कि तुम्हारे पास भरपूर हो। यदि तुम्हारे मन में इतना विश्वास है कि तुम बदले में कुछ पाने की चाह रखे बिना कुछ दो, तो तुम्हें ज़िन्दगी में किसी बात की कमी नहीं रहेगी। मेरी ज़िन्दगी में यह बात साबित हो चुकी है।

मैं बहुत मज़बूती से यह मानती हूं कि एक सीमा के बाद, हम जो कुछ भी ज़िन्दगी में कर रहे होते हैं, उस का मुख्य कारण पैसा ही नहीं होता। हम में से हर कोई समाज के भले के लिए पूरी तरह से अपनी ज़िन्दगी का त्याग नहीं कर सकता लेकिन हर कोई उन छोटे-छोटे कामों में हिस्सा ले सकता है जिन से हमारे आस-पास के समाज को मदद मिलती है। असली बात है हमारे सामर्थ्य अनुसार करना; हमारे आस-पास के लोगों से इज़्ज़त, प्यार और श्रद्धा प्राप्त करो और तब, समाज के लिए एक बड़े, ज़्यादा अर्थपूर्ण तरीके से मदद करने के लिए अपने सम्मान का इस्तेमाल करो। अंजलि, तुम नहीं जानती कि तुम में छोटी ही उम्र में बड़ा दिल होने के संकेत देखकर मुझे कितनी ख़ुशी होती है। तुम्हारा गै़र सरकारी संस्थाओं के साथ काम करना, ख़ासतौर से वह परियोजना जिसमें तुमने सुविधावंचित परिवारों के लिए सोलर लालटेन का इस्तेमाल करने की कोशिश की थी, मुझे गर्व से भर देते हैं। हम जैसे-जैसे बड़े होते हैं, किसी ऐसे उद्देश्य के लिए काम करना जो हमारी अपनी आजीविका के उद्देश्यों से कहीं और बड़ा हो, हमारी ज़िन्दगी का एक महत्त्वपूर्ण हिस्सा होना चाहिए।

एक तरह से, पापा और मैं आश्वस्त हैं कि हमने तुम्हें

जो मूल्य दिए हैं उन्होंने पहले ही समाज की तुमसे अपेक्षाओं के सन्दर्भ में तुम्हें एक मज़बूत स्थिति और उन अपेक्षाओं के लिए स्वस्थ सम्मान का भाव दिया है। तुम लोग उस दौर से काफ़ी आगे आ चुकी हो जब तुम्हारे पिता ने एक बार घर में फ्रिज की ओर इशारा करके पूछा था – 'अदिती तुम्हारे ख़्याल से यह कितने का होगा?' उसके उत्तर 50 रूपये से शुरू हो कर एक लाख रूपये तक पहुंचे थे। यह कई साल पहले की बात है। अब हम आश्वस्त हैं कि तुम में से हर एक को जमीनी सच्चाई की बेहतर समझ है।

अब मैं जो कहने जा रही हूं वह तुम्हे हैरान कर देने वाला तो लगेगा, लेकिन मैं यह कहूंगी ही। एक परिवार के रूप में हम पांचों के बीच में सम्बन्धों की शक्ति का कोई विकल्प नहीं हो सकता। मैं जानती हूं कि मैंने काफ़ी समय नहीं दिया। बहुत बार, हमारी तेज़ रफ्तार जिन्दगियों में, हम इस साधारण सी सच्चाई को नज़रअन्दाज़ कर देते हैं, और बाद में इस पर पछताते हैं। माता-पिता के तौर पर हमने हर साल, कम से कम दो बार छुट्टियों पर जाने का संकल्प लिया था, जब हम एक साथ घूमते हैं, मज़े करते हैं और हमारी ज़िन्दगी में जो कुछ भी हो रहा है उसे साझा करते हैं। मैं उम्मीद करती हूं कि जब तुम्हारे बच्चे होंगे, तुम भी उनके साथ यूं ही छुट्टियां मनाओगी।

जब मैं लड़की थी तो कई बार मैं हर उस बात का बुरा मान जाती थी जो मेरी नानी मां मुझ से करवाती थीं। वह ज़ोर देती थीं कि मैं सब कुछ करूं – पियानो, भारतीय नृत्य, खाना पकाने की कक्षाएं, घुड़सवारी, सिलाई ...सब कुछ सीखूं। मैं कभी-कभी बुरा मानती थी लेकिन पुरानी बातों पर गौर करने के बाद मुझे लगता है कि उन सभी चीज़ों ने मुझे वैसा बनाया है जैसी मैं आज हूं। बच्ची के रूप में मैंने जो कुछ भी सीखा उन सभी चीज़ों से मुझे फ़ायदा ही हुआ है। मैंने वही सब तुम बच्चों के साथ भी करने की कोशिश की – पियानो, तबला, नृत्य, घुड़सवारी, और बैले का तुम्हारा शौक। तो यही सब है, मेरी अंजोस, आर्टस और अद्बूबेन, जितना मेरी मां ने मेरे लिए किया उतना मैं नहीं कर पाई क्योंकि मैं कामकाज़ी मां थी, लेकिन मैंने यह सुनिश्चित किया कि तुम्हें कभी इस

बात को लेकर दुख न हो कि तुम्हें कुछ ऐसा सीखने का मौका नहीं मिला जो तुम्हारे जीवन को समृद्ध बनाता।

तुम्हारे साथ बीता हर पल एक बेशकीमती उपहार है। तुम्हारे बेहद उदारता से दिए अपनेपन को हम सोख लेते हैं। हमें तुमसे मिले सभी संदेश और वे सभी फ़ोन जो आरती न्यू यॉर्क से करती है, शानदार ढंग से अनमोल हैं। इनमें से काफ़ी मैंने सम्भाल कर रखे हैं, कुछ गुस्से वाले भी! कभी-कभी, जब मैं चिन्ता करती हूं कि मैं अपने बच्चों के साथ पर्याप्त समय नहीं बिताती, तब यह बात ईश्वर का आशीर्वाद है कि पा तुम सभी के साथ रोज़ काफ़ी समय बिताते हैं। वह हम चारों के जीवन में एक मज़बूत चट्टान की तरह हैं। और मैं आशा करती हूं कि जब तुम मांएं बनोगी, तुम वह सभी चीज़ें करना याद रखोगी जो तुम्हारी दादी-नानी और तुम्हारी मां ने अपने बच्चों के लिए किया। जब उन्हें ज़रूरत हो, उन्हें अपने समय का उपहार देना। मैं जितना कर पाई उससे ज़्यादा करना।

एक अव्यवस्थित, अक्सर जिसके बारे में विश्वासपूर्वक कुछ कहा नहीं जा सकता, संसार में, मुझे यह जानकर खुशी होती है कि तुम अद्भुत रूप से सकारात्मक, भविष्य की ओर देखने वाली, प्यारी और दयालु बच्चियां हो। यह वे गुण हैं जो हमेशा तुम्हारी मदद करेंगे।

आख़िर में, मैं तुम्हें खुशहाल ज़िन्दगी का एक ख़ास राज़ बताना चाहती हूं। मेरी नानी और मेरी मां ने अपनी विरासत के तौर पर मुझे आन्तरिक गर्व की एक गहरी भावना दी है। मैं उस विरासत को बढ़ाना चाहती हूं और तुमसे यह कह रही हूं कि खुद में किसी ऐसे इन्सान को मार्गदर्शक या रोल मॉडल मानने की योग्यता तैयार करो जिससे न सिर्फ़ तुम सीखो बल्कि वह दिलासा और विश्वास भी पाओ जो कठिन समय में तुम्हारा साथ दे।

मेरी नानी एक उत्साह से भरी, ज़िन्दादिल और मज़बूत औरत थीं। क्या चीज़ थीं नानी! वह सारी दुनिया घूम चुकी थीं, उनके पांच बच्चे थे, उन्होंने अपना जीवन अदम्य उत्साह और ऊर्जा से जिया और उन्हें पूरा विश्वास था कि उनकी आस्था उन्हें और उनके परिवार का ज़िन्दगी भर साथ देगी।

वह मेरी हीरो थीं, मेरे जीवन पर उन्होंने बहुत गहरी छाप छोड़ी। मैं चाहती हूं कि तुम सब यह याद रखो। अपने परिवार पर स्थायी छाप छोड़ो।

मैं तुम सबसे बहुत प्यार करती हूं
मॉम

आभार

यह क़िताब मेरे दोस्तों और मेरे स्नेहिल परिवार के अथक सहयोग के बिना कभी नहीं लिखी जा सकती थी। आप लोग मेरे जीवन के निर्णायक बर्षों में मेरे साथ दृढ़ता से खड़े रहे, जीवन के बारे में मेरी अन्तहीन शिकायतों के लिए बिना किसी किस्म के फ़ैसले सुनाए गुंजाइश उपलब्ध कराई, रोने के लिए अपने कन्धे दिए, मुझे जगाए रखने के लिए ढेर सारी अदरक की चाय दी। और इस सब के अलावा प्यार, हंसी और मैंने जो भी करने का साहस किया उस के लिए बहुत सारा प्रोत्साहन भी। मैं आप सब की बहुत आभारी हूं।

उन सभी लोगों की उदारता के बिना, जिन्होंने इस के लिए अपने प्रिय बच्चों के लिए पत्र लिखे, यह किताब जैसी है वैसी बिल्कुल भी नहीं होती। उन्होंने अपना बहुमूल्य समय निकाल कर, मुझे अपनी ज़िन्दगी के उतार-चढ़ावों के बारे में बताया। मैं उनके समय और धैर्य के लिए कृतज्ञ हूं और मुझे आज के अग्रगामी अगुवा बनने से पहले के शुरूआती दौर के उनके जीवन के क्षणों में झांकने की अनुमति देने के लिए उन्हें धन्यवाद देती हूं। उनकी ज़िंदगियों में भाग लेने ने, भले ही थोड़ी ही देर के लिए, मुझे कई मायनों में बदला।

यह किताब न होती अगर मिली ऐश्वर्या नहीं होती, जिसने मेरे अनमोल बच्चे को यूं संभाला जैसे वह उसका अपना बच्चा हो। मिली मेरे उत्साह में साथी रहीं, मेरे काम की लगातार प्रशंसा से मुझे प्रोत्साहित किया, और मुझे मेरी कल्पित योग्यता की सीमाओं से आगे बढ़ने को उकसाया। धन्यवाद, गुरवीन चड्ढा, मेरी किताब के सम्पादन के लिए। यह आपने बिल्कुल उस स्नेह भरी मां की तरह किया जो अपने बच्चे को दावत में भेजने से पहले सुनिश्चित करती है कि वह करीने से तैयार हो और सजीले कपड़े पहने हो।

यह किताब मेरी बेहद प्यारी बेटी नयनतारा की प्यार भरी उपस्थिति

के बिना कभी पूरी नहीं हो सकती थी। हर रोज़, मैं जो कुछ भी करती हूं उसे बेहतरीन करने की कोशिश करती हूं, ताकि वह अपनी मां के उदाहरण को देखकर सीख सके।

मैं उन बाकी लोगों को भी धन्यवाद देना चाहती हूं जिन्होंने मुझे यह किताब तैयार करने में मदद की - उत्साही और मेहनती सहायक, वह सभी लोग जिन्होंने इस किताब में लिखा है और मेरे सहयोगी, जिन्होंने इसे अपने प्रॅाजेक्ट की तरह लिया और मेरे लिए राह निर्बाध बनाई।

एक ऐसे संसार में, जहां सफलता, पैसे और आगे बढ़ने की रणनीतियों पर ज़बर्दस्त ज़ोर रहता है, मुझे बहुत ख़ुशी है कि मैं एक ऐसे घर में पली-बढ़ी जहां पैसा सफलता का पैमाना नहीं था। जब हम बड़े हो रहे थे तब आप हमें हमेशा बताते थे कि हम स्वयं अपने सपने चुनें, यह जानें कि हम कैसे मनुष्य बनना चाहेंगे, और संसार के साथ हमारा क्या सम्बन्ध होगा। बाबा, आपने एक ऐसे समय में आदर्शवाद के लिए बहुत ऊंचा पैमाना रखा है जब यह समाज में लगभग बुराई का प्रतीक बन चुका है। लेकिन आज मैं जानती हूं कि अगर मैं वास्तविकता में जी पा रही हूं, मेरे दिलोदिमाग़ ठिकाने पर हैं, तो इस की बहुत बड़ी वजह मेरी परवरिश है। मुझे ख़ुशी है कि आप आज भी मेरे अन्तःकरण के पथप्रदर्शक हैं।

अपने पिता जतिन दास के बारे में नन्दिता दास

कैप्टन गोपीनाथ अपने परिवार के साथ

अपनी बड़ी बेटी पल्लवी के विवाह के अवसर पर कैप्टन गोपीनाथ

कृत और पल्लवी अपने माता-पिता के साथ

लन्दन में अपने ग्रैजुएशन सेरेमनी के अवसर पर
अपने पिता दीप आनन्द के साथ अंजलि

के. वी. कामत की बेटी अज्ञा ने तय किया कि अमेरिका में अपने बच्चों की उचित देख-रेख के लिए वह फिलहाल अपने काम से दूर रहेंगी

काम में व्यस्तता के कारण चन्दा कोचर लम्बे समय तक घर पर नहीं होती थीं। उनकी लम्बी अनुपस्थिति ने बेटी आरती को एक स्वतन्त्र व्यक्ति बनाया जो अक्सर अपने छोटे भाई के लिए मां की भूमिका निभाती थी

अपने माता-पिता के नक्शे कदम पर चलते हुए अमित चन्द्रा की बेटी ऐना इस बात को लेकर संवेदनशील है कि दुनिया में समानता नहीं है। वह ख़ुद को मिली सुविधाएं सहजता से वंचित लोगों के साथ साझा करती है

अमित अपनी बेटी के साथ, जो उनके जीवन में काफ़ी देर से आई

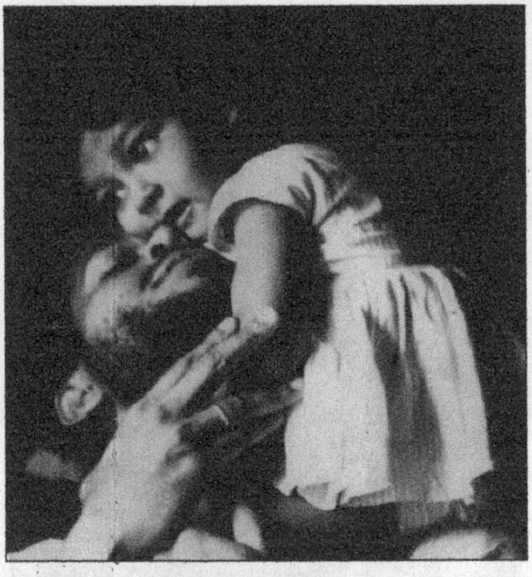

अपने बाबा के साथ नन्दिता

ननि[illegible] दास बरसों तक यह समझती रहीं कि सभी पिताओं को घर [illegible] रहकर बच्चों और घर की देखभाल करनी होती है और मा[illegible] को नौकरी करनी होती है। जीवन की यात्रा में पिता उनके स्थायी संगी रहे हैं

पूर्व बैडमिण्टन खिलाड़ी प्रकाश पादुकोण का कहना है कि उनका परिवार हमेशा से यह जानता था कि दीपिका शोबिज़ की दुनिया के लिए ही बनी है। छोटी-सी दीपिका की इस तस्वीर से यह साफ़ पता चलता है

अपने माता-पिता के साथ दीपिका

गणेश नटराजन अपनी बेटी करुणा के साथ

गणेश नटराजन एक ऐसे व्यक्ति के रूप में बड़े हुए जो ईश्वर से डरते थे, मगर हाल ही में उनकी वैज्ञानिक बेटी करुणा और उनके बीच हुए वाद-विवादों ने उन्हें नास्तिक बना दिया

अपनी दोनों बेटियों, अशनी और अवनी के लिए किशोर बियानी पिता से बढ़कर एक दोस्त हैं

जैसी माँ, वैसी बेटी। मल्लिका और अनाहिता लोगों तक शांति, समता और लैंगिक-संवेदनशीलता का संदेश नाट्य और नृत्य के माध्यम से पहुँचाती हैं

अजय पीरामल को भगवद् गीता से प्रेरणा मिलती है। वे बेटी नंदिनी को बताते हैं कि विश्वास और करुणा एक लंबे समय तक हमें बेहतर इंसान बनाने में कारगर सिद्ध हो सकते हैं

इन्फोसिस के सह-संस्थापक नारायण मूर्ति ने अपने बच्चों के साथ बहुत आनंद लिया और उन्हें उनके पुरखों की कहानियाँ सुनाते हुए खुशियों से भरी शामें बिताई हैं

अपनी बेटी पूजा के साथ प्रदीप भार्गव

मृत्यु से सामना होने पर प्रदीप भार्गव समझ पाए कि आप को रोज़गार देने वालों का काम आप के बिना चल सकता है, लेकिन परिवार का नहीं। इस चित्र में पूजा के साथ कुछ क्षण बिताते हुए

पी. पी. छाबरिया को अपनी शिक्षा पूरी न कर पाने का हमेशा अफ़सोस रहा। आज उन्हें गर्व है कि उनकी बेटी अरुणा उन के द्वारा स्थापित उच्च शिक्षण संस्थान का संचालन कर रही हैं

शाहीन अपनी दो बेटियों के साथ, जो अपनी मां की ही तरह एक ऐसे समतापूर्ण संसार का सपना देखती हैं, जिस में हर बच्चे को अच्छी शिक्षा मिलेगी

अपना जीवन सम्मान से जियो और अर्थपूर्ण काम करके पूर्णता पाओ। अपनी तीन बेटियों के साथ ख़ुशी के पल बिताती ज़िया मोदी

ज़िया मोदी अपनी दो बेटियों के साथ

संजीव कपूर कहते हैं कि अपना लक्ष्य प्राप्त करने के लिए बड़ा सपना देखो और कड़ी मेहनत करो। हर बच्चे को अपनी ज़िन्दगी की राह तय करने की आज़ादी होनी चाहिए और बचपन में ही उसे मेहनत और ख़ुद में यकीन करने का महत्त्व सिखा दिया जाना चाहिए

अपनी बेटियों रचिता और कृति के साथ शेफ संजीव कपूर

बेटियों रचिता और कृति के साथ समय बिताते शेफ संजीव कपूर

स्वयं ऐसे सबसे सकारात्मक मनुष्य बनो जिसे तुम जानते हो; हर दिन को यूं जियो जैसे वह तुम्हारे जीवन का आख़िरी दिन हो; अपने परिवार और मित्रों से प्रेम करो, उनका सम्मान करो; ईश्वर में विश्वास रखो - बेटी रम्या के साथ प्रसन्नता से भरे जीवन का रहस्य बांटती रेणुका रामनाथ

अपनी बेटी रम्या के साथ रेणुका

बेटी रम्या के साथ छुट्टियां मनातीं रेणुका